BIBLIOTHÈQUE
DE PHILOSOPHIE CONTEMPORAINE

LES SENTIMENTS GÉNÉREUX

PAR

A. CARTAULT

PARIS
LIBRAIRIE FÉLIX ALCAN
108, BOULEVARD SAINT-GERMAIN, 108

LES

SENTIMENTS GÉNÉREUX

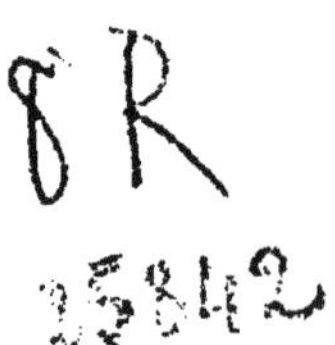

LES

SENTIMENTS GÉNÉREUX

PAR

A. CARTAULT

PARIS
LIBRAIRIE FÉLIX ALCAN
108, BOULEVARD SAINT-GERMAIN, 108

1912

LES
SENTIMENTS GÉNÉREUX

INTRODUCTION

On s'étonne au premier abord que l'homme ne soit pas totalement égoïste et l'on se demande si cela ne serait pas conforme à la nature, légitime et rationnel. L'homme est un individu complet, indépendant. Il a des semblables — disons mieux, des analogues — point d'identiques et si, sur la surface du globe, il cherche un *autre lui-même*, il est sûr de ne pas le trouver. L'*autre soi-même* est un irréalisable désir et une illusion.

Notre sensibilité nous est éminemment personnelle ; pour expliquer ce que nous sentons, nous n'avons à notre disposition que des termes généraux, qui n'ont pas pour autrui la même signification que pour nous et qui ne définissent jamais le particulier, qui est ce qui nous émeut. Nous nous apercevons vite qu'ils ne le traduisent que fort approximativement, qu'ils ne le font point entendre et, après de vaines tentatives, nous balbutions : « Je ne saurais rendre ce que j'éprouve, je ne puis l'expliquer. »

Qu'une joie, qu'une douleur atteigne un certain nombre d'individus, chacun la ressent pour soi, suivant sa capacité affective ; il ignore ce qui se passe dans l'âme de son voisin ; s'il veut s'y associer, il préjuge d'après un geste, une parole ; il s'efforce et s'ingénie ; il n'arrive jamais à parité ; le plus souvent il reste en deçà ; il peut aller plus loin, si sa sensibilité est particulièrement vibrante.

Horace prétend que la Providence a inventé l'Océan pour séparer les nations ; bien autrement large et profond est l'abîme entre les individus ; les communications, qui deviennent de plus en plus faciles de peuple à peuple, sont et resteront toujours entre eux insuffisantes et rudimentaires ; la nature interdit une pénétration réciproque complète. Outre notre impuissance à nous manifester tout entiers, outre les obstacles infranchissables qui se dressent, lors même qu'on met tout son vouloir à se rendre accessible, nous nous connaissons mal. Qu'un peintre nous représente de profil, nous croyons apercevoir un étranger ; c'est bien pis au moral. Nous nous observons peu ; nous aimons à nous voir en beau ; nous nous dissimulons donc nos côtés défectueux et nous nous aveuglons de parti pris. Comment nous révélerions-nous aux autres sincèrement ? Il est vrai que les autres nous observent, eux, quand ils vivent avec nous, qu'ils ont intérêt à le faire et que leur clairvoyance n'est pas obscurcie ; la malignité les met sur la piste de nos défauts et, ce qu'il y a de moins bon chez nous, ils le découvrent mieux que nous-mêmes. Malgré tout, ils ne sont en contact qu'avec des surfaces ; le fond leur échappe. Il y a des gens fermés, qui vivent fenêtres closes, montent la garde autour du for intérieur et en cachent jalousement la clef. Les plus ouverts ne feignent souvent de s'abandonner que pour éviter les investigations indiscrètes. Ils ne livrent d'eux qu'une image adroitement fabriquée pour l'exportation et qu'ils prétendent vous imposer ; leur loquacité ne dit que ce qu'elle veut perdre. Enfin nous sommes dans un flux, dans un changement perpétuels ; admettons que nous connaissions à peu près le voisin d'hier ; celui d'aujourd'hui nous ménage des surprises. Aurions-nous une série de photographies instantanées, quand nous en regarderions les épreuves, nous ne saisirions que le passé. Dans la jeunesse nous nous renouvelons avec une promptitude déconcertante et ce renouvellement secrètement accompli éclate de temps à autre par des résultats, qui prennent l'observateur au dépourvu. Dans la vieillesse nous nous dépouillons et tout à coup ce qu'on avait constaté chez nous a disparu. Les accroissements et les déviations dans le premier cas, la déperdition, les lacunes dans le second mettent sans cesse la perspicacité la plus sagace en défaut. Quand on a vécu pendant dix ans en mutuelle expansion de cœur avec un ami, on doit s'avouer qu'on l'ignore.

Ténèbres à côté de ténèbres, énigmes à côté

d'énigmes, nous sommes encore des instruments, qui ne sauraient jouer à l'unisson. La discordance est l'état normal de l'humanité. Si l'on pouvait embrasser celle-ci d'un coup d'œil, en voyant ce qui se passe aussi bien sous les toits protecteurs que sur la terre nue, on n'apercevrait que luttes, querelles, combats. Le champ de bataille est partout : ici des sauvages qui s'entre-tuent ; là des gens civilisés qui se détestent et se le disent. Laissons les guerres entre peuples et les hostilités entre particuliers. Deux êtres, qui mettent toute leur bonne volonté à réaliser l'accord parfait, ne réussissent point à y parvenir ; il semble qu'il se produise un instant dans l'amour, où l'on tend à se confondre et à ne faire qu'un. Mais, la première ardeur passée, on se retrouve en face l'un de l'autre, avec une personnalité qui se reprend et s'accuse vigoureusement, comme pour se dédommager de s'être un moment effacée. De là les emportements, l'incompatibilité d'humeur, la sensation qu'on ne saurait vivre ensemble. Tout est perdu, si l'on n'envisage pas le mariage comme indissoluble : le grand bienfait du lien perpétuel, c'est qu'il faut nécessairement trouver le terrain d'entente. Quand on est bien résolu à respecter chacun chez l'autre l'individualité, convaincu de l'impossibilité d'un autre choix, les angles s'arrondissent, on cherche les points de contact ; l'âge vient, qui adoucit les tempéraments ; la tendance s'accroît à goûter le bon côté des choses ; le souvenir des heures de bonheur passées en commun, l'expérience qui apprend à tenir compte des imperfections humaines, l'impérieux besoin de concorde apaisent les dissentiments ; un jour se lève, où l'on sent qu'on ne saurait vivre séparés ; c'est l'adorable paix des vieux ménages ; mais les vieux époux pâlis sont déjà presque hors du monde et participent à la sérénité finale.

En amitié on ne cherche point la fusion complète et l'on a moins d'exigences. On s'attache à la personne, dont les ressemblances avec vous sont les plus grandes ou dont les différences sont de celles qui s'attirent et se complètent. On s'expose à de moindres désillusions, parce qu'on a des prétentions moins fougueuses. On ne prend possession que d'une partie de son ami ; le reste demeure libre. Les meilleures amitiés sont peut-être celles où la diversité des tempéraments s'accommode en des divergences harmonieuses. Il ne faut pas, suivant le mot féroce du moraliste, aimer comme si l'on devait haïr un jour ; il y a des amitiés dans lesquelles on sait qu'on ne haïra jamais ; mais il peut y avoir des étonnements et des heurts. Chacun reste soi-même. Ainsi tout en poursuivant l'accord — et avec raison, car ce serait le bien suprême, — nous n'aboutissons qu'à la conciliation des contraires. Et c'est sans doute en gardant la foi qu'il est possible, que nous parvenons à le réaliser dans une faible mesure.

Il est navrant de constater jusqu'à quel point, avec le cœur le plus chaud, la volonté la plus résolue, nous sommes inutiles les uns aux autres ; nous nous entr'aidons dans des circonstancces secondaires, parfois dans des choses que notre misère nous fait considérer comme d'une certaine importance ; lorsqu'entrent en jeu les lois inéluctables de l'existence, pour tout ce qui touche à notre condition d'êtres humains, la nature nous repousse brutalement et nous signifie notre impuissance. Qu'une grande douleur éclate à côté de nous, que ferons-nous pour consoler l'affligé ? S'il est d'une culture, d'une intelligence inférieures à nous, nous prendrons ascendant sur lui et nous lui donnerons peut-être par des paroles l'illusion du soulagement. S'il est notre égal, que faire ? Chercher à le détourner de sa peine, lui verser la distraction et peu à peu l'oubli ? Il faut alors que ce soit un caractère frivole, qui aspire à se délivrer de son chagrin, et le moyen manque de noblesse. Lui répéter toutes les raisons, cataloguées dans les traités des philosophes, qui sont censées adoucir une perte cruelle ? Il se les est rappelées et en connaît l'inanité. Si sa douleur est profonde, s'il l'envisage fixement, si son cœur est brisé, vous ne guérirez point la plaie. On plaisante volontiers les condoléances banales ; en pouvons-nous sortir ? Le rôle de consolateur, quand il est sincère, tourne vite au personnage muet. Un serrement de main, quelques larmes, c'est tout ce que nous avons à offrir. Les dieux de Virgile ne peuvent empêcher l'accomplissement du destin, mais ils le retardent, en modifient quelques détails ; nous n'allons même pas jusque-là.

On frémit de l'implacable férocité de ces sauvages, qui font prisonnier un voyageur, l'attachent à un arbre, l'immobilisent et, torturant sous ses yeux une personne aimée, lui infligent le spectacle de sa lente agonie. Quelle atrocité ! Mais c'est là la simple réalité de tous les jours ; il ne se passe point d'heure où la mort ne joue ce drame en quelque coin de l'univers ; nous y avons été ou nous y serons acteurs. Vous êtes au lit d'un mourant ; il se débat sous l'étreinte de la mort, qu'il voit, qu'il sent ; il prononce les mots suprêmes ; vous voudriez sacrifier votre existence pour la sienne, cela vous est interdit ; chacun a sa destinée, sur laquelle on n'empiète pas ; le mur d'airain vous borne. Vous ne pouvez qu'essayer de retenir vos pleurs, d'éveiller une espérance, que vous avez perdue. Un élan du cœur, maladroitement traduit par de vaines paroles, un sanglot, c'est tout ce qu'il vous est possible de donner à la mère, au fils, à l'époux qui vous quitte.

Les mortels malheureux sont comme des parallèles animées, vivantes, qui voudraient se rejoindre, mais qui ne peuvent que s'infléchir un peu pour se rapprocher et qui continuent solitairement leur course vers l'infini. Confinés dans une prison cellulaire immense, dont les cloisons seraient de verre, ils voient les détenus les plus voisins, ils leur parlent : un obstacle infranchissable les en sépare.

*
* *

Tout cela semblerait justifier un individualisme farouche. Pourtant l'égoïste absolu n'existe point. Si on le découvrait, ce serait un événement scientifique, un sujet d'études aussi attrayant pour les psychologues que le fossile le plus inédit pour les savants. Il apparaîtrait comme une curiosité, comme un monstre; il serait aussi différent de nous, à un autre point de vue, que le plus reculé de nos ancêtres préhistoriques.

Réfléchissons. Ce serait une lourde besogne et peu récréative que de réaliser en soi l'égoïsme intégral : nourrir cette idée fixe, que l'existence est notre seul bien ou tout au moins la condition fondamentale de tous les autres, consacrer exclusivement son activité à la défendre de tous les risques de destruction, ne commettre jamais la plus légère imprudence, n'avoir en vue que son avantage, ses aises, son plaisir, éteindre en soi toute sympathie pour l'humanité, rester sourd à ses prières, indifférent à ses besoins, ne pas accomplir un acte, faire un geste, dire une parole, qui ne dût profiter, s'assigner pour but en toute circonstance, sans y manquer une fois, de vivre uniquement pour soi-même, transformer sa nature en étouffant tout ce qui en fait la noblesse; jamais de laisser-aller, d'abandon ; aucune quiétude. Une somme si prodigieuse d'effort, une telle tension rigoureusement maintenue rendrait la vie intolérable. Par comparaison celle du forçat rivé à sa chaîne paraîtrait délicieuse. Ajoutez que le moi n'est pas toujours intéressant, même pour l'intéressé, surtout un moi si concentré, si rapetissé, si desséché. On aurait la nausée de sa dépravation.

D'autre part on peut abhorrer ses semblables, non les supprimer ; ils vivent à côté de nous, c'est un fait ; il faut bien en tenir compte et s'en accommoder, car il modifie notre existence. L'égoïste total ne verra en eux que des étrangers gênants et pouvant devenir dangereux ; il sera bien obligé d'adopter vis-à-vis d'eux une ligne de conduite. Il commencera peut-être par les ignorer le plus possible ; il ne fuira pas dans un désert, ce qui n'est point pratique, mais il fera le désert autour de lui ; il n'aura qu'un minimum de rapports avec un minimum de gens ; c'est la misanthropie. Or, pour peu qu'il soit intelligent, il s'apercevra que la misanthropie est un faux calcul et un jeu où l'on est sûr de perdre. Quand on fuit les hommes, ils s'écartent à leur tour et vous laissent ; or la somme des biens que procure la société est si grande qu'il est purement absurde de s'en priver volontairement ; c'est méconnaître son intérêt manifeste. Il fréquentera donc ses semblables avec l'intention bien arrêtée de tirer d'eux tout ce qu'il pourra d'utile et d'agréable, sans rien leur rendre en échange. Ceci est malaisé : les hommes se prêtent difficilement au métier de dupes et, quand ils ont commerce avec quelqu'un, ils entendent le mot au sens le plus réaliste. Si l'égoïste désire se faire bien venir d'eux, les assujettir à son accroissement, à son intérêt, à son bien-être, il sera contraint de feindre pour eux les sentiments affectifs qu'il s'est interdit d'éprouver, de jouer la comédie. Il sera bientôt percé à jour, d'abord parce qu'on ne saurait tenir un rôle indéfiniment et sans repos, ensuite parce que la meilleure copie de l'affection n'est qu'une grimace qui ne trompe pas longtemps. En outre les bonnes paroles, quand elles ne sont pas suivies d'effet, sont une monnaie vite dépréciée. Il lui faudra donc aller plus loin, payer de sa personne, passer aux actes, rendre des services réels, ne pas seulement avoir l'air de s'intéresser aux gens, mais faire tout ce qu'on fait quand on s'y intéresse en vérité ; sinon il sera traité en ennemi ou laissé à son stérile isolement. Dès lors où est le bénéfice ? N'est-il pas plus fatigant de se déguiser en homme vertueux que de l'être naturellement ? Pourquoi se donner tant de peine à prendre toutes les apparences de la bonté, quand il est si simple de la laisser tout uniment s'épanouir en soi ? Il y a quelque dix ans nos auteurs dramatiques se complaisaient par une sorte de gageure à mettre au théâtre des personnages « rosses », qui étalaient leur canaillerie, en faisaient la montre et l'érigeaient en système. Au fond la « rosserie » n'est qu'une naïveté ; c'est crier d'avance : « Garez-vous de moi ! »

L'égoïsme est très répandu, mais il est trop fin pour s'afficher ; de plus il est toujours mitigé et ne va point jusqu'aux dernières limites. Comme le ver dans le fruit n'en dévore et n'en salit que quelques parties, laisse le reste intact et n'en corrompt pas le goût, il se cantonne dans certains coins de l'âme humaine et ne l'envahit pas toute. Souvent, dans la vie courante, il ne s'exerce que sur les petites choses ; il est modeste et mesquin ; il se contente de disposer au mieux les menus détails de l'existence, de s'acoquiner aux aises quotidiennes, de les défendre aigrement contre tout dérangement intempestif; c'est un aménagement minutieux, auquel le vieux garçon excelle ; il cultive ses manies et se circonscrit dans la platitude et le terre à terre. Malheur à qui viendrait en étourdi bouleverser un si bel ordre! Ce n'est qu'un travers ; on rit de lui plus qu'on ne s'en irrite, parce qu'on suppose qu'en des circonstances graves, au delà de ces couches superficielles figées, on en découvrirait d'encore vivantes et que sous les apparences momifiées on retrouverait l'homme ; toutefois l'indice n'est pas bon.

Autrement menaçants sont les grands exploiteurs ; oiseaux de proie à large envergure, rapaces de l'espèce humaine, ils marchent les yeux fixés sur le but, se servant de leurs semblables comme d'instruments, qu'ils rejettent après les avoir utilisés. Toutefois, comme ces guerriers chinois hideux et grimaçants de l'ancien temps, ils sont moins terribles qu'ils n'en ont l'air. Ils poursuivent de trop grands intérêts pour se soucier des petits; dans leurs audacieuses entreprises, ils ne peuvent tout moissonner; il y a souvent une fortune à faire à l'ombre de la leur; s'ils prennent la part du lion, celles qui restent satisfont des ambitions plus modérées; on les connaît, on se tient avec eux sur la défensive et on profite de ce que, par nécessité, ils négligent.

Quelque face qu'il présente, l'égoïste crée autour de lui une atmosphère de méfiance hostile; la répugnance qu'il inspire est en raison directe du venin qu'on lui suppose; elle exerce sur tous ses actes une surveillance empressée et malveillante, au milieu de laquelle il n'est pas enviable de vivre. Elle ne vient pas uniquement du fait que nous savons que nous n'obtiendrons jamais de lui l'aumône de la moindre sympathie; il nous fait ressentir ce que nous éprouvons à la vue d'un être noué, d'un débile, d'un malingre, avec le dédain en plus, parce que ce rachitisme psychologique est volontaire. C'est un anormal.

Peut-être mérite-t-il d'être plaint; car, cherchant toujours son intérêt, son bonheur, son plaisir, il ne parvient pas à l'atteindre; vivre uniquement pour soi, ce n'est pas vivre tout entier. Ou bien il s'enlise hébété dans un prosaïsme matériel, sans idéal, sans élan et reste à un niveau très bas, se refusant tout ce qui fait le prix de l'existence. Ou bien il se blase, parce qu'il vit dans un cercle très étroit, où rien ne se renouvelle et où la lassitude et le dégoût le prennent; il ignore qu'il y a près de lui un vaste domaine, celui des sentiments désintéressés et généreux, dont il s'est exclu, où tout est fraicheur, lumière, épanouissement ; l'égoïsme est une restriction; en se restreignant, on se rend malheureux.

CHAPITRE PREMIER

Le désintéressement. Ses manifestations diverses.

Qu'entend-on dans la vie ordinaire par le mot désintéressement? Un homme désintéressé est celui pour qui l'argent n'a pas l'attrait fascinateur qu'il exerce sur les âmes vulgaires; sans professer à son égard le mépris doctrinaire des philosophes, qui prêchent le dédain des richesses, il l'estime à sa juste valeur, qui est médiocre, et ne juge pas à propos de s'en occuper de trop près. Il ne cherche pas toujours son avantage et fera aussi volontiers ce qui ne rapporte rien que ce qui rapporte. Il ne songe pas à la rétribution et au besoin s'y dérobe; l'axiome que toute peine mérite salaire n'est pas fait pour lui; il préfère la peine gratuite. Alors même que l'argent n'est qu'une équitable rémunération, il ne l'accepte qu'avec une certaine pudeur et comme chose accessoire. Il n'exige pas rigoureusement son dû et aime mieux laisser une partie de ce qui lui appartient que de réclamer et de contester. Dans un partage peu lui importe de ne pas recevoir exactement la moitié; s'il manque quelque chose, il en fait sans rien dire cadeau à son partenaire et pour un peu l'inégalité lui paraîtrait juste, car le plaisir de celui-ci à avoir plus est plus grand que le désagrément pour lui d'avoir moins. Il ira volontiers jusqu'à la délicatesse, qui est un tour ingénieux d'avantager autrui sans en avoir l'air, alors que rien n'y oblige et par raffinement. Il apporte dans les questions d'argent une modération bienséante. Comme le convive bien élevé se sert avec discrétion, il ne témoigne pas d'un appétit dévorant; en vérité cet appétit, il ne le ressent pas et ne fait point de façons. Il a une réserve innée, un dégoût du profit. La stricte honnêteté n'est pas suffisante pour lui; il la dépasse par une noblesse d'âme naturelle; on peut être en confiance avec lui; en affaires il est gentilhomme.

*
* *

C'est là la forme la plus apparente du désintéressement, celle qui frappe les yeux; on aurait tort d'imaginer qu'elle le représente tout entier. On prétend qu'il y a de l'or partout dans la nature; il en est de même du désintéressement; mais il faut savoir le découvrir; car il se cache, parfois il s'ignore. Le fond en est toujours le même; c'est le dédain de l'argent, autant dire une certaine indifférence pour la satisfaction des besoins matériels, puisque, dans notre société où tout se paie, c'est l'argent qui la procure, une tendance à se mettre au-dessus d'eux;

il consiste à s'éprendre de choses plus élevées, plus dignes d'occuper nos pensées ; c'est un déplacement de l'axe de notre activité ; l'homme désintéressé au sens usuel du mot est au contraire énormément intéressé, mais il l'est par ce qu'il juge supérieur ; comme la femme de l'Evangile, il a choisi la meilleure part, il abandonne l'autre à qui s'en contente.

Le savant est, comme nous autres, un être qui mange, boit, s'habille et s'abrite, mais de cela il n'a cure ; il agit comme si le nécessaire n'existait pas ou devait venir par surcroît. Il s'est voué à la recherche de la vérité et s'y absorbe. Il est banal de rappeler que la plupart de ceux qui font des découvertes importantes, qui en tireraient, s'ils voulaient, un gain notable, ne les considèrent pas comme une valeur qu'on peut monnayer ; pour eux la découverte est tout, les conséquences pécuniaires rien. Dira-t-on qu'ils visent à la gloire ? Ce serait méconnaître les conditions actuelles du travail scientifique. La découverte retentissante n'est pas donnée à tous; elle n'est pas nécessairement le couronnement d'un labeur obstiné. Tant qu'une découverte n'est pas faite, on ignore si on la fera ; on applique une méthode, on a conçu une hypothèse, on fait des expériences pour la vérifier, sans préjuger si on aboutira. C'est à cela que le savant se consacre et il ne s'inquiète pas si la chance le favorisera, si c'est lui ou son voisin qui deviendra célèbre. Il sait qu'il ne franchira peut-être qu'un échelon et que c'est son successeur qui s'en servira pour atteindre le but. Il se peut qu'il n'arrive qu'à une vérité sans conséquence dans la pratique et qui ne sera appréciée que des gens du métier. Le public n'a dans la bouche que le nom de Pasteur ; combien d'autres, familiers aux seuls initiés, méritent une égale vénération ! Le vrai savant n'a pas forcément du génie. Il ne se demande point s'il passera à la postérité. Il ne pontifie point, ne remplit pas un sacerdoce, laisse aux charlatans le profit, la vanité, la gloriole. Il fait de la science pour elle-même ; il est le type accompli du désintéressement.

Plus encore que le désintéressement du savant, celui de l'artiste est conforme à la nature des choses. Certes un certain enthousiasme peut présider à la recherche de la vérité scientifique ; pourtant la raison froide et lucide y a la plus grande part. Il n'y aurait pas contradiction à ce que le savant emploie une certaine dose de son intelligence à la poursuite de l'intérêt. L'artiste, lui, travaille dans la fièvre, dans le bouillonnement des idées. Hanté par l'idéal, il n'a commerce avec les choses que pour en dégager le trait caractéristique, la valeur cachée que n'aperçoit pas le vulgaire. Les réalistes les plus décidés ne sont pas de patients photographes ; alors même qu'ils peignent le laid, ils l'accusent avec une intensité qui fait frémir, ou bien ils l'enveloppent de l'éclat de la couleur, du rayonnement de la lumière, du mystère de l'ombre ; d'une façon ou de l'autre ils le transfigurent. Ils voient autre chose que nous et nous apprennent à voir. Chez Théodore Rousseau les vieux chênes tordus, puissants, éternels, vainqueurs de la foudre et de l'ouragan, tendant vers le ciel leurs bras désemparés, ont autrement d'allure et de fierté que leurs modèles de la forêt. Les impressionnistes ne nous ont-ils pas révélé le charme exquis de nos paysages, de nos villages en apparence les plus prosaïques, en versant à flots sur eux le soleil, en les faisant vibrer dans la clarté ou s'assombrir dans la brume ? L'artiste n'est jamais en contact qu'avec l'image presque effacée, défectueuse et incomplète du beau. C'est de cette indication partielle qu'il extrait les créatures resplendissantes et immortelles, la Vénus du Titien, la Joconde de Léonard, les Vierges de Raphaël, les pures et délicieuses figures d'un Fra Angelico ou d'un primitif de Sienne, que nul œil humain n'avait entrevues et qui viennent parfaire l'œuvre de la Nature créatrice. Comment l'artiste, dont l'imagination suscite ces types radieux et qui vit avec eux, pourrait-il en même temps se préoccuper des choses de la terre et songer au pot-au-feu ? Il faut choisir et son choix est fait. Aussi le bourgeois, le philistin, confiné dans ses soucis d'argent et qui ne lève jamais le regard vers le ciel bleu, est-il pour lui l'être détestable par excellence. Les excentricités des rapins, qui ne craignent rien tant que de ressembler au parfait notaire ou au gros rentier, ne sont que la traduction exagérée et amusante du noble sentiment qui enivre l'artiste et l'élève au-dessus de la platitude terrestre. Ils sont admirables, ces jeunes gens qui, au lieu de s'assurer une existence confortable, poursuivent leur chimère dans la pauvreté. Plus que le savant ils s'inquiètent de l'approbation du public et rêvent à la gloire ; c'est que la condition même de leur travail est bien différente ; quand le savant tient son résultat, il sait ce qu'il vaut et n'a besoin de l'assentiment de personne pour juger de l'importance de sa découverte ; l'artiste est défiant de son œuvre, il ne peut l'apprécier sûrement et c'est pour cela qu'il est avide de savoir ce qu'on en pense ; la renommée, c'est pour lui le témoignage nécessaire et la certitude qu'il a réussi.

Le désintéressement est la qualité dominante de l'artiste. Il y a des exceptions. Certains maîtres arrivés exigent de leurs œuvres des prix qui montrent qu'ils ne font pas fi de l'argent. Encore faut-il voir ce qu'ils en font. Peu thésaurisent. La plupart le dépensent avidement à s'entourer d'objets d'art, d'antiquités, d'étoffes chatoyantes, à meubler somptueusement leur atelier ou leur hôtel. Par là ils charment leurs yeux, excitent leur imagination et créent dans la magnificence. Ces artistes grands seigneurs auraient-ils autant d'élan et de génie entre quatre murs mornes et nus ? L'argent n'est bien souvent pour eux que le moyen de réaliser leur rêve de beauté. Il n'y a qu'un seul type d'artiste intéressé ; c'est celui qui, ayant imposé son genre au public, répète cent fois le même tableau, que se disputent les marchands et qu'achètent les amateurs bornés ; mais celui-là n'est plus un artiste. On prête ce joli mot à Henner vieillissant : « Je n'ai jamais rien gagné, quand j'avais du talent; maintenant que je n'en ai plus, je gagne ce que je veux. »

*
* *

Descendons à des exemples moins éclatants.

C'est le sort commun que d'exercer une profession qui fait vivre. De moins en moins nombreux sont ceux qui peuvent s'y soustraire. Osera-t-on parler de désintéressement à propos d'une profession rétribuée? Est-ce contradictoire? La logique brutale répond oui. Si l'on entre dans la pratique et l'examen plus délicat des choses, on s'aperçoit qu'elle se trompe.

Pour quiconque a vécu dans l'ancienne Université — et je ne suppose pas que la nouvelle ait dégénéré — la question ne se pose même pas. Ils étaient par centaines ces travailleurs obscurs, qui, après le labeur opiniâtre exigé pour des examens difficiles et durs, pourvus dans un lycée d'un poste maigrement rétribué, s'adonnaient à leur tâche, qui était, comme on le disait alors — et l'expression ne mérite pas qu'on en rie — de former l'esprit et le cœur des jeunes élèves : démêler les aptitudes de chacun, encourager les forts, ne pas négliger les faibles, inspirer à tous l'amour du travail, développer l'imagination, le jugement, le goût, révéler les belles choses, telle était la préoccupation qui remplissait leur existence. Strictement économes dans leur intérieur, ils attendaient une promotion qui diminuât un peu la gêne ; mais leur zèle ne se ralentissait pas, si elle tardait, et n'en était pas accru, quand elle arrivait. Pour leur dévouement cela n'entrait pas en ligne de compte. Ils avaient le feu sacré, beau mot qui n'a rien perdu de sa fière allure, parce qu'il est vieilli. Leur besogne était lourde : souvent quatre heures par jour à tenir attentif un auditoire nombreux. Et ce n'était là que la moindre part de leur travail. Rentrés chez eux, ils préparaient la classe suivante ; car ils voulaient que leur enseignement fût plein et nourri. Ils n'étaient pas mondains ; comment l'eussent-ils été, après une journée de fatigue et quand leurs soirées même ils croyaient les devoir à leurs élèves ? Quelques promenades, des causeries avec leurs collègues sur des sujets d'enseignement, la vie de famille, tels étaient leurs distractions et leur repos. Ils étaient sévères, parce que le travail est chose sérieuse et qu'on n'instruit pas en amusant ; leurs élèves le comprenaient et ne leur savaient pas mauvais gré ; ils sentaient qu'avec de pareils maîtres ils ne perdaient pas leur temps et que la vie n'est point une récréation. Ponctuels, ceux-ci passaient chaque jour au même instant aux mêmes endroits, affairés, indifférents aux curiosités de la rue, et leur passage indiquait l'heure aux ménagères, qui finissaient par les connaître de vue. Pour rien au monde, ils n'auraient voulu être en retard, encore moins manquer leur classe. Il fallait pour cela une maladie grave et ils se tourmentaient de la crainte que le progrès de leurs élèves n'eût à souffrir de leur absence. Ils étaient parfois frondeurs envers des chefs exigeants sur la quantité du travail a fournir, mais incompétents pour la qualité ; la qualité, ils la donnaient de plein cœur et par surcroît. Et pendant trente ou quarante ans ils menaient sans regret, sans ennui cette existence, jusqu'à leur retraite, quand ils la prenaient ; car, pour beaucoup, mourir dans sa chaire n'était pas une métaphore. J'ai vu l'un d'eux tomber inanimé, en tournant le bouton de la porte de sa classe, dans les bras des externes qui attendaient son entrée. Avec quelle fierté, avec quel entrain ils revêtaient leur robe pour aller retrouver des auditeurs qui les appréciaient et les aimaient ! Et c'était là leur plus douce récompense. Leurs anciens élèves dispersés dans la vie, entrés dans des carrières diverses, en apercevant leur vieux professeur qui ne les reconnaissait pas, allaient au-devant de lui, lui serraient les mains, se mettaient à sa disposition, lui exprimaient leur reconnaissance, quelquefois même pour sa sévérité salutaire. Le vieux professeur rentrait chez lui ravi : il était payé.

On s'étonne qu'il se trouve encore des instituteurs

accomplissant leur devoir avec désintéressement, lorsqu'on songe qu'après quarante ans de République leur nomination et leur avancement se font encore au gré des influences politiques, au lieu de reposer sur ces deux bases fondamentales, le mérite et l'ancienneté ; et cela les a conduits à un scepticisme désabusé à peine croyable. Ils désirent à peine dépendre uniquement de leurs chefs naturels, parce que ceux-ci ne seraient pas plus indépendants que les préfets et auraient presque toujours la main forcée. Pourtant, en face du petit nombre des turbulents, l'immense majorité répugne à suivre la voie dans laquelle on les pousse, celle de l'avancement facile et rapide, dû aux services électoraux. Il leur faut de la droiture et de la conscience, puisque ceux qui prennent à tâche de les pervertir sont maîtres de leur sort ; ils ont d'autant plus de mérite, qu'ils sont en butte à bien des méfiances, à bien des hostilités qui ne sont pas d'ordre pédagogique, et surtout que leur besogne est plus ingrate, car ils ont affaire à de tout jeunes enfants et leur mission est d'apprendre les éléments. Un ministre disait récemment : « Nous avons un enseignement supérieur ; nous n'en avons pas d'inférieur. » Cela prouve que la forme lapidaire se prête aussi bien à enchâsser une sottise qu'une idée juste. En fait, étant donnée la multiplicité des connaissances qu'on demande à l'instituteur, il n'a pas la possibité d'approfondir ; il les prend dans des manuels ; on lui fournit la science toute faite, sans qu'il puisse vérifier par lui-même si elle est bien faite, et il la transmet. Son rôle est strictement professoral. En outre, il s'adresse à des intelligences frustes, qui trouvent que les racines du savoir sont amères et que l'école buissonnière a plus de charme. Sur la reconnaissance des parents il n'a guère à compter. Cependant il donne sa peine sans la mesurer. Il se met à la portée des plus humbles, se proportionne aux débutants. Il n'est pas rebuté par l'insouciance, la paresse, la scolarité irrégulière. Le geste noble du semeur, il l'a toute l'année. Il passe une grande partie de son existence dans le même village ; il vieillit entre les murs de la même classe, s'efforçant d'avoir le plus d'élèves possible reçus au brevet, à peine effleuré par les éloges banals qu'un ministre indifférent déverse de temps à autre sur l'enseignement primaire, à défaut d'autre chose à lui offrir. Il aura fait quelque bien ; cela lui suffit ; tout ce que sauront jamais des centaines d'ouvriers et de paysans, ils le lui devront ; il les aura sauvés de l'ignorance profonde et totale.

* * *

Le désintéressement est relativement facile pour le corps enseignant ; c'est une si douce chose de consacrer sa vie à apprendre et à instruire, qu'on se détache aisément des préoccupations matérielles ; d'autres professions semblent porter en elles-mêmes moins de réconfort et d'attrait.

L'ancienne administration française a suggéré un nombre incalculable de plaisanteries à beaucoup de gens qui avaient de l'esprit et à quelques-uns qui n'en avaient point. Se moquer des fonctionnaires a toujours été le passe-temps favori du Français, qui n'a pas réussi à en être un. Cependant c'est par l'ensemble de ces fonctionnaires, que s'accomplissait le travail indispensable à la vie d'une nation, et ce travail était bien fait. Il était lent, l'atmosphère des bureaux portant à la somnolence, retardé par une multitude de formalités, qu'on regardait comme tutélaires et qui l'étaient quelquefois ; l'acte utile sortait avec peine des paperasseries accumulées par une administration convaincue qu'elle faisait d'autant plus de besogne qu'elle dépensait plus d'encre et de papier. Mais tout finissait par arriver et arrivait régulièrement. Le fonctionnaire était honnête ; s'il soupesait à la fin du mois ses émoluments et les trouvait légers, il ne les considérait pas comme sa seule raison d'être. Il s'identifiait avec sa fonction, dont il avait une haute idée. Il se montrait rarement affable avec le public, troupeau qu'il était chargé de diriger à travers les méandres et les broussailles des règlements et auquel il était naturel qu'il fît sentir sa supériorité. Mais, si désagréable que fût cette morgue bureaucratique, elle prouvait tout au moins qu'il avait le respect de sa charge et qu'il prétendait la remplir dignement. Sa solennité même était un gage de sérieux. La plupart du temps c'était tout en haut, dans les postes reluisants accordés par faveur que s'étalait l'arrivisme dédaigneux du devoir. Il n'avait pas intérêt à communiquer sa désinvolture au personnel de ses subordonnés, auquel en imposaient le prestige des chefs et la belle ordonnance de la hiérarchie. Ces serviteurs modestes, dociles à l'impulsion, étaient des rouages industrieusement agencés, qui rendaient tout ce qu'on attendait d'eux. Ils croyaient à l'infaillibilité de l'administration, dont ils avaient l'honneur de faire partie. Un jour en Allemagne, où se conservent pieusement ces traditions antiques, à Heidelberg je remettais à la poste un paquet auquel je tenais et, comme j'appelais sur lui toute l'attention du préposé, il me répondit avec gravité : « Monsieur, depuis qu'il existe en Allemagne une poste impériale et royale, il ne s'est jamais rien perdu ! » Cette absurde et touchante confiance a longtemps régné chez nous ; elle était une garantie. Le parfait « rond-de-cuir » ne fut-il pas préférable à l'ingénieux saboteur actuel? Il était souvent médiocre, mais d'une médiocrité adéquate à ce qu'il avait à faire. Il n'était pas un instrument de progrès, mais une pièce utile d'un mécanisme sûr. Ennemi des nouveautés, s'il paralysait parfois les réformes utiles, il arrêtait les nouveautés inconséquentes et brouillonnes ; les ministres avaient à compter avec leurs bureaux. La preuve de son désintéressement, c'est que son ambition suprême, c'étaient quelques centimètres de ruban rouge après de longues années d'inaltérable dévouement. On ne mène avec des hochets que des hommes pour qui l'argent n'est pas tout.

Il en est ainsi de toutes les professions ; toutes peuvent être exercées dans un esprit élevé de désintéressement.

*
* *

En dirons-nous autant du travail manuel ? On prétend qu'il est noble ; c'est une opinion qu'on émet dans le but de flatter les ouvriers pour s'en servir ou dans celui de les attacher à leur sort par une de ces illusions qui dorent l'existence, comme le soleil dore les nuages. Pour ma part je ne vois pas quelle noblesse il peut y avoir à soulever de la terre avec une pioche et une pelle et à la mettre dans une brouette pour la transporter ailleurs, à raboter une planche, à disposer des pierres les unes sur les autres et à jeter du mortier dans les joints, à étendre un badigeon ou de la couleur sur un enduit. Tout cela est utile, indispensable ; mais les choses les plus utiles ne sont généralement pas les plus relevées. Sans doute l'habileté technique s'ajoute à l'effort musculaire ; c'est ce qui différencie les métiers ; lorsqu'elle n'est qu'une prestesse de main, ce n'est qu'une routine ; à mesure que l'artisan se rapproche de l'artiste, il monte d'un degré, parce qu'il met en jeu plus d'intelligence ; d'où la conclusion qu'il n'y a de véritablement noble que l'effort de l'intelligence et que c'est suivant qu'elle intervient plus ou moins dans le labeur matériel que celui-ci change de physionomie ; le simple emploi de la force physique laisse l'homme au niveau du bœuf, qui tire la charrue, ou de la grue, qui élève un fardeau. Mais le travail manuel le plus bas vient s'ennoblir par l'intention, par la volonté, par ce qu'on y met de soi-même. L'ouvrier peut exécuter sa tâche avec une nonchalance toute mécanique ; il peut s'y appliquer pour qu'elle soit bien faite. Il poursuit alors un idéal, approprié à ses facultés et à ses moyens, mais qui est tout de même un idéal. J'ai connu un vieux maçon, qui avait construit ou réparé à peu près tous les murs d'un château, et, pour qu'ils fussent solides, résistants aux intempéries, fiers et droits, il avait peiné de son mieux ; il ne les revoyait pas sans une satisfaction profonde et disait : « C'est moi, qui ai bâti cela ! » A sa manière il avait fait une œuvre et trouvé le moyen, le seul qui existe, de rendre noble un travail vil.

On considère de nos jours le travail comme une marchandise ; soit ; c'est en tout cas une marchandise d'une espèce particulière. Le manœuvre, qui loue ses bras, les loue pour un salaire qu'il discute avec l'employeur ; il échange une certaine quantité d'énergie contre de l'argent ; mais le marché n'est point tout à fait pareil à celui qui a pour objet, par exemple, une pièce de drap ; la pièce de drap a une valeur qui s'estime exactement ; elle équivaut juste à son prix. Il n'en est pas de même du travail manuel; les bras n'agissent point par eux-mêmes; ils obéissent au cerveau; c'est lui qui les dirige, qui leur imprime l'ardeur, l'adresse ; cette direction est quelque chose d'impondérable, qui n'a pas figuré dans le marché, dont le manœuvre s'est réservé la libre disposition et qui, échappant à une appréciation rigoureuse, n'était pas en effet vénal. Il n'a vendu que la partie matérielle de lui-même, il n'est pas un simple mercenaire; s'il remplit sa tâche avec toute sa bonne volonté, toutes ses facultés, pour elle-même et en cherchant à se contenter, il a ajouté bénévolement une valeur qui n'était pas comprise dans la somme convenue et qui ne se paie que par un remerciement : il a été désintéressé.

Quand l'activité humaine se déploie, elle aime à le faire de bonne grâce, de toute sa puissance ; elle tend vers un résultat qu'elle se propose d'atteindre et qui est comme sa récompense naturelle, indépendante du gain. Il ne faut pas dire à l'ouvrier que son métier est noble; mais il est juste de lui rappeler que, quel qu'il soit, il peut l'exercer noblement. Cela dépend de lui et c'est à cela qu'il doit mettre sa fierté. Les théoriciens, qui lui persuadent que le désintéressement est une duperie, qu'il doit mesurer sa peine à l'argent gagné et qu'ainsi il est quitte, atrophient à plaisir en lui le meilleur des instincts de l'homme et le plus naturel. Ils le ravalent au rang d'un instrument. Ils prétendent en faire un travailleur conscient; ils n'en font qu'un homme diminué.

* * *

Un philosophe prouvait le mouvement en marchant; pour constater le désintéressement, il suffit d'ouvrir les yeux et de regarder autour de soi. C'est une fleur délicate, qui n'éclôt pas dans toutes les âmes avec la même splendeur; mais toutes en ont la semence. Certains s'emploient à l'empêcher de lever et à la flétrir; ceux qui ont pour mission d'instruire et de former les jeunes gens doivent s'appliquer à provoquer chez eux les sentiments désintéressés qui s'ignorent, à les développer lorsqu'ils sont faibles et à favoriser leur élan. Ce n'est pas seulement au point de vue social qu'ils font par là œuvre pie; que deviendrions-nous en effet, si chacun ne faisait de sa besogne que le moins possible et le plus mal possible? Il y a une autre raison, plus haute et, le mot est à sa place, désintéressée : ces sentiments font partie intégrante de l'âme, ils y ont été déposés par la nature; les laisser dépérir, à plus forte raison les extirper, c'est mutiler la personne humaine.

CHAPITRE II

Les sentiments généreux. — Différence d'avec les sentiments désintéressés. — L'amour. — Sentiments généreux qui en dérivent. — La bienveillance. — La serviabilité. — La bonté. — Le dévouement. — L'esprit de sacrifice. — L'immolation de soi et le mysticisme. — La charité.

L'instinct de la conservation, du rapport des choses à nous est un des sentiments les plus profonds, les plus essentiels de notre nature; sans lui nous péririons. Il domine chez l'enfant, qui ramène tout à ses besoins, à ses caprices, à ses volontés; non pas qu'il ne soit point sociable; il a horreur de la solitude et, quand on le laisse seul, il pleure; mais, s'il tient à être entouré, c'est parce que ceux qui l'environnent lui sont indispensables; il ne ressent d'eux que des bienfaits; il a l'égoïsme de la faiblesse, il cherche un appui; il exige tout et ne donne rien; il a l'humeur despotique; c'est avec raison que sa mère l'appelle son petit roi.

Qu'il grandisse, que la force lui vienne, il ne songe plus à lui-même; il se dépense en gestes, en cris, en paroles inutiles; dès qu'il marche, il s'en va, il se lance dans le monde; il commet toutes les imprudences ; les mères connaissent cette période d'angoisse vigilante, où elles s'empressent et où elles tremblent ; il se livre et s'expose sans réfléchir ; il fait amitié avec des inconnus ; on est sans cesse derrière lui pour le retenir.

La jeunesse enivre ; c'est l'âge où la sève monte, où l'on a conscience de l'accroissement rapide, où chaque jour on naît à quelque chose de nouveau. L'activité jaillit, impatiente des limites, et se porte vers le domaine extérieur pour se déployer dans la joie. Insoucieuse du but, du profit, elle s'exerce pour le plaisir.

L'expansion est une nécessité de la nature humaine ; elle est en raison directe de la vigueur physique, sensible, intellectuelle. Chez un malingre la vie est une petite lumière vacillante, qu'il faut sans cesse entourer de ses mains, pour l'empêcher de s'éteindre ; dans un tempérament robuste, c'est une flamme qui s'échappe du foyer, pour se communiquer à tout ce qui est alentour.

Cette force d'expansion se manifeste de deux façons très différentes. Souvent l'homme ne se répand que pour s'emparer de ce qui agrandit sa personnalité et la rend triomphante : c'est un conquérant ; il assouvit un appétit d'avoir. Il veut être riche, parce qu'il satisfera ses goûts, secouera toute gêne, étalera sa vanité, courbera dans une attitude de déférence la tourbe des besogneux ; il veut devenir puissant, imposer ses idées, diriger, gouverner ; il s'élèvera, il sera chef, le reste troupeau. Il a l'égoïsme prenant, dominateur : le *surhomme* ne travaille que pour lui.

Mais le besoin d'expansion revêt aussi une autre forme, tout aussi naturelle, et celle-là noble et bienfaisante : il est la source des sentiments généreux. Le mot est vague ; convenons d'entendre par là les instincts qui nous incitent à sortir de nous-mêmes, à nous oublier, à négliger ce qui nous serait matériellement utile ou agréable, pour le procurer à autrui, pour satisfaire ses intérêts, à créer en nous une personnalité avide d'affronter les dangers qui menacent l'homme, à nous enfuir dans l'idéal en laissant là le réel.

Entre les sentiments désintéressés et les sentiments généreux il y a de sensibles différences : les uns, le mot l'indique, ont quelque chose de négatif ; ils supposent la réserve, la retenue ; c'est un détachement ; les autres mettent en jeu notre activité et se portent en avant ; c'est un élan ; ils visent un but positif. Les uns sont calmes, d'essence sereine ; ils sont l'épanouissement d'un naturel pondéré ; les autres, au moins les plus vifs, sont ardents ; ils viennent des profondeurs de l'être et vont plus loin. Par les premiers nous nous résignons à céder à autrui quelque chose à quoi nous pourrions prétendre ; par les seconds nous donnons libéralement une partie de nous-mêmes, quelquefois tout. Dans une société où les sentiments désintéressés prévaudraient universellement, mais ne seraient point dépassés, les relations se teinteraient d'une délicatesse exquise; mais on n'irait pas aux sources du mal et de la souffrance pour les tarir; on ignorerait les fortes actions, les traits d'éclat qui transportent; on ne s'élèverait point aux grandes émotions de l'âme, aux impressions sublimes, au divin : c'est là l'œuvre des sentiments généreux.

*
* *

De ceux-ci une importante série découle de l'amour et en est le rayonnement dans tous les degrés d'intensité et dans toutes les nuances. L'amour proprement dit n'est jamais désintéressé; il se rue ardemment vers un objet qu'il entend posséder à tout prix. Lucrèce retraçant la vie des premiers hommes, avec des couleurs suggérées par une invention puissante qui retrouve sans doute la vérité, nous les montre dans les forêts immenses se jetant brutalement sur les femmes ou les séduisant par l'offre d'un fruit, d'une bagatelle; la violence et la ruse, telles sont les armes primitives de l'amour. Il ne les a pas complètement oubliées, mais les progrès de la culture l'ont transformé. L'amour véritable est généreux; il l'est de plusieurs façons. D'abord l'amant pare l'objet aimé de toutes les grâces, de toutes les vertus; ses yeux voient réellement tout ce qu'ils lui prêtent et s'en émerveillent; ce n'est pas une femme quelconque, entre mille, que le hasard lui a présentée, c'est celle qu'il rêvait, la seule dont il pût s'éprendre ; les autres n'ont rien de commun avec elle ; elles n'existent point ; il a trouvé l'idole. Le premier cadeau, le plus beau qu'il lui fasse, c'est de lui attribuer toutes les perfections et il le lui fait d'abondance de cœur, de toute nécessité, car c'est la condition nécessaire de sa flamme. Et, tandis qu'il la métamorphose ainsi par un effet de son imagination, il opère sur lui-même par sa volonté une transfiguration analogue et celle-là réelle. Car il se juge indigne et il entend chanter en lui le vers de Corneille :

> Sors vainqueur d'un combat, dont Chimène est le prix.

Le poltron devient brave, l'avare prodigue, le cœur sec sentimental. Tout homme, qui fut véritablement amoureux, a été pendant ce temps, au moins en pensée, un héros. Il a dépouillé tout ce qu'il avait en lui de vulgaire et de bas ; la passion l'a d'un seul coup purifié, ennobli, a suscité en lui des aspirations, des énergies morales inconnues. Les poètes ont célébré l'amour ; ceux qui n'en ont décrit que les plaisirs et les délices n'ont vu que le dehors séduisant ; ceux qui l'ont exalté comme le plus chevaleresque des sentiments, le plus fécond inspirateur de vertu, en ont seuls pénétré l'essence profonde ; il arrache l'homme aux préoccupations mesquines pour lui verser l'ivresse d'une vie supérieure.

*
* *

L'amour des parents pour leurs enfants n'est pas, au moins dans son origine primordiale, absolument désintéressé; le chef d'une famille illustre considère comme un devoir de ne pas la laisser éteindre, rêve dans ses fils les héritiers de traditions glorieuses et les appelle au jour pour les perpétuer; il envisage l'intérêt de la race; de plus humbles veulent se continuer dans leurs descendants et, en leur transmettant leur sang, leur manière de penser et d'agir, ce qu'ils auront laborieusement préparé et amassé contre les menaces et les angoisses du dénûment, soustraire une partie d'eux-mêmes à l'inévitable mort qui ne les anéantira pas tout entiers; ils ne se trompent point; à moins d'indignité d'un côté ou de l'autre, le père revit dans le fils, plus souvent que celui-ci ne croit. Quoi qu'il en soit, l'amour des parents est généreux, surtout dans notre civilisation actuelle et dans les classes moyennes, où l'on n'attend de ses enfants aucun service en retour, rien qu'un peu de joie dans sa vieillesse. Il l'est, parce que le père ne se contente pas d'assurer à son fils l'aide et la protection, auxquelles a droit la faiblesse de l'enfance: il entend qu'il n'ait pas à recommencer la vie au point où il a débuté lui-même, mais qu'il parte de celui où il est arrivé pour monter plus haut, et il accumule les ressources qui le porteront; les aimables espérances, les prédictions favorables, que les fées répandaient jadis autour des berceaux, ce sont aujourd'hui les parents qui les formulent; ils souhaitent tout ce qui embellit et rehausse la condition humaine et sentent qu'ils sont là pour le réaliser. On dit qu'une des causes morales de la dépopulation, c'est qu'on ne veut plus assumer les charges, les soucis que font peser sur vous les enfants, qu'on veut vivre sa vie égoïste et indépendante; une autre, tout opposée, agit dans le même sens, l'excessive générosité des parents, qui se croient tenus de fournir à leurs enfants plus qu'ils n'ont eux-mêmes, de leur ménager un avenir meilleur et plus brillant, et qui pour cela n'en ont qu'un petit nombre.

L'amour du père et celui de la mère présentent, avec des côtés communs, des différences essentielles. Le premier passe par des phases et des périodes. Un père n'aime pas son fils au berceau comme à vingt ans. Nouveau-né il le prend dans ses bras avec ravissement, mais il le repose vite; il s'en inquiète et veille à ce qu'il ne lui manque rien; mais ce n'est pas son affaire que de s'en occuper directement. Dans l'ancienne France on le laissait aux femmes jusqu'à un certain âge. Le père attend que l'intelligence s'éveille, qu'il faille commencer l'éducation; c'est là sa tâche et il s'y met de tout cœur, souvent avec des illusions, une tendance à demander trop à l'enfant; mais ses exigences, sa sévérité procèdent d'une affection en éveil; sans l'instruction, sans le travail on n'arrive à rien ; c'est pourquoi il l'excite et le presse. Quand le moment est venu de lui assurer une situation, il lui cherche ardemment la plus belle et la plus fructueuse. C'est alors que l'amour paternel se prodigue ; il s'accroît d'autant plus qu'il comporte plus de sacrifices. Puis le fils quitte la maison ; il entre à son tour dans la vie active ; une séparation se fait ; si le père n'a pas terminé sa carrière, il ne le suit plus que de loin ; sa tâche est accomplie ; l'amour persiste, mais il a moins à s'exercer ; on est plus distant. Surviennent les années de repos, qui précèdent la mort. Le père n'est plus qu'un bon vieillard ; il se rapproche avec plus de tendresse de son fils, fier de ses succès qui sont un peu son œuvre ; l'instant de la transmission approche et il s'inquiète de savoir ce que deviendra ce qu'il va déposer entre ses mains, si les traditions ne seront pas rompues et ce qui subsistera de lui sous un règne nouveau. Il lui sait gré de lui avoir donné des petits-enfants, bien qu'il regrette de ne pas les avoir plus entièrement près de lui, de ne pouvoir les former absolument à sa guise, qu'il sente entre eux et lui un intermédiaire, dont il faut respecter les idées et l'autorité ; peut-être quelque chose de l'affection qu'il leur porte est-il pris sur la part du fils.

Ce sont là des états d'âme qui se succèdent et se distinguent les uns des autres. L'amour maternel n'a pas de ces variations et semble être toujours le même. Quand l'enfant apparaît au jour, la mère qui l'a senti tressaillir dans son sein à l'impression d'une évolution qui s'accomplit, non d'une séparation ; elle le reprend avidement pour le nourrir de sa substance ; elle est son refuge et il se serre contre elle. Il aura beau grandir, devenir un homme, vieillir, il sera toujours pour elle le petit enfant qu'elle a allaité et jusqu'à la fin elle le verra avec les mêmes yeux. C'est pour cela qu'elle sera malhabile à le façonner à son métier d'homme, qui n'a pour elle qu'un intérêt secondaire, toujours indulgente, comme lorsqu'il n'avait pas sa raison, désireuse avant tout de lui épargner la peine et la douleur, comme s'il était toujours trop fragile pour les supporter, ne lui imposant point le dur effort du travail, parce qu'elle le croit naïvement trop bien doué pour ne pas arriver à tout en se jouant. Le papa devient un père ; la mère reste toujours une maman. Quant à son dévouement, on ne le caractérisera jamais mieux que par celui de la poule envers ses poussins ; seulement, pour la poule, c'est l'affaire d'une saison ; pour la mère, cela dure toute la vie. Sa récompense, c'est le premier sourire de son enfant, qui la reconnaît, ce sont ses larmes, quand il la perd.

*
* *

Sortons de la famille ; examinons, en allant du moins au plus, sous quelles formes, sous quels noms l'amour se glisse dans nos rapports avec nos semblables, les adoucit et les réchauffe. Les sentiments généreux que nous leur témoignons ont pour but de procurer leur bien. Au seuil, sans le franchir peut-être, est la bienveillance, figure attrayante, un peu énigmatique, qui nous introduit dans le sanctuaire, trop molle pour nous y suivre et nous remettant à d'autres guides, mais en elle-même plaisante et gracieuse. Elle est un effet naturel du tempérament ; les uns l'ont, les autres point. Pourtant elle est d'essence si peu consistante et si fluide qu'elle dépend des circonstances. Un malheureux accablé de calamités cuisantes n'a guère le loisir d'être bienveillant ; il est trop enfoncé dans la considération de son chagrin. On l'est presque forcément lorsqu'on a la sécurité, qu'on vit dans un agréable équilibre, sans l'amertume des soucis, l'inquiétude du lendemain ; on jouit alors d'un petit superflu de bien-être, qui atténue la raideur de l'attitude et des manières et dont on souhaite volontiers l'équivalent à autrui. Rare chez les jeunes gens, trop occupés d'eux-mêmes, la bienveillance est fréquente chez les vieillards et leur sied ; mûris par l'expérience, désabusés de l'offensive qui blesse, sortis des luttes hostiles dont ils connaissent la vanité et qu'ils n'ont plus la force d'entreprendre, ils sont parvenus au terme des épreuves et voudraient, pour surcroît de tranquillité peut-être, qu'elles fussent épargnées à autrui. Comme ils sont désormais incapables de sentiments vifs, ils se complaisent dans celui-là, qui est calme et crée autour de lui la paix. Ils ne sauraient plus guère agir, mais ils se persuadent et vous laissent croire, que, s'ils le pouvaient, ils le feraient en votre faveur. Enfin la bienveillance comporte une certaine dose de protection ; elle convient à un supérieur qui consent à ne pas dominer son inférieur de toute sa taille et diminue la distance, dont il conserve pourtant la notion.

Être bienveillant, c'est non pas s'engager à faire au prix de sa peine du bien à son semblable, mais lui en vouloir, être satisfait qu'il lui en arrive, disposé à faciliter la chose, si elle ne coûte pas trop d'effort. La bienveillance se manifeste par l'accueil condescendant, favorable, par l'intérêt qu'on prend à ce qu'un autre désire, à l'exposé de ses affaires, de ses espérances, par l'assurance qu'on ne mettra pas obstacle à leur réalisation, par les bonnes paroles ; elle provoque les confidences et met à l'aise. Sans doute elle laisse entrevoir plutôt qu'elle ne promet et tient en suspens. Pourtant elle mentirait à autrui et à elle-même, si elle n'était qu'une grimace, dissimulant la sécheresse du cœur. Si elle est sincère, il faut qu'elle procède d'une sympathie réelle et que, sans prendre d'engagements fermes, elle traduise au moins une aspiration à ne pas rester absolument stérile.

Par la bienveillance on ne donne pas grand'chose de soi-même et cependant ce quelque chose n'est pas sans agrément pour celui qui le reçoit. L'homme forcé de recourir à son prochain s'attend à le trouver, sinon hérissé et agressif, au moins indifférent et fermé. Il est agréablement surpris que le contact ne soit pas un heurt et de rencontrer, sinon de l'affection, au moins quelque chose qui en ait l'apparence. Il sait qu'il n'a droit qu'à la justice; la bienveillance est un supplément, dont il est reconnaissant. Malheureusement il en est parfois dupe. Elle est banale; on hésite devant une grosse dépense; on ne regarde pas à donner un sou; or la bienveillance est ce sou qu'on donne sans compter; qu'il soit placé bien ou mal, on s'en inquiète peu. Celui à qui elle s'adresse se croyait l'objet d'une attention particulière, d'une préférence; quand il la voit s'étendre à la ronde, il constate qu'il s'est trompé. Cela gâte les choses, d'autant que souvent elle se suffit à elle-même et n'est pas un acheminement à un bienfait réel. Elle est l'appât des naïfs, qui en attendent plus qu'elle ne se propose de donner. Charmante d'abord, elle devient fade ensuite. Elle est alors comme ces ombres d'Homère, qui s'évanouissent quand on veut les étreindre, et ne laissent rien entre les mains.

* * *

Ne parlons pas de l'amabilité encore plus extérieure et qui n'est pas un mouvement généreux, quoiqu'il puisse être spontané. Il semble que ce soit pour l'agrément des autres qu'on est aimable; en réalité on veut conquérir leurs bonnes grâces. Quand on cherche à plaire, on fait des avances, qui ne sont pas gratuites. Les femmes y excellent.

*
* *

La serviabilité est la mise en action de la bienveillance. L'une est mobile, l'autre casanière. Le protecteur bienveillant l'est du fond de son fauteuil ; il vous accompagne d'un air souriant jusqu'à la porte de son cabinet et il rentre. L'homme serviable prend son chapeau, pour aller sans retard là où il vous sera utile. Il ne plaint pas ses démarches ; tout ce qui est en son pouvoir, il le fait. Il est fort versé dans le commerce du monde, adroit et actif ; il a des relations nombreuses et variées, ses entrées partout et c'est pour cela qu'il réussit, même dans les choses qui ne paraissent point de sa compétence. Il est à son aise, on l'accueille la main tendue, on le fête ; on sait qu'on aura peut-être un jour recours à lui et qu'il en sera très heureux, qu'il ne sollicite rien pour lui-même, que peut-être il nous fournira l'occasion de montrer qu'on est soi aussi serviable. Ses anciens obligés le revoient avec plaisir, parce que ses bons offices ne sont épuisés envers personne, qu'il ne vient pas réclamer une reconnaissance importune, que tout au plus il vous mettra à contribution pour un tiers et qu'indirectement on s'acquitte ainsi envers lui. Il se hâte de se mettre à votre disposition ; en cela il paraît suivre uniquement son goût propre :

il ne se fait pas valoir et va au-devant des requêtes. Il est toujours prêt à entrer dans vos intérêts et à quitter ses affaires pour les vôtres. Avec lui on n'a pas besoin de formuler longuement sa demande ; il a compris à demi mot ; il vous rassure en trouvant très faisable, ce que, vous, vous jugiez difficile ; s'il paraît songeur, c'est qu'il arrange déjà dans sa tête les moyens de vous satisfaire et, s'il vous fait un reproche, c'est de n'être pas venu plus tôt à lui. Ce n'est pas uniquement pour ses amis qu'il se dépense, mais pour les amis de ses amis, pour leurs connaissances, au besoin pour des indifférents. Son temps lui semble perdu, s'il ne l'emploie point pour autrui. C'est une sécurité que de connaître un homme serviable ; il est comme une réserve, dans laquelle on ne puise pas toujours, mais qui ne vous fera pas défaut au moment nécessaire. A-t-il atteint pour vous le but désiré ? Il s'efface ; pour le remercier, il faut courir après lui ; il n'a pas le loisir de vous écouter ; il est pressé : il a un service à rendre à un autre.

L'obligeance est la serviabilité dans les choses de peu d'importance ; elle vous épargne, sans se déranger beaucoup, de menues incommodités et vous tire de petits embarras, qui, sans elle, deviendraient grands ; elle est agréable à rencontrer en passant et n'impose pas de dette lourde.

*
* *

La bonté est à la fois plus et moins que la serviabilité. L'homme serviable s'agite davantage et rend plus de services effectifs ; l'homme bon est plus calme et donne plus de sa propre substance. On dit de quelqu'un qu'il est *foncièrement* bon ; comment pourrait-on l'être autrement ? La bonté est le rayonnement d'un foyer, qui est au centre de notre être, comme le feu terrestre au centre du globe, et ne s'éteint jamais. C'est un élément primordial mêlé à tous nos atomes ; elle imprime son caractère à tout ce que nous sommes, à nos qualités et même à nos défauts, et ne laisse rien en dehors d'elle ; lorsqu'on est bon, on n'est pas doué, mais pétri de bonté. Elle possède l'âme entière ; ce n'est pas assez ; elle se montre au dehors, visible dans l'air du visage, dans les manières, dans les paroles. On reconnaît tout de suite une personne vraiment bonne ; il émane d'elle un fluide, qui la révèle et qui ne trompe point.

Quand nous entrons en contact les uns avec les autres, ce qui nous frappe réciproquement et nous incite au recul, ce sont nos imperfections, nos ridicules, nos vices ; la première grâce que nous fait la bonté, c'est de ne point paraître les apercevoir ; non qu'elle ait la vue courte ou brouillée ; mais d'abord elle est optimiste ; la bonté n'est pas l'optimisme ; pourtant sans un peu d'optimisme il n'y a pas de bonté complète. Elle ne croit pas volontiers au mal; quand elle l'aperçoit, elle se plaît à imaginer qu'il est de surface, que ce n'est qu'une apparence fâcheuse, sous laquelle, en allant plus au fond, on trouverait le bien ; ou encore elle pense que le mal n'est qu'un obscurcissement passager du bien, qui, après une brève éclipse, resplendira. Elle n'a pas tort de ne point pousser les choses au noir ; elle est prudente et clairvoyante, en se refusant à juger sur des dehors et à condamner avant enquête. Ensuite elle est indulgente ; elle sait que la nature humaine est faible et qu'il ne faut pas trop exiger d'elle ; elle cherche les excuses et les circonstances atténuantes, ce qui est raisonnable, car il y en a presque toujours ; il est rare qu'un crime soit aussi gros qu'il en a l'air. Le bon sens l'avertit que d'un point de vue étroit on n'embrasse pas toute la vérité; aussi ne prête-t-elle point toute son attention aux défauts, mais est-elle curieuse de se rendre compte s'il n'y a pas, à côté, des qualités qui les compensent; elle est ingénieuse à établir une juste balance et fait preuve de perspicacité, car il est moins aisé de découvrir les qualités que les défauts.

Ces défauts, elle ne se figure pas facilement qu'ils aient leur pointe dirigée contre elle, pas plus qu'on ne prend la pluie ou le vent comme une défaveur spéciale ; elle n'exagère point la part de désagrément qui lui en revient ; elle n'est pas susceptible ; ce sont des inconvénients dont il faut tâcher de s'accommoder. Si elle ne peut plus se faire illusion, elle a, pour remettre les choses au point, des trésors de pardon, non pas ce pardon sec et justicier, qui laisse accablé sous la faute, mais un pardon compatissant et doux, qui restaure l'état d'innocence, qui purifie et partage le baume entre celui qui a reçu la blessure et celui qui l'a faite. Elle a le geste large qui efface et régénère. Si la perversité est profonde, de l'indulgence elle ira jusqu'à la miséricorde; elle aime mieux plaindre que maudire.

Elle n'est pas la molle paresse d'une âme qui sommeille à demi ou le laisser-aller qui craint la peine et préfère voir les choses couler tranquillement. Elle a besoin de se communiquer, fuit la solitude et est à son aise dans le commerce des hommes; elle est active, cherche les occasions de se faire sentir et les suscite. Comment s'exerce-t-elle ? De tant de façons différentes, qu'une définition ne saurait les résumer, ni une énumération réussir à les embrasser toutes. Elle prend toutes les formes, aussi souple, aussi adroite, aussi subtile que l'intérêt, quand il est à l'affût de son profit. Elle se manifeste dans les petites choses, comme dans les grandes. Elle a sur les lèvres le mot qui console, celui qui apaise, celui qui encourage. Elle se traduit par l'acte discret aussi bien que par l'acte public. Elle est simple et n'a pas la coquetterie de plaire, parce qu'elle vise plus haut et veut obliger. Elle est tout unie et, sous ses métamorphoses, diverses, on la retrouve toujours la même. Elle est inépuisable et ne se lasse pas. Elle est quelque chose d'impalpable qui enveloppe sans qu'on s'en aperçoive. Elle ne prétend pas à la reconnaissance, pas plus que le ciel, parce qu'il est bleu, ou l'eau, parce qu'elle est limpide. Elle n'est pas seulement attentive à ne rien faire qui blesse, à éviter l'amertume inutile, à proportionner la charge à la faiblesse ; ce ne sont là que ses côtés négatifs. Or elle est positive; elle se fait sentir partout et l'on ne peut ignorer sa présence ; elle est là lorsqu'on s'y attend le moins, pour vous surprendre agréablement ; son propre n'est pas de se tenir en réserve pour se montrer quand on a besoin d'elle ; elle n'est pas le *deus ex machina* qui tire d'embarras au dernier moment, mais l'acteur principal qui mène la pièce ; toute sa conduite est activement dirigée vers le bien. Elle n'apparaît point par intervalles ; elle est continue et s'applique à tout.

Elle s'applique également à tous. Elle a naturellement une propension marquée pour les misérables et les déshérités ; alors elle change de nom et s'appelle la charité ; mais elle ne va pas exclusivement à eux. Elle n'ouvre pas seulement sa bourse, elle ouvre surtout son cœur. Elle ne fait pas acception de personne, elle ne choisit pas; il suffit d'approcher pour en avoir sa part et, lors même qu'on croit n'avoir pas besoin d'elle, on éprouve ses effets bienfaisants. Elle fait taire les discordes, apaise les querelles, désarme l'envie et la haine ; en sa présence on a honte de se laisser dominer par les sentiments mauvais. Elle dissipe les chagrins, rassérène la tristesse, ranime les espérances qui s'éteignent ; elle égaie et pacifie. Comme sur la montagne on respire un air plus pur que dans la vallée, on se sent plus alerte, plus en santé et en force, de même dans le voisinage de la bonté, le poids de la vie est moins lourd, l'existence plus facile et plus lumineuse. Elle aime à voir autour d'elle des visages heureux ; d'elle émanent le contentement et le charme ; elle embellit ce qu'elle touche et, pareille à la princesse des contes de fée, fait éclore les fleurs sous ses pas. Rien n'est délicieux à habiter comme la maison dont la méchanceté ne franchit pas le seuil, où règne sans partage la bonté paisible.

La bonté douce est la perfection de la bonté ; la bonté bourrue est une anomalie morale ; deux éléments opposés s'y heurtent, comme on voit parfois ensemble la pluie et le soleil. Le bourru bienfaisant souffre d'une contradiction de caractère ; son premier mouvement est de défensive déplaisante et rude ; mais il se retourne vite et le fond dément la surface. On lui sait quelquefois plus de gré, parce que le revirement est inattendu et qu'il semble qu'il lui ait fallu se contraindre et faire effort ; la bonté douce apparaît comme un don reçu de la nature, la bonté bourrue comme un effet de la réflexion et de la volonté, partant comme quelque chose de plus méritoire ; ce n'est en réalité qu'un manque d'équilibre dans le tempérament. Si elle est parfois plus entière et plus efficace, c'est qu'elle a à se faire pardonner la mauvaise humeur et la brusquerie.

* * *

La bonté est une source qui coule pour tout le monde et où le passant même se désaltère. Le dévouement est plus exclusif et ne va pas au-devant du premier venu; il se réserve pour une personne déterminée. En outre, l'homme bon nous fait cadeau de quelque chose qui provient de lui, à peu près comme l'abeille donne son miel; il le donne sans restriction ni réserve, mais sa personnalité n'est pas entamée; en face de son obligé, il demeure ce qu'il est; il exerce une influence et n'en subit point en retour; on ne se diminue pas pour être bon envers ses semblables; on conserve la disposition de soi. L'homme dévoué se subordonne; il s'offre pour qu'on use de lui, aliène une partie de sa liberté, amalgame sa personnalité avec celle d'un autre, qui prend dans l'association la prépondérance. L'attrait du dévouement, pour les natures qui en sont capables, c'est d'abord qu'il ouvre carrière à tous les instincts sympathiques et bienfaisants, mais c'est aussi que l'indépendance chargée de responsabilité, n'ayant dans son isolement à compter que sur elle-même, leur fait éprouver comme un vertige. Dans le vertige on cherche un appui. Elles aiment à se réfugier, à se sentir accueillies, soutenues par quelqu'un au profit duquel elles renoncent à la pleine possession d'elles-mêmes ; non pas qu'elles abdiquent leur activité ; l'activité n'est nulle part plus en jeu que dans le dévouement, qui l'exige incessante et prodiguée ; seulement, maîtresse d'elle-même dans le détail, elle est réglée d'en haut, elle n'a plus à se préoccuper de la matière et du but ; elle suit une voie tracée, reçoit avec une confiance docile une impulsion. Et c'est pourquoi, sans être étranger aux hommes, le dévouement est surtout naturel aux femmes, qui le pratiquent avec effusion.

Le dévouement est un instinct inné chez certains tempéraments; tous ne l'ont pas au même degré et beaucoup en paraissent dénués. Il semble qu'on y aille par une pente insensible, sans résolution nette et décidée d'avance; c'est après coup, lorsqu'on y est engagé, qu'on s'en aperçoit et l'on serait souvent bien embarrassé de dire où. quand il a commencé; il se glisse sans prévenir, s'installe et vous transforme presque à votre insu. Il est enraciné, quand on l'aperçoit, et on ne l'a pas senti éclore. Les circonstances y sont pour quelque chose. Une fille aînée, laissée par la mort de sa mère protectrice de plusieurs jeunes enfants, remplace l'absente, s'absorbe de plus en plus dans la tâche qui s'impose : tant qu'ils auront besoin d'elle, elle ne les abandonnera pas ; et ils en ont besoin pendant de longues années et ses soins se prolongent, toujours attendus; la vie passe ; un moment vient où elle songe à elle-même; il est trop tard; elle s'est dévouée. Une personne a été bonne pour vous; vous vous êtes lié à elle par habitude, adapté à ses idées, familiarisé avec ses goûts; elle ne fera pas vainement appel à votre zèle secourable; vous vous accoutumez à lui consacrer vos services, elle à les recevoir; peu à peu elle se repose sur vous, vous prenez charge d'elle; vous vous dévouez.

La bonté est incompatible avec la sécheresse de cœur et dérive d'une tendance à aimer le prochain, quel qu'il soit; le dévouement est le résultat d'un attachement à une personne et à celle-là seule. Il a pour origine une affection particulière, chaque jour plus profonde, et c'est à mesure qu'elle s'accroît, qu'il devient plus entier. C'est pour cela qu'il dure et qu'en durant il se fortifie.

On se dévoue à plus faible que soi. Une vieille servante, qui se consacre à sa maîtresse infirme, satisfait ses besoins, contente ses caprices, sent qu'elle la protège. Elle la traite comme un enfant, trouve plaisir à lui procurer ce que celle-ci serait incapable de se procurer elle-même. Le fait qu'elle lui est indispensable l'attache à elle davantage et semble lui créer une obligation.

On se dévoue également à plus fort que soi. Les esprits entreprenants, les génies ont besoin de dévouement autour d'eux; ils le suscitent par leur prestige. On entre dans leurs vues, on seconde leurs desseins. Ce qu'on n'aurait pas conçu soi-même, on est heureux d'en faciliter l'exécution, de se sentir mêlé à quelque chose de supérieur. On laisse au maître la gloire du succès, mais on sait que de ce succès une petite part vous revient. Les grands hommes trouvent des dévouements sûrs, attirés par l'admiration pour leur personne et la satisfaction de collaborer à une œuvre élevée.

Se dévouer, c'est tenir ses pensées, sa volonté, ses facultés actives à la disposition d'un autre, qui en use à sa discrétion ; on est son bras droit, comme le dit la langue courante ; l'expression est juste : on devient comme un prolongement de sa personnalité, beaucoup plus qu'un instrument ; on est partie intégrante. Assurément on ne discute pas les combinaisons du maître, qui dépassent votre portée ; on admet qu'il agisse pour des motifs qui vous échappent et qui lui sont personnels ; on lui fait crédit ; pourtant si on ne le juge pas en pleine liberté d'esprit, si on a tendance à lui donner raison, c'est qu'il semble que dans une certaine mesure on se donne raison à soi-même.

Il est rare que le dévouement se décourage et il faut des circonstances exceptionnelles pour qu'il se rebute. On ne se gêne pas avec le dévouement ; parfois on le malmène, parce qu'on le considère comme définitivement acquis et ne pouvant manquer. Il n'est pas sûr que ce soit simplement par humilité que l'homme qui se dévoue supporte la rudesse, qu'il n'éprouve pas un certain charme à ce qu'on pèse un peu lourdement sur lui. Alors en effet il prend plus nettement conscience de l'intensité de son dévouement. Le dévouement ne craint pas d'être mis à l'épreuve, parce que c'est par l'épreuve qu'il s'affirme. Plus il a à s'employer, plus il trouve plaisir ; il grandit à ses propres yeux.

La bonté s'exerce sur le concret ; on peut se dévouer à l'abstrait, pourvu que ce soit quelque chose de précis, par exemple un être collectif, une corporation ; on n'envisage point sa chétive personne, mais l'intérêt, la prospérité, l'honneur du corps tout entier. On se dévoue à sa fonction, pour les services qu'elle rend. Dans ce cas, on ne subordonne pas sa personnalité à celle d'autrui ; mais on assujettit sa personne à l'accomplissement d'une tâche utile. On se dévoue à une idée, à une noble cause. Un pareil dévouement peut être sublime, il ne l'est que par occasion. Le plus souvent il est modeste, il demeure obscur, il ne se signale pas bruyamment ; mais il donne un effort continu, qui ne se lasse point ; cela est dans ses moyens, dans sa manière d'être ; la ténacité, la persévérance sont ses armes ; il est rare qu'on lui élève des statues ; et c'est pourtant au sourd travail qu'il a poursuivi sans relâche qu'est dû souvent le triomphe.

*
* *

On est tenté de considérer l'esprit de sacrifice comme le frère du dévouement ; s'il est de la famille, il l'est à un degré plus éloigné. Il est plus rare, parce qu'il exige de nous davantage et nous entame plus profondément. On se dévoue presque sans y penser, souvent avec allégresse ; on se prête aux desseins d'autrui, à l'accomplissement d'une tâche ; on ne perd rien de ses facultés actives, qui reçoivent au contraire une impulsion vigoureuse. Le sacrifice est une attitude passive, à laquelle on ne se résout pas sans un frémissement de révolte. Il faut prendre sur soi pour renoncer à un plaisir légitime, à une idée qu'on croit juste, à un acte désiré, et laisser autrui satisfaire son caprice, faire prévaloir une idée contraire, une décision opposée. Par le dévouement on se fond harmonieusement avec une personne pour laquelle on ressent de l'affection et, autant que cela est possible, on ne fait qu'un avec elle. Dans le drame du sacrifice les deux intéressés demeurent distincts ; ils sont sur le point de devenir deux adversaires ; le dissentiment existe avoué, manifeste ; l'un des deux cède, pour prévenir un éclat ; il peut le faire par amitié, mais aussi pour des raisons différentes, par respect, par condescendance pour une supériorité de rang, par amour de la tranquillité, parce qu'il n'est pas sûr d'avoir le dessus ; il peut très bien garder la conviction que c'est lui qui a raison. Le sacrifice n'entraîne pas nécessairement l'adhésion. On se dévoue aux intérêts, au bien-être d'un autre, à la réussite de ses projets ; on peut y contribuer aussi par le sacrifice, mais parfois on lui procure uniquement l'occasion d'affirmer sa volonté, de jouir d'une liberté plus grande ; c'est devant l'instinct dominateur qu'on s'incline. Par le dévouement on apporte l'aide sympathique et vivante ; par le sacrifice on supprime un obstacle. Le dévouement se tend et se prodigue ; il suit sa pente sans marquer les étapes ; par le sacrifice on se contraint, on opère sur soi-même un retranchement ; chaque occasion pose à nouveau la question et commande une résignation nouvelle. C'est pourquoi le premier est alerte, le second mélancolique.

L'esprit de sacrifice est-il un sentiment généreux ? Il l'est dans ses effets, puisqu'il favorise autrui à ses dépens et lui offre ce qu'il pourrait retenir. Il ne l'est pas dans son essence, s'il provient d'une faiblesse de tempérament, d'une incapacité de résistance. La personnalité n'est pas, au point de vue quantitatif, la même chez tous. Chez les uns elle est robuste, dure à fléchir, chez les autres vacillante, effacée, à peine consciente d'elle-même. Si on se sacrifie, parce qu'on n'a point l'énergie, les lumières nécessaires pour faire soi-même sa destinée, parce qu'on préfère se remettre entre les mains d'autrui, en lui abandonnant ce qu'il lui plaira de prendre de vous, ce n'est que mollesse, inaptitude à lutter, dégénérescence. On peut trouver là une sécurité, qui console de la perte du reste, un repos acheté chèrement et sans dignité. Mais c'est une abdication, une servitude morale. On s'est laissé subjuguer, on a consenti à déchoir ; on est devenu victime.

Le véritable esprit de sacrifice se réclame d'une origine plus noble. Il est l'opposé du fol engouement de soi-même, de l'infatuation exaspérée du moi. Il procède de la modestie qu'inspire la connaissance exacte de ce que nous sommes, de la conscience que, si nous avons la raison, nous n'en avons cependant pas individuellement tout ce dont l'humanité est capable et que d'autres peuvent l'avoir plus lumineuse et moins sujette à l'erreur; de même, si nous avons le pouvoir de décider, nous avons aussi l'orgueil et l'entêtement que nous n'en distinguons pas toujours; notre libre arbitre n'est pas toujours droit; il faut donc nous défier de nous-mêmes et être prêt à reconnaître la supériorité d'autrui, quand elle est réelle. L'esprit de sacrifice consiste non pas à subir aveuglément l'ascendant étranger, mais à suivre le guide expérimenté, au lieu de nous lancer présomptueusement et au hasard dans les sentiers inconnus. Il lui faut — ce n'est pas un paradoxe — une forte dose d'énergie; il s'agit d'humilier notre amour-propre, de dompter la répugnance presque invincible que nous avons à plier. Chaque sacrifice est le résultat d'un combat intérieur, une victoire que nous remportons sur nous-mêmes, une affirmation que nous sommes maîtres de nous. A se sacrifier volontairement, dans la plénitude de sa liberté, on éprouve un plaisir austère, d'autant que nous en jouissons seuls, secrètement et sans confident. En effet le véritable sacrifice est muet; il ne faut pas que celui qui en profite en soit averti et par là nous recouvrons d'un certain côté sur lui cette supériorité, qui est notre irrésistible besoin. Du reste l'esprit de sacrifice ne s'exerce pas nécessairement à l'avantage d'un de nos semblables. On se sacrifie à un idéal. On dédaigne, parce que cela paraît valoir mieux, l'âpre jouissance de se venger d'un ennemi. On renonce à un ressentiment justifié par amour de la concorde, qui est le bien suprême. On fait taire son intérêt personnel devant celui de la patrie. Ainsi conçu, l'esprit de sacrifice n'est pas seulement généreux dans ses résultats, mais dans sa source.

*
* *

Pour aller jusqu'à l'immolation de soi il faut un élan, dont seules sont capables quelques âmes exceptionnelles. Il faut également que l'objet auquel on s'immole soit tellement supérieur, tellement disproportionné à nous, qu'il justifie un sacrifice si complet. On se dévoue, on se sacrifie à l'un de ses semblables ; on ne s'immole pas à lui. L'immolation de soi est le terme dernier, auquel, après avoir passé par les flammes brûlantes de l'amour, arrivent les mystiques. Emportés loin de terre par l'ardente contemplation de l'Être infini, ils s'offrent, ils se donnent, ils s'immolent et ils le font avec une furie de désir, avec des transports de volupté inconcevables à notre médiocrité froide ; l'extase leur cause d'ineffables joies, dont nous entendons l'écho, et des enchantements mystérieux interdits aux profanes. L'anéantissement total de la personnalité, même au profit d'une personnalité incommensurablement plus grande est un fait si anormal, qu'on se demande s'il est possible. Il n'est pas douteux que certains mystiques ne tendent à le réaliser. La personnalité est notre tout ; nous ne nous concevons pas sans elle et nous y sommes attachés par les liens les plus forts ; mais c'est un fardeau ; comme ces désespérés, qui rejettent loin d'eux l'existence, parce qu'elle n'est pour eux qu'une insupportable amertume, il se peut que nous y renoncions par lassitude, par impuissance, dans l'espoir de trouver enfin le repos. C'est peut-être la voie la plus large qui conduise au mysticisme, lequel équivaut alors à un suicide moral. Mais ce n'est point la seule. Nous sommes des personnes ; il y a là deux choses : « nous sommes », c'est-à-dire que nous participons à l'être, « des personnes », c'est-à-dire que nous y participons d'une certaine façon, qui est notre personnalité ; or cette modalité ne nous procure qu'une existence chétive et mesquine, faible et restreinte, dans laquelle nous nous sentons emmurés et où nous étouffons ; nous aspirons à plus d'être, à l'être sans conditions, à l'être dans sa plénitude ; c'est de cela que nous avons soif, c'est cela qui nous enivre. Supposez une goutte d'eau qui va se perdre dans l'Océan et supposez qu'elle soit consciente ; elle peut considérer son absorption comme une destruction, comme un anéantissement; mais elle peut se figurer aussi qu'en se confondant avec la masse énorme des mers, elle va vivre d'une vie nouvelle, celle de ce vaste corps, qu'elle en ressentira toutes les palpitations, tous les frémissements, les convulsions profondes et gigantesques ; ce n'est pas l'anéantissement, c'est tout au contraire une prodigieuse extension de son être ; elle aura dépouillé la forme étroite qui la déterminait pour exister autrement, d'une façon plus intense et plus large dans le grand tout. C'est ce que ressentent les mystiques ; ils immolent leur personne misérable et bornée à l'Être par excellence, qui est toute lumière, toute bonté, toute puissance. Ils renoncent à une raison sujette à l'erreur, à une volonté chancelante, qui les mène aussi souvent au mal qu'au bien, à l'ignorance inséparable de la condition humaine, pour se remettre entre les mains de celui qui ne peut errer, qui ne peut vouloir et faire que le bien, dont la science perce toutes les ténèbres et qui ne peut les conduire qu'au bonheur parfait. Ils l'aiment d'un amour débordant ; ils ne pensent et ne jouissent qu'en lui et par lui. Ils s'abîment en lui, mais, en s'y abîmant, ils sentent affluer toutes les clartés, toutes les énergies, toutes les vertus qui lui sont propres. Ils ont quitté un vague semblant de l'être, pour en avoir la réalité. Ils ne sont pas détruits, mais transfigurés. Ils ont secoué l'enveloppe misérable du moi, pour se mettre en communion avec l'Infini, l'Impérissable, l'Éternel ; c'est lui qui parle, qui agit en eux. Ainsi sent et raisonne le mysticisme véritable, celui qui se plonge non pas dans la mort, mais dans la vie. C'est peut-être une folie, mais c'est assurément une folie généreuse.

*
* *

Le mysticisme est un embrasement d'amour pour la perfection suprême, la charité une ardente compassion pour ce qu'il y a de plus pitoyable sur la terre ; la charité est une forme de la bonté s'adressant à ceux qui en ont le plus besoin, aux malheureux, qui ont épuisé la lie des calamités humaines et qui attendent non pas seulement cette douceur réconfortante que la bonté exhale autour d'elle comme une brise caressante, mais le secours effectif qui les tirera de leur situation désespérée. Lorsqu'ils ont tout tenté, que leurs efforts ont été vains, qu'ils succombent au mal et qu'ils sont sur le point de périr, ils implorent la charité, comme le naufragé tend les bras vers la planche de salut. Le sentiment charitable naît en nous de l'horreur qu'inspire le dénuement d'un être humain privé de ce qui est indispensable pour satisfaire les besoins élémentaires, pour apaiser sa faim, pour se garantir du froid, des intempéries ; cette extrémité de misère, ces dernières angoisses, qui précèdent la mort lente, la mort d'inanition, celle qui torture et consume le corps avant de le détruire, nous bouleversent au point qu'un mouvement irrésistible nous emporte; de même que nous ne pouvons laisser un crime s'accomplir sous nos yeux sans essayer d'arrêter le bras de l'assassin, ainsi nous nous jetons d'un irrésistible élan entre l'impitoyable misère et sa victime. Il y a des souffrances si cruelles qu'on frémit en y pensant; qu'est-ce quand on les voit, qu'on songe que c'est nous qu'elles pourraient atteindre? Nous sentons la peine du misérable comme si c'était la nôtre propre et nous prenons notre part du mal excessif qui accable une faible créature semblable à nous. La charité ne consiste pas seulement à apporter le secours matériel, mais à le faire avec une chaude et douloureuse sympathie. Supprimez cette violente émotion du cœur : il peut y avoir assistance, il n'y a plus de charité. Et c'est pourquoi le pauvre est souvent plus charitable que le riche. Le riche, outre l'égoïsme que crée la vie facile et assurée, a dressé autour de lui de hautes et fortes murailles, qui lui dérobent la vue de la misère affligeante; il s'efforce de l'ignorer et finit par se persuader qu'elle n'existe pas, ce qui est du reste la seule manière de se prémunir contre l'impétuosité du sentiment charitable; il l'endort en se figurant qu'il n'y a pas matière à l'exercer. Le pauvre, lui, vit dans le monde où l'on souffre; la misère est une réalité poignante qu'il connaît, contre laquelle il se débat et, s'il en rencontre une plus navrante que la sienne, il y va pour la soulager.

La charité est immédiate, spontanée; elle a pour

objet quelque chose de présent et de pressant. C'est l'instinct naturel qui nous porte à venir en aide à l'homme, uniquement parce qu'il est un homme. L'abandon partiel d'un superflu très surabondant n'en est qu'une image éloignée. Pour qu'elle soit réelle, il faut qu'elle sache le prix de ce qu'elle donne et que, jusqu'à un certain point, elle se prive ; le meilleur exemple en est sans doute le pauvre partageant avec un autre le morceau de pain tout juste suffisant pour son appétit. Il faut tenir à ce dont on se dépouille. Et c'est pourquoi la charité exubérante de saint François d'Assise, tant admirée et donnée comme modèle, pèche par certains côtés. Il croyait qu'il est difficile au riche d'entrer dans le royaume des cieux ; il aimait la pauvreté pour elle-même ; il en fit sa fiancée et son épouse mystique. En renonçant à ses biens, il ne faisait que se libérer. C'est le pauvre qu'il faut aimer et qu'il faut aimer jusqu'au sacrifice de ce dont on estime la valeur et dont on a besoin.

La formule de la charité est simple : nourrir ceux qui crient la faim, vêtir ceux qui sont nus, abriter ceux qui n'ont pas de toit. Elle descend jusqu'au dernier cercle de l'enfer de la misère humaine; son champ d'activité est effroyable. C'est là que séjournent, mornes, pâles, déguenillés, las de lutter et presque de vivre, tous les rebuts de la société, au seuil de la mort, qui déjà les a marqués; la charité vient les prendre par la main et les relève. Elle peut contempler son œuvre et trouver qu'elle est bonne; avec des débris, elle refait des hommes.

*
* *

Ainsi s'épandent sur le monde ces sentiments généreux que nous avons analysés et qui ne sont que des formes et des degrés de l'amour; pareils à la manne céleste, ils nourrissent et restaurent. Bénissons-les, admirons-les, réchauffons-nous à leur foyer. Sans eux, que seraient la vie individuelle et la vie sociale? Quand on jette un regard en arrière et qu'on repasse par le souvenir les années de son existence depuis les premières, on est surpris, émerveillé en se rappelant, en rapprochant, en groupant en faisceau toutes les preuves de bienveillance, de bonté, tous les dévouements, tous les sacrifices dont on a été l'objet, alors même que des circonstances favorables nous ont évité l'appel à la charité. C'est comme un cortège infini, aimable et souriant, qui se déroule devant nos yeux. Que serait-il advenu de nous, si toutes ces marques d'amour nous avaient manqué et n'avaient pas embelli les jours que nous avons passés sur la terre, si nous avions végété dédaignés de tous et solitaires? Elles forment la trame même de la vie que nous avons vécue. Supposez un instant que nous n'ayons jamais rencontré qu'indifférence et dureté; dans quel abîme de désolation aurions-nous sombré, dans quelle atmosphère glacée aurions-nous frissonné et nous serions-nous raidis? L'hypothèse elle-même épouvante l'imagination; la vie apparaît intolérable sans la chaude enveloppe des sentiments généreux inspirés par l'amour. N'est-ce pas eux qui rendent la société supportable en atténuant ses imperfections et ses vices? Admettons qu'enfin se réalise l'idéal de justice vers lequel nous avançons lentement à travers les révolutions sanglantes, les réformes imprévoyantes et maladroites, que chacun jouisse en paix de sa part équitable, que ses droits ne soient jamais méconnus, nous trouverions-nous heureux dans ces formes austères et rigides que n'animerait point l'amour vivifiant? Ne serait-ce pas une sorte d'âge de fer, dans un sens différent de celui où le prennent les poètes? En tout cas, nous sommes loin de là. Le monde s'est traîné jusqu'à présent au milieu des excès de l'injustice, des abus de la force, des douleurs de l'oppression, des angoisses de la misère. Qui a pourtant soutenu l'humanité dans son calvaire lamentable, qui a porté remède aux iniquités les plus criantes, sinon l'amour rayonnant dans la nuit comme l'étoile qui perce les ténèbres et met l'espérance au cœur, en attestant que toute lumière n'est pas éteinte?

CHAPITRE III

Les sentiments généreux. — Le courage et ses variétés. L'héroïsme.

A côté des sentiments généreux, qui sont l'expression de nos instincts affectifs, une effusion du cœur, il en existe d'autres très différents, qui proviennent de l'exaltation de l'énergie virile; ce sont les diverses formes du courage.

Les Latins désignaient par le même mot — *fortis* — l'homme fort et l'homme courageux. Il est intéressant d'étudier le langage, dans lequel se déposent souvent et se conservent les impressions primitives et irréfléchies ; ici il traduisait une observation psychologique imparfaite, juste dans un sens, erronée dans un autre. L'homme fort est plus naturellement, plus facilement courageux que le faible. Le péril ne l'effraie point, parce qu'il se sent armé pour le combattre ; son premier mouvement est de lui tenir tête; sa force physique lui communique la confiance morale ; il se mesurera volontiers avec l'adversaire, dont il se sent capable de venir à bout. Le faible, lui, est prudent et circonspect, parce que son pouvoir de résistance est moindre et qu'il sait qu il faut peu de chose pour le terrasser ; il est attentif à éviter le danger et, quand il n'y peut réussir, enclin à s'y dérober par la fuite. Pourtant le courage n'est pas une simple manifestation et une résultante de la force ; c'est la volonté ferme de ne pas lâcher pied devant la menace. Supposez le même acte accompli par deux individus de force inégale ; c'est en faveur du faible que penchera la balance du courage.

Le courage consiste à affronter résolument le péril et au besoin la mort. Mais l'homme vraiment courageux ne se borne pas à attendre le choc et à le soutenir ; il va au-devant du danger et le recherche. Celui-ci a pour lui un attrait, qui s'explique par diverses causes. L'énergie ne s'accommode pas du repos, dans lequel elle languit et se dissout ; il faut qu'elle s'emploie ; le danger la décuple ; pour lutter contre lui, elle se ramasse et s'exaspère ; elle se porte à son point le plus haut, ce qui est une ardente jouissance. En face du danger l'homme courageux vit une vie supérieure ; il met en jeu des facultés qu'il ne soupçonnait pas si puissantes ; c'est comme un sport, auquel il se livre avec passion. En outre, nous avons un désir inné de surmonter les obstacles ; ils irritent en nous l'instinct de vaincre ; qu'une difficulté se présente, seules les âmes molles s'arrêtent et reculent, les autres veulent à tout prix en avoir raison ; la lutte plaît, non pas seulement pour l'effort qu'elle exige, mais parce qu'au bout il y a le triomphe. Le danger séduit par l'espoir d'en sortir à notre honneur, couronnés par le succès. Enfin, l'homme est joueur; il trouve plaisir à essayer et à courir sa chance; il y a un charme dans l'angoisse même du risque, parce qu'on pressent le soulagement prochain qu'on éprouvera, lorsqu'il sera passé; l'incertitude qu'il comporte est l'assaisonnement de la joie de la sécurité reconquise, joie intense et que rien d'autre ne serait capable de procurer.

Il y a des degrés dans le danger; c'est lorsqu'il est le plus grand, qu'il s'attaque à notre existence même, qu'il faut pour le braver la plus forte dose de courage. Le courage se double alors de l'esprit de sacrifice le plus entier, puisque c'est ce que nous avons de plus précieux que nous n'hésitons pas à hasarder. Le courage méprise la mort. C'est chez un être vivant, pour qui la possession de la vie est la condition nécessaire de tout le reste, un sentiment si extraordinaire, qu'il convient d'analyser les causes qui peuvent le produire et qui le justifient. La plus vulgaire, celle qui se présente d'abord, c'est le dégoût de la vie, soit qu'on en ait abusé et qu'elle ne puisse plus rien offrir que de fade, soit qu'elle ait été si cruelle, qu'elle vous ait abreuvé de tant de souffrances et de calamités, qu'on prenne la résolution sombre d'y mettre volontairement un terme. On dit couramment que le suicide est une lâcheté; on convient pourtant qu'il faut, pour se tuer, un certain courage. Les axiômes du sens commun sont souvent contradictoires et ce serait perdre son temps que d'essayer de les accorder ; mais ici la contradiction n'est qu'apparente ; elle vient de ce que le mot courage a deux sens : l'endurance — et c'est en manquer que d'abréger sa vie — la hardiesse à accepter la mort — et elle existe dans le suicide. C'est la décision qui est lâche, non pas l'acte. D'une façon moins répugnante le dégoût de la vie peut porter à chercher la mort, sans se la donner soi-même. On voit des désespérés prendre part à des expéditions périlleuses dans des pays malsains, où le climat et les hommes sont également hostiles, sans vraisemblance d'en revenir ; ils peuvent être les champions d'une cause utile et veulent que leur sang répandu serve à quelque chose, ce qui ne va pas sans une certaine noblesse ; ils ne sacrifient cependant qu'un bien qui, à leurs yeux, a perdu sa valeur. Sensiblement différents sont ces esprits aventureux, qui, ayant manqué leur carrière, gaspillé leur fortune, peut-être commis par entraînement quelque indélicatesse, suivent la même voie ; ceux-là tiennent à la vie ; c'est pour se réhabiliter qu'ils l'exposent ; l'origine de leur courage est trouble et malsaine ; mais sur le champ de bataille, quelle que soit la raison qui les y a amenés, ils font des merveilles ; ils expient ; le courage en face de la mort, ils l'ont tout entier.

Des populations pauvres, attachées à un sol maigre

qui les nourrit mal, grossières et engourdies fournissent plus et de meilleurs soldats que les pays riches, où l'on a facilement ses aises et où on est plus raffiné. Plus l'existence est dure et précaire, moins on considère la mort comme un mal et moins on la craint. La bravoure de ces gens paraît plus grande ; elle l'est en effet, mais elle est aussi plus facile.

On prétend que certaines races asiatiques sont indifférentes à la mort. Le Chinois la subirait comme une chose sans importance, en faisant preuve d'une impassibilité qui n'a rien à voir avec le courage. Cela est incompréhensible, le mode d'existence de l'homme n'étant pas l'insensibilité végétative. Il se peut que, dans l'aberration d'une doctrine philosophique, on arrive à se persuader que la vie ne vaut rien et que par suite on ne perd rien à en être privé. Restent pourtant à l'instant suprême la répulsion instinctive et le cri de la chair, qui ne se suppriment pas. Chez le Japonais tout au moins la même indifférence à la mort est d'autre nature ; instruit dès l'enfance qu'il doit son sang à la patrie et à l'empereur, cette obligation a pris pour lui la force d'une idée élémentaire, indiscutable, innée et banni toute arrière-pensée de sacrifice douloureux. C'est du courage acquis, devenu pour ainsi dire mécanique, et qui n'a rien de commun avec la stupide apathie.

Le Japonais croit que son existence appartient

d'abord à son pays et à son prince; par suite, il la leur abandonne volontiers; d'autres orientaux pliés à l'oppression et au despotisme séculaires, se considérant comme la chose d'un maître, paraissent admettre qu'ils n'ont de la vie que l'usufruit et que, par suite, il n'y a pas lieu de trouver étrange que le maître la reprenne à son gré. Il n'y a pas apparence que des occidentaux, individualistes et indépendants, consentent jamais à regarder la mort comme une quantité négligeable. Et pourtant il semble que plus la civilisation se développe, plus la vie devient intense, plus on l'expose facilement. Aux temps passés, aux époques barbares, on tuait presque sans y penser un prisonnier, un esclave; on n'avait pas le respect de l'existence d'autrui; aujourd'hui c'est de la sienne propre qu'on fait peu de cas. Si les guerres meurtrières sont devenues plus rares, en revanche les inventions modernes multiplient autour de nous les menaces de destruction; tandis que la médecine combat plus efficacement les maladies les plus redoutables, écarte les épidémies, prolonge la vie humaine, que l'hygiène se développe de plus en plus et neutralise les germes morbides, ce que nous gagnons d'un côté il semble que nous soyons pressés de le perdre de l'autre; les accidents se multiplient autour de nous, dont nous aurions pu être les victimes: c'est à peine si nous y faisons attention; les précautions les plus élémentaires sont négligées; nous voulons aller vite et, sous prétexte d'arriver un peu plus tôt, peu nous importe de ne pás arriver du tout. La prudence est quelque chose de vieilli; nous nous lançons dans le tourbillon, dont l'agitation nous grise, et nous préférons vivre beaucoup en peu de temps que de vivre longuement; « on ne meurt qu'une fois » dit-on; oui, mais c'est la bonne. Légèreté, imprévoyance, affectation de n'y point penser, voilà ce qui nous fait sans cesse côtoyer la mort, au risque de la rencontrer; cette frivolité étourdie n'a point de rapport avec le vrai courage.

Il y a pour mépriser la mort des raisons plus nobles : la vie est précieuse, mais il y a plus précieux qu'elle; si l'on ne peut la conserver, qu'en sacrifiant son honneur, sa liberté, ses croyances, s'il faut la traîner dans une soumission abjecte à la force brutale, mieux vaut y renoncer; dépouillée de ce qui en fait la légitimité, la dignité, l'orgueil, elle ne doit plus nous être chère; la joie de voir la lumière est achetée à trop haut prix, s'il faut accepter une capitulation lâche et se rendre à merci.

C'est à cette dure nécessité que se résoudra le courage, lorsqu'il est chargé d'intérêts majeurs qu'il lui faudrait trahir sans cela. Risquer sa vie sans raison décisive n'est qu'une fantaisie et une folie; distinguons le courage utile de celui qui ne l'est pas; c'est le premier qui fait servir à une fin généreuse un sentiment généreux par lui-même; en vue de cette fin il ne reculera pas devant le danger le plus extrême et offrira sa vie. Ici se justifie le mépris de la mort, s'il faut garder une expression qui a belle tournure et qui est courante, mais qui pourtant ne satisfait pas le sens droit. On ne doit pas mépriser la mort, qui est une chose terrible ; on doit l'affronter au besoin sans trembler ; c'est ce que fait le vrai courage.

*
* *

Le courage ne va presque jamais seul ; il est d'ordinaire accompagné d'autres sentiments, d'états d'âme, qui exercent sur lui leur influence, qui l'augmentent à certains points de vue et à d'autres peuvent le diminuer.

L'insouciance paraît au premier abord le développer ; si l'on réfléchit au danger, on est moins disposé à le braver ; quand, par l'effet d'un tempérament brusque et fougueux, on n'y pense point, ou quand on s'interdit d'y penser, pour ne pas connaître la crainte, on s'y jette avec plus d'impétuosité. Le courage insouciant est le courage brillant par excellence ; il va au combat comme à la parade ; il se fait beau comme pour une fête ; il conserve toute sa liberté d'esprit, ne se frappe pas, joue et plaisante ; il est jeune et pimpant. N'en médisons point ; c'est le courage français. Si cette insouciance est réelle et la gravité du danger méconnue, il déploie moins de force virile que le courage sérieux ; si elle dégénère en bravade, c'est une faiblesse ; mais si elle est comme une coquetterie de l'amour-propre, un air de dédain du danger, qu'on prend pour montrer qu'on lui est supérieur, elle ne diminue pas le courage, elle le pare.

L'accoutumance produit de merveilleux effets. Les grognards du Premier Empire étaient prêts à suivre leur chef au bout du monde, à combattre un contre dix ; ils avaient vu des journées si chaudes, que rien n'était plus capable de les étonner ; ils eussent été invulnérables, qu'ils n'auraient pas entendu siffler les balles avec plus d'indifférence. On se familiarise avec tout. Le conscrit qui va au feu pour la première fois a besoin de plus d'énergie morale que le vétéran, qui ne retrouve plus que des sensations émoussées ; il a donc plus de courage. Mais d'autre part, l'endurance du vétéran est faite de courage accumulé ; si le courage n'est plus pour lui chose nouvelle à chaque occasion, c'est qu'il en a des réserves ; quelle force d'âme il lui a fallu pour les constituer et pour éliminer à tout jamais la peur !

Le soldat musulman, qui tombe à son poste sans sourciller, est fataliste ; il est persuadé que son heure est fixée, que, s'il périt, c'est qu'il doit périr ; la fuite ne lui servirait de rien ; selon la volonté d'Allah les balles ennemies l'atteindront ou l'épargneront. Le fatalisme donne au courage une ténacité, une constance, une stabilité extraordinaires. Il semble qu'au point de vue psychologique et dans l'être intime, il le remplace par la résignation et l'abandon de soi entre les mains de la Providence ;

il supprime la résolution d'agir, l'effort et il en est jusqu'à un certain point la négation, autant du moins qu'une théorie philosophique peut avoir de valeur dans la pratique en présence des affres de la mort. Les grands capitaines sont souvent fatalistes ; ils croient à leur étoile ; le simple soldat compte sur sa chance ; il sait qu'un certain nombre de ses camarades ne reviendront pas le soir de la bataille, il a confiance qu'il ne sera point de ceux-là. Le nègre porte sur lui son fétiche qui le protégera. Tout cela, c'est à des degrés divers une garantie qu'on cherche, une sorte d'assurance qu'on contracte contre le danger. La face de la mort est si terrible qu'on est excusable de se voiler les yeux — d'un voile souvent transparent — avant de l'affronter ; ce n'en est pas moins une diminution du courage, non dans ses effets, qui au contraire s'accroissent, mais dans sa sincérité, dans son intégralité psychologique.

La croyance à une existence future plus désirable et plus belle, met dans le courage une allégresse et des transports qui le transfigurent. On ne subit point la mort, on s'élance ardemment vers elle comme vers une délivrance. Ainsi les martyrs se livraient au bourreau et, dans les tortures, ils voyaient les cieux entr'ouverts et la palme prête. Ainsi les barons des Chansons de geste, en recevant des Infidèles le coup fatal, sentaient leur âme s'envoler au paradis, « parmi les belles fleurs ». Comme le fatalisme, mais d'une autre façon, la croyance à l'immortalité remplace le courage par un autre sentiment, plus bouillant, plus impétueux, l'acceptation enthousiaste de la mort comme un passage à la félicité éternelle ; elle n'en laisse subsister que le côté matériel, si on peut dire, l'énergie nécessaire pour supporter patiemment la destruction du corps. Encore faut-il qu'elle soit autre chose qu'une aspiration vague, une espérance mystique, qu'elle se soit implantée dans l'âme avec une certitude absolue. Aux époques de foi intense, dans les âmes profondément religieuses, elle produit une exaltation qui dépasse les limites du courage ; elle ne le supplée pas chez les tièdes.

L'intérêt lui-même peut se glisser à l'origine du courage et en salir la source sans en affaiblir l'efficacité. Si, au temps des guerres civiles d'Italie, les *condottieri* en donnaient parfois pour leur argent à ceux qui les payaient et étaient ingénieux à proportionner le sang versé à la somme reçue, on a vu des bandes mercenaires se battre avec acharnement, comme s'il s'agissait de leurs affaires propres. Quand l'officier accomplit une action d'éclat, s'il songe à conquérir un grade ou la croix, un motif intéressé alimente son courage ; mais le gain est si petit par rapport à l'enjeu, que cette arrière-pensée enlève peu de chose à son dévouement. Pour beaucoup l'amour de la gloire est un stimulant puissant du courage ; c'est à peine si on ose ici parler d'intérêt ; quand on expose sa vie, il est permis de chercher un réconfort qui vous soutienne ; en est-il un plus pur et plus noble que la gloire? Ce n'est qu'une récompense d'opinion ; mettre à son nom une auréole et, comme dit le poète ancien, vouloir « voltiger vivant sur les lèvres des hommes », n'est-ce pas l'ambition des plus grands ?

Il est un état d'âme qui, sans discussion possible, donne au courage toute sa plénitude et en augmente la vertu ; c'est la pleine possession de soi-même et le sang-froid. On peut être courageux dans l'agitation et dans le trouble, et c'est ainsi qu'on l'est généralement ; une surexcitation fébrile vous emporte ; on l'est plus et mieux, en l'absence de tout tumulte physique ou moral, lorsqu'on a du danger une vue claire et que cette vue vous laisse calme et froidement résolu. On ne le repousse pas d'un élan inconscient et aveugle ; on lui oppose, d'une intelligence lumineuse et ferme, les moyens les mieux calculés et les plus propres à le conjurer. Tel au milieu de la tempête le capitaine n'est pas ébranlé par le sifflement aigu de l'ouragan et par le choc puissant des vagues et donne impassible les ordres nécessaires au salut du navire. Tel le général au plus fort de l'action surveille sans s'émouvoir les phases du combat, développe ou modifie son plan et conçoit la manœuvre qui forcera la victoire. C'est là la forme parfaite du courage, celle qui ne doit rien à l'excitation des nerfs, qui, loin d'obscurcir la raison, la rend plus nette et plus prévoyante, qui nous laisse entière la domination sur nous-mêmes ; c'est en même temps celle qui le préserve des écarts inutiles et lui fait produire son plein effet.

Il y a bien des sentiments qui vibrent d'habitude, en même temps que le courage, des motifs qui le diversifient, des dispositions psychologiques qui le nuancent; autour de lui se produisent des actions et des réactions multiples. Il est difficile de le saisir à l'état pur. Cependant c'est quelque chose de spécial et qui ne se confond avec rien, qui ne se perd pas dans l'amalgame. C'est sur les préliminaires que les influences étrangères se font sentir. Il est possible qu'au moment décisif, où, le danger surgissant, il fait comme explosion, tout ce qui est accessoire s'efface, se perde dans l'ombre et qu'il se retrouve toujours simple et identique. Comment, en négligeant ce qui ne lui est pas essentiel, en mesurer l'intensité? Il semble en allant au fond que cette intensité soit en raison directe, non pas de la gravité matérielle du péril, mais du degré de conscience qu'on a de cette gravité; c'est lorsqu'on s'en rend un compte exact, que le courage tend tous ses ressorts pour ne pas reculer. Cette intensité dépend également du prix qu'on fixe à ce qu'on expose, que ce soit la vie ou tout autre chose; car il y a des biens auxquels on peut tenir plus qu'à la vie. Ainsi le sentiment du danger dans toute son acuité, l'importance qu'on attache à l'enjeu, sont les deux facteurs qui déterminent la quantité du courage déployé. La qualité se détermine autrement, par le sang-froid qui l'accompagne et dont nous venons de parler, par l'utilité du sacrifice. Généreux par l'effort qu'il nous impose pour nous élever au-dessus de nous-mêmes et par l'abandon de ce qui nous est le plus cher, il l'est encore à un autre point de vue, c'est-à-dire lorsqu'il n'est pas seulement une manifestation de mâle énergie, mais un dévouement à une cause noble, qu'il protège le faible, défend l'existence, l'honneur de la famille, assure le maintien, l'indépendance de la patrie, se fait le champion de toutes les libertés ou le serviteur de la science. A cet égard il rentre dans la catégorie des sentiments bienfaisants, qui ont pour objet de venir en aide à nos semblables ; il les dépasse, et par la valeur du service rendu et surtout par la grandeur du renoncement ; il pousse le désintéressement à l'extrême, puisque ce n'est pas seulement son repos, ses aises, son argent qu'il leur sacrifie, mais la vie dont il se dépouille sans hésitation pour eux.

***

On distingue généralement le courage civil et le courage militaire. C'est une classification commode, qui repose sur des choses et en partie aussi sur des mots. Dans nombre de cas, il n'y a pas de différence au fond. Un agent de police, qui arrête un malfaiteur dangereux et armé, un savant conduisant une expérience qui peut le tuer, un médecin soignant des pestiférés sont pareils au soldat sur le champ de bataille. La différence est surtout dans les conditions extérieures. Le courage militaire éclate dans le mouvement et le bruit ; il s'allume d'ordinaire en même temps dans des milliers de poitrines et suit l'entraînement de la foule ; il jouit du retentissement sonore, attire sur lui l'attention, et la renommée le propage au loin. Le courage civil est souvent obscur et ignoré ; il est d'habitude solitaire et réduit aux ressources individuelles ; il s'exerce dans le silence. Peut-être, par suite de ces circonstances, demande-t-il une plus forte dose d'énergie. En revanche, il existe une autre différence qui, la plupart du temps, le place à un niveau bien inférieur à celui du courage militaire. Dans la vie civile le courage se déploie sur un terrain moins périlleux et on décore de ce nom des actes qui n'engagent que des intérêts secondaires. Un magistrat qui, malgré la pression du prince, refuse de rendre un arrêt injuste, un homme d'État qui s'oppose à une mesure funeste, un tribun qui essaie d'arrêter une foule déchaînée, un orateur qui tient tête à une assemblée hurlante font preuve de courage, d'un courage méritoire et que d'autres à leur place n'auraient pas eu ; mais ils ne sacrifient que leur carrière, leur situation ; ils ne risquent pas l'enjeu suprême, qui est la vie.

Le courage militaire a des origines qui font frémir ; il a été longtemps synonyme de férocité. Quand les hordes barbares se ruaient à la conquête d'un pays voisin, elles se vautraient dans toutes les horreurs du massacre, du pillage, des incendies; animées de la fureur de la dévastation, elles égorgeaient les femmes et les enfants; le courage pour elles, c'était la sauvagerie brutale et l'ivresse du sang. Il ne faudrait pas remonter bien haut dans l'histoire pour trouver à des époques civilisées des excès pareils, que les lois impitoyables de la guerre autorisaient. Aujourd'hui, le courage militaire a répudié cette escorte abominable de cruautés. Il a réduit au strict minimum la violence nécessaire; il s'est fait humain et s'assujettit aux conditions les plus sévères: exposer sa vie avec autant de hardiesse que jadis, mais n'attenter à celle de l'adversaire qu'autant qu'il est indispensable pour protéger la sienne et obtenir la victoire, s'enflammer pour l'action et, aussitôt la partie gagnée, s'arrêter, relever et soigner les blessés, épargner les prisonniers qui vous menaçaient tout à l'heure, respecter les non-combattants, s'interdire le pillage, qui passait autrefois pour le dédommagement légitime des dangers courus.

Pur de toute férocité et de cette débauche de carnage, qui le portaient au paroxysme, privé de l'espoir du butin qui l'excitait et des exactions en pays conquis, mais non pas énervé dans son action et plus que jamais prodigue de son sang, dirigé vers un but abstrait, le salut de la patrie, le courage militaire apparaît comme la plus haute manifestation de l'énergie humaine, la forme la plus généreuse du dévouement et de l'esprit de sacrifice. La disparition de l'élément brutal ne l'a pas diminué ; il est vraiment « sans peur et sans reproche ». Le courage civilisé aura-t-il une aussi longue carrière que son ancêtre le courage barbare ? En d'autres termes, trouvera-t-il toujours l'occasion de s'exercer, la guerre est-elle un état passager ou nécessaire de l'humanité ? Les nobles esprits souhaitent la disparition de la guerre comme celle d'un fléau et sans doute un jour les hommes comprendront qu'il est impie de s'entr'égorger. Mais entre cette aspiration vague et sa réalisation il y a un abîme. On peut imaginer une époque lointaine où les nations porteraient tous leurs différends devant un tribunal, comme font les particuliers, et la constitution de ce tribunal ne soulève pas d'impossibilité. Mais les particuliers y sont obligés et ne peuvent se soustraire à la juridiction établie ; où sera la force qui contraindra les nations ? Lorsque l'une convoitera le territoire de l'autre et se sentira capable de le lui arracher, les autres s'interposeront-elles et, pour empêcher la guerre, la feront-elles ? Quand même elles seraient toutes contre l'agresseur, si celui-ci dispose d'une armée redoutable, lui imposeront-elles un veto belliqueux et sacrifieront-elles leur repos pour la querelle d'autrui ? Il est facile d'instituer le tribunal, il l'est moins d'organiser la gendarmerie qui assurera son autorité et fera respecter ses arrêts. Pour que s'accomplisse le rêve de la paix universelle, il faudrait que le genre humain affirmât son unité et que les nations disparussent pour devenir de simples provinces du monde. L'homme a déjà franchi deux étapes qui le rapprochent de cet idéal ; de l'état sauvage, où chacun était armé et vidait sa querelle les armes à la main, nous sommes passés à l'état civilisé où l'individu lésé en réfère à la justice. Les petits peuples, qui jadis guerroyaient entre eux, sont devenus de simples provinces d'une nation plus grande et leurs intérêts se débattent dans les assemblées de leurs représentants; les Picards ne font plus la guerre aux Normands, ni les Bourguignons aux Armagnacs : ce qui était possible autrefois ne l'est plus. Reste à franchir la dernière étape — et la chose est tellement colossale qu'elle ne peut figurer à cette heure que comme une utopie — c'est à savoir que les nations, toutes les nations deviennent parties intégrantes d'une République mondiale gouvernée par un Parlement, où elles enverraient leurs délégués et où se discuteraient leurs intérêts, comme se discutent pacifiquement dans nos Chambres les intérêts de nos provinces, quand ils sont opposés. La paix universelle ne peut s'établir définitivement que par la suppression des armées nationales et la suppression des armées nationales ne saurait résulter que de la *dénationalisation*, c'est-à-dire de la réduction des nations actuelles à l'état de provinces de l'humanité unifiée. Ces temps ne semblent pas proches et, en attendant, la sagesse consiste à tenir « sa poudre sèche et son épée aiguisée ». Pourtant c'est là le terme vers lequel nous porte une évolution lente, c'est dans ce sens que se sont accomplis les progrès passés et ceux-ci sont les garants des progrès futurs, dont la marche peut s'accélérer. Si le courage militaire doit s'éteindre faute d'aliments, il aura laissé des pages sublimes et l'humanité pacifique les lira avec admiration ; elle conservera pieusement, comme on conserve des titres de noblesse, les témoignages de l'énergie déployée par les ancêtres sur les champs de bataille, dans cette période de l'histoire de l'homme où il était nécessaire et licite de savoir s'entre-tuer.

En tout cas, si le courage doit voir disparaître quelqu'une de ses formes, assez d'autres resteront pour qu'il ne périsse pas tout entier. La lutte contre les fléaux et contre les éléments, la conquête par la science des domaines inexplorés, l'assujettissement des forces de la nature, dont un si grand nombre sont encore inconnues, lui laissent une vaste carrière, dans laquelle ce que nous voyons de nos yeux est un sûr garant qu'il ne faillira point à sa tâche. Poussons jusqu'au bout la spéculation : cette tâche sera-t-elle éternelle ou le courage n'est-il qu'un effort momentané — entendez séculaire — pour arriver à un but, lequel atteint, il n'aurait plus de raison d'être et serait comme un organe sans fonction ? Est-il un des composants essentiels, fondamentaux de notre âme, comme l'amour par exemple, ou bien n'est-il que la condition d'un certain état de l'humanité qui cessera avec cet état? Aux époques primitives le courage était de tous les jours, c'était l'arme de chevet contre les innombrables ennemis dont on se sentait enveloppé. Actuellement combien de gens des plus honorables et qui ne se croient inférieurs à personne n'ont guère accompli d'actes de courage! Nous sommes exposés à bien des morts subites, à bien des accidents, mais ces accidents nous broyent, sans que nous ayons à faire preuve d'énergie résistante. Si la sécurité n'est pas complète, elle s'accroît et il est rare de se trouver en tête-à-tête avec un malfaiteur; nos droits sont reconnus et protégés; le perfectionnement social tend à diminuer les occasions de montrer son courage et la tranquillité d'une vie paisible est désormais le lot d'innombrables bons bourgeois des deux hémisphères. Il n'est pas jusqu'à la douleur qu'on ne réussisse à nous épargner et le scalpel du chirurgien ne pénètre plus guère que dans des chairs insensibilisées. Il est incontestable que le progrès de la civilisation tend, par un certain côté, à rendre le courage moins nécessaire. Supposons qu'on aille infiniment plus loin : l'humanité aura-t-elle perdu ou gagné? Est-il indispensable qu'une part de notre activité se dépense à affronter le danger? N'a-t-elle pas d'autres emplois meilleurs? Question insoluble et qui n'a, du reste, pour le moment qu'un intérêt de curiosité.

*
* *

Sous le Grand Roi, les hommes étaient *vaillants*. Napoléon disait à ses soldats qu'ils étaient des *braves*. Valeur, bravoure sont équivalents de courage ; mais le mot courage a aussi un autre sens : il signifie l'endurance. Le courage-endurance ressemble à la bravoure en ce qu'il met en action notre énergie ; mais son objet est différent. La bravoure tient tête au danger ; elle a pour contraire la crainte lâche ; le courage-endurance résiste à la fatigue, à la misère, à la souffrance physique ou morale ; il a pour contraire la faiblesse. La bravoure, dans sa manifestation la plus noble, protège autrui ; l'endurance fortifie notre individu et ne sert aux autres que dans des cas déterminés : ainsi une veuve pauvre, qui peine avec acharnement pour élever ses enfants, est courageuse dans leur intérêt. Il faut un effort courageux pour travailler avec ardeur et surmonter la paresse, pour supporter la vie étroite et inquiète qu'impose la misère et ne pas tendre la main, pour ne pas succomber aux regrets d'un être cher et continuer malgré tout une existence qui a perdu son charme et sa consolation. Le courage, en pareil cas, ne consiste pas à être insensible, mais à empêcher le chagrin d'accomplir son œuvre destructrice et de nous anéantir ; nous sommes pour quelque chose sur la terre ; nous avons une destinée à remplir ; quelle que soit la cruauté des coups qui nous frappent, nous nous devons à notre métier d'homme. En est-il de même de la résistance à la douleur physique? Pourquoi ne pas nous y abandonner tout simplement, crier et nous plaindre? Quel besoin de contraindre notre souffrance? Ce qui nous le commande, ce n'est pas tout uniment une fausse honte. L'homme est énergie; toute faiblesse pour lui est une déchéance, l'aveu d'impuissance d'un vaincu; la souffrance est inhérente à notre condition; mieux vaut la patience qu'une révolte inutile. En outre, le courage est une défense. On sent moins la douleur, quand on concentre ses forces pour lui résister; la déroute est périlleuse et meurtrière. Ce genre de courage, nous l'appelons encore stoïque, en souvenir de la grande école de l'antiquité, qui en avait fait la vertu par excellence de l'homme. Les stoïciens divisaient tout ce qui nous affecte en deux catégories, ce qui dépend de nous et ce qui n'en dépend point; ce qui dépend de nous, c'est l'usage de la pensée, de la volonté, la direction de l'être moral; ce qui n'en dépend pas, ce sont les persécutions, les violences tyranniques, la souffrance, la maladie, la mort. Ce qui ne dépend pas de nous doit nous rester étranger et indifférent, ne nous causer aucune impression, être traité comme n'existant pas; ainsi la femme de Paetus, tendant à son mari le poignard dont elle venait de se frapper, lui disait : « Cela ne fait pas de mal, *non dolet.* » Tentative sublime pour nous mettre au-dessus de la douleur physique et pourtant caduque, car on ne supprime pas la sensibilité en la niant. Elle existe, mais il est beau de maîtriser ses palpitations tumultueuses. Il est beau de considérer les accidents que nous ne pouvons empêcher comme l'effet d'une brutalité aveugle qui ne troublera pas notre sérénité et ne fera pas faire naufrage à notre raison. Pareils au chêne qui oppose à l'ouragan la force invincible de ses bras tordus, nous nous raidirons contre la douleur. Nous n'étalerons point l'ostentation vaine du stoïcien antique, qui affirmait ne rien sentir et nous ne répéterons pas après lui : « Douleur, tu n'es qu'un mot » ; c'est une réalité, mais cette réalité ne nous abattra point.

La philosophie humaine se forme des vérités contenues dans les systèmes, en laissant tomber les exagérations. Or, en glorifiant l'énergie, le stoïcisme a formulé la protestation la plus noble de l'être pensant contre la matière qui l'opprime ; si, dans l'enivrement de l'esprit de système, il a prétendu réaliser l'impossible, il n'en a pas moins déposé dans la conscience humaine quelque chose d'impérissable ; après l'apparition du stoïcisme, elle s'est trouvée plus grande qu'avant. Il lui a donné une leçon de courage, qu'elle n'avait pas reçue auparavant, et c'est pour le patrimoine humain une acquisition éternelle. Il n'appartiendrait qu'à Dieu d'anéantir la douleur ; il appartient à l'homme de la vaincre.

*
* *

L'intrépidité marque dans le courage un degré de plus. Quand on parle d'un homme courageux, on entend qu'il l'a été dans tel ou tel cas et on suppose qu'à l'avenir il le sera ; d'un homme intrépide on est sûr qu'il ne faiblira jamais, si terrible que soit le danger. L'homme courageux peut sentir la crainte ; il ne l'est jamais plus que lorsqu'il l'éprouve et réagit de telle façon qu'elle n'ait pas de prise sur sa volonté. L'homme intrépide ne la connaît point.

*
* *

La témérité est une façon de courage, mais qui n'est pas de la meilleure qualité, auquel il manque quelques éléments essentiels, remplacés par d'autres qui ne les valent pas. Le courage va au-devant du danger, mais non sans s'être mis en mesure de le combattre efficacement ; la témérité s'y jette tête baissée et sans savoir comment elle en sortira. Comme elle se livre au hasard, elle est quelquefois favorisée par le succès, mais c'est affaire de chance. Le plus souvent elle est inutile, parce que l'homme téméraire est victime de son imprévoyance, ou de peu de profit, parce qu'il s'expose pour un mince résultat. La témérité provoque une certaine sympathie par la générosité du sacrifice, mais en même temps elle inquiète et cause un malaise, parce qu'elle ne satisfait pas la raison. Elle provient parfois de l'inexpérience ; c'est un défaut de jeunesse ; la jeunesse ne sait pas et s'instruit à ses dépens. Elle peut naître aussi d'un tempérament bouillant et imprévoyant, qui aime à risquer tout. Parfois elle est inspirée par la gloriole : on veut se distinguer en faisant ce que ne ferait pas un autre ; on est fier de faire frémir ceux qui vous voient et on prend cela pour de l'admiration. Il n'y a qu'un cas où la témérité soit vraiment le courage poussé à ses dernières limites, c'est quand elle est voulue et réfléchie, qu'il s'agit, en payant de sa personne, de persuader à des trembleurs que le danger n'existe pas ; on dépense plus que sa part de courage pour ceux qui n'en ont pas assez et on rétablit la balance ; on se donne en exemple, parce que cet exemple sera décisif. Un général est téméraire qui s'élance au-devant de la mitraille ; si ses troupes plient et qu'il faille les ramener au combat, si sa mort doit être le signal de la victoire, c'est une témérité bienfaisante et glorieuse.

*
* *

La hardiesse est l'opposé de la pusillanimité ; c'est le courage entreprenant et décidé. Le courage ne se devine pas ; le plus souvent la hardiesse saute aux yeux par l'air, l'attitude, le langage ; ce n'est qu'une préface, à laquelle on est disposé à faire crédit, il faut voir l'œuvre. Il y a des gens qui ne sont hardis qu'en paroles. La hardiesse est une promesse; cette promesse, c'est le courage qui la tient.

* * *

L'audace n'est ni le courage, ni la témérité. La témérité aborde le danger sans nécessité, par caprice, par boutade; l'audace lui ressemble par la promptitude à s'y jeter, mais cette promptitude est un coup médité et l'audace sait ce qu'elle fait. La témérité ferme les yeux, l'audace a envisagé le point faible de l'ennemi et c'est sur ce point qu'elle fait porter l'attaque foudroyante. L'homme audacieux a du courage, mais il a surtout de la décision et de la volonté; il compte beaucoup sur lui-même; il se fait fort de maîtriser, de violenter le cours des choses. Rapide et clairvoyant, il ne laisse pas au danger aperçu le temps de se développer et pense le dompter en fonçant dessus. Oser, c'est se lancer dans une entreprise aléatoire en spéculant sur la timidité de l'adversaire, en escomptant l'effet moral d'une offensive instantanée, en prenant un parti qui le trouve désarmé parce qu'il le jugeait impossible, en ne lui laissant pas le loisir de se reconnaître et d'organiser la résistance. Le courage ramasse ses forces pour lutter; l'audace supprime la lutte en surprenant l'ennemi avant qu'il ne soit prêt. L'homme audacieux a le coup d'œil; il sait qu'il n'y a qu'un moment favorable pour agir; ce moment, il le saisit et lui fait rendre, sans hésitation et sans répit, toutes ses conséquences; un plan audacieux est souvent le plus raisonnable. Un général poursuivant une armée démoralisée par la défaite, fond avec une poignée d'hommes sur une troupe dix fois supérieure en nombre et par ce coup d'audace lui fait mettre bas les armes; en d'autres circonstances, il eût été téméraire. L'homme courageux espère le succès, le téméraire n'en a cure, l'audacieux se croit sûr de l'atteindre. Un vieux proverbe dit que la Fortune aide les audacieux; elle leur sourit, en effet, mais autrement qu'aux téméraires. Le téméraire peut avoir ou n'avoir pas de chance; cela ne dépend pas de lui; l'audacieux met la main sur la chance et la contraint à être fidèle. Généreuse par l'exaltation des forces actives de l'homme, parce qu'elle exclut la circonspection, la timidité qui se replie sur elle-même, parce qu'elle tient peu de compte du danger, l'audace ne l'est pas toujours dans le but qu'elle se propose. Elle aboutit au crime aussi bien qu'à l'action d'éclat. On ose pour le mal comme pour le bien.

*
* *

L'héroïsme, lui, est toujours bienfaisant; le vice et le crime ont des forcenés, point de héros. L'héroïsme est comme l'extrait concentré, l'exaltation souveraine du courage. Il s'en distingue en ce que le courage est jusqu'à un certain point un état constant de l'âme, l'héroïsme une inspiration sublime qui la traverse comme un éclair; on peut faire fond sur le courage; il n'y a lieu ni de prévoir, ni d'escompter l'héroïsme. Le courage est naturel et ne s'apprend point, mais on le stimule, on le développe; l'héroïsme éclate à l'improviste, sans qu'on s'y attende, dans toutes les conditions, les plus humbles comme les plus élevées. Il a besoin de circonstances exceptionnelles et c'est une des raisons pour lesquelles il est rare ; il faut une conjoncture extraordinaire pour qu'un homme habituellement courageux se transforme en héros. Le courage comporte des nuances, suivant que le danger est plus ou moins grand, et s'y proportionne; l'héroïsme ne naît que dans le péril suprême. Le courage brave la mort menaçante, mais avec quelque chance d'y échapper et cette chance il ne la néglige point; l'héroïsme la voit en face et dédaigne de faire le geste qui pourrait l'y soustraire. Ainsi le chevalier d'Assas, sentant sur sa poitrine la pointe des baïonnettes ennemies, donne l'alarme à son régiment. L'héroïsme dépasse la mesure des forces physiques ou morales et fait violence à la nature. Il résulte de la disproportion entre les ressources dont on dispose et l'effet qu'on leur fait produire. Un acte simplement courageux chez un homme sera héroïque chez une femme. Que Rodrigue venge l'affront reçu par son père, qu'il provoque un ennemi redoutable, cela n'est que de la bravoure; mais, si l'agresseur est le père de celle qu'il aime, s'il renonce à elle pour sauver l'honneur de la famille, il est héroïque; l'héroïsme pousse l'esprit de sacrifice plus loin que le courage. Là où le courage pourrait s'arrêter, ayant satisfait à ce qu'on attend raisonnablement de lui, l'héroïsme commence. Le vieil Horace, qui donne sans hésiter ses trois fils à sa patrie, qui fait taire l'amour paternel en considération de la grandeur de Rome, est courageux; le célèbre *qu'il mourût* est héroïque, parce que le sacrifice était suffisant. Le commandant d'une place forte, qui l'a défendue jusqu'au bout et qui manque de vivres, n'encourrait point de reproche en acceptant une capitulation honorable; il est un héros, s'il s'ensevelit sous ses ruines; il avait fait tout ce qu'on était en droit de lui demander; il ajoute quelque chose en surcroît. Comme l'honneur est la délicatesse de la vertu, l'héroïsme est la quintessence du courage. Il paraît quelquefois inutile et sans résultat pratique; il a cette utilité supérieure d'édifier et d'éblouir; l'exemple de l'héroïsme enfante les héros.

Le courage est d'habitude associé à d'autres sentiments et forme avec eux un faisceau qu'il faut délier pour voir comment ils le modifient. L'héroïsme apparaît pur de tout mélange, isolé et complet en lui-même. Comme l'acte héroïque résulte d'une décision instantanée et jaillit spontanément d'une volonté immédiate, on ne voit pas quelle influence il pourrait subir, il sort d'un seul coup des profondeurs de l'être humain et, n'admettant pas la réflexion, il ne suppose rien de complexe. Il est un mouvement impétueux, qui transforme l'homme et lui fait faire ce devant quoi il aurait peut-être reculé, s'il y avait longuement pensé. La preuve c'est que, la fièvre calmée, l'enthousiasme éteint, le héros, retombé au rang d'homme, est parfois étonné de l'acte accompli; peut-être ne s'en juge-t-il plus capable et n'est-ce point uniquement par modestie qu'il repousse les félicitations; il s'est produit en lui quelque chose d'extraordinaire et, revenu à l'état normal, il n'aperçoit plus nettement le motif qui l'a rendu supérieur à lui-même. Pourtant l'héroïsme n'est pas un coup de folie; s'il n'était qu'une poussée aveugle, il n'y aurait pas lieu de l'admirer. Tout en étant ardent, il est lucide. Le héros n'a pas la réflexion, il a l'intuition; il sait ce qu'il fait et pourquoi; c'est une existence à sauver, un désastre à prévenir; sans cette vision rapide du but à atteindre, il n'y aurait pas d'héroïsme. Quand le chevalier d'Assas a poussé le cri immédiatement suivi par la mort, l'idée du salut de l'armée illuminait son esprit d'une clarté soudaine. Ce qui fait la sérénité, l'impassibilité de l'héroïsme, c'est que le but lui apparaît éblouissant et que le reste s'efface. Il y va tout droit dans une harmonie sublime de l'enthousiasme et du sang-froid. Il faut en outre que ce but soit noble. Le héros est toujours le défenseur d'une grande cause. Si jusque-là rien ne l'a distingué dans la vie commune, au moment décisif, une pensée prodigieusement haute lui apparaît, impérieuse, dominante, reléguant tout le reste dans l'ombre et, d'un élan, il la réalise.

Un héros pour les Grecs était un homme divinisé. Il reste encore dans le mot moderne quelque chose du sens primitif. Un héros est un homme qui sort de l'humanité et qui participe au divin, puisque ce que nous concevons au-dessus de nous, c'est Dieu. Lorsqu'on lit le récit d'un acte de courage, il faudrait être bien lâche pour ne pas s'imaginer qu'on aurait pu l'accomplir ; l'acte héroïque nous dépasse et nous nous demandons avec angoisse, si nous en aurions été capables. Les héros ne sont pas nos semblables ; ils sont d'une espèce à part.

L'héroïsme est le sentiment désintéressé par excellence. Il se satisfait lui-même et n'attend rien d'autrui. Si nous désirons que notre admiration ne demeure pas stérile, si notre petitesse tient à reconnaître sa grandeur, il faut lui vouer un de ces témoignages honorifiques qui perpétuent sa mémoire, une statue, une inscription, un éloge public, un arc de triomphe. S'il y a eu sacrifice matériel, on peut le compenser jusqu'à un certain point en recueillant une femme, des enfants laissés sans soutien ; un prix monnayé rabaisserait le héros. L'Amérique industrielle et commerçante a cru s'inspirer d'une noble pensée humanitaire en fondant un Institut pour récompenser l'héroïsme ; il y a des naïvetés qui vont au contraire de leurs bonnes intentions ; sous prétexte de l'encourager, n'est-ce pas le supprimer? La fondation

Carnegie suscitera peut-être des actes utiles ; mais l'auréole de l'héroïsme leur manquera, puisqu'ils seront d'avance tarifés. Il n'y aura plus de héros, que ceux qui, dans la simplicité de leur cœur, l'auront ignoré.

*
* *

Le courage est un bien si précieux que si, dans l'état actuel de l'humanité, il disparaissait, celle-ci se traînerait dans une lamentable abjection. Ce serait le règne de la poltronnerie et de la lâcheté. Pareils à ces animaux misérables dépourvus d'armes pour se défendre et que la chute d'une feuille fait trembler, nous serions livrés sans répit à la peur. Toujours sur le qui-vive, toujours prêts à nous dérober, nous n'oserions regarder personne en face, relever une insulte, faire valoir notre droit ; exposés à toutes les violences, à toutes les spoliations, la soumission au plus fort, pour obtenir quelque chose de son bon plaisir, serait notre unique ressource ; la ruse sournoise s'imposerait comme le seul moyen de subsister. Quel charme auraient pour nous des biens, qui à chaque instant pourraient nous échapper et que ne sauraient retenir nos mains débiles, une existence sans honneur, sans sécurité, que nous sentirions amèrement vile et méprisable ? Sûrs de ne pas rencontrer de résistance, les sentiments mauvais, la soif de nuire, l'injustice, la cruauté se déchaîneraient. Nous serions comme ces fantômes, que Virgile représente dans les Enfers et qui, n'ayant plus qu'une enveloppe corporelle sans consistance, s'enfuient en poussant des cris ridicules à la vue d'un guerrier ; de fait un homme sans courage n'est que l'ombre d'un homme. Grâce au courage, nous sommes quelqu'un, nous marchons la tête haute, nous avons confiance dans notre droit, nous nous sentons un foyer de force morale et le danger ne nous épouvante point ; nous conservons quelque chose de la fierté des gentilhommes de jadis, lorsqu'ils reposaient leur main sur la garde de leur épée. Mais le courage ne nous donne pas seulement l'assurance que nous sommes à l'abri ; il a de plus nobles emplois que de protéger notre personne : c'est par lui que les idées généreuses se propagent dans le monde et que les causes justes triomphent. Si le courage asservi s'est fait trop souvent dans l'histoire un instrument d'oppression, le courage libre empêche que le droit ne soit qu'un vain mot, sauvegarde l'indépendance des peuples et va secourir les opprimés ; le faible peut respirer en paix ; des cœurs courageux veillent sur lui pour le défendre.

CHAPITRE IV

Les sentiments généreux. — L'émotion esthétique. L'admiration. — L'enthousiasme. — L'ardeur créatrice.

Un dernier flot de sentiments généreux jaillit du contact avec ce qui est beau, grand et noble. De ce contact résulte une impression sur notre sensibilité, une révolution de l'âme qui s'exalte ; tandis que l'amour, le courage ont besoin de se manifester par des actes et de se projeter vers un objet, ici c'est un drame intime qui se développe en nous, suit toutes ses phases et ne produit d'effets extérieurs que lorsqu'il arrive au paroxysme ; notre activité matérielle n'est sollicitée d'entrer en jeu qu'au dénouement ; le sentiment du beau, l'admiration échauffent secrètement l'âme ; l'enthousiasme, l'ardeur créatrice sont le bouillonnement qui s'élance au dehors.

Quand on gravit une montagne, peu à peu les bruits de la vallée cessent de parvenir à notre oreille et l'on entre dans le silence. Mais cet assoupissement progressif des sensations familières n'est qu'une préparation des voies, qui laisse le champ libre à des sensations prochaines avides de s'éveiller. De même, au moment où le sentiment du beau va naître en nous, les préoccupations vulgaires s'effacent et il s'opère un dépouillement de tout ce qui touche à l'intérêt quotidien, un relâchement des liens qui nous enchaînent à l'existence matérielle. Les objets qui sollicitent d'habitude et exercent notre activité s'éloignent, disparaissent; celle-ci s'apaise dans un calme momentané, qui n'est pas un anéantissement, mais un recueillement religieux; toute son énergie virtuelle, actuellement au repos, subsiste prête à agir. Et c'est une période de contemplation, où nos yeux plus largement ouverts, nos oreilles plus sensibles attendent; une chaleur bienfaisante nous envahit, des sensations inconnues s'emparent de notre être, d'abord vagues, puis plus nettes, comme un chœur de voix chantantes qui approche. De même qu'au théâtre nous écoutons distraitement les scènes d'introduction, puis l'intérêt s'accroît et nous finissons par être pris jusqu'aux moelles, par faire corps avec ce monde fictif qui s'est imposé à nous, de même, en présence du beau, l'attirance s'accentue peu à peu jusqu'à ce qu'il nous domine et prenne de nous possession, en supprimant tout ce qui n'est pas lui-même. Parfois, si l'objet est sublime, la prise de possession s'accomplit d'un coup : c'est un choc, qui nous arrache un cri, et nous tombons sous le charme.

L'émotion esthétique, de quelque façon qu'elle pénètre et se propage en nous, par une insinuation lente ou par une attaque brusque, est la mise en communication directe avec le Beau. Elle est spontanée; en vain nous tenterions de la faire naître artificiellement; si elle ne se présente pas d'elle-même, elle est sourde à nos appels. Quelquefois devant le Beau, que nous savons être beau, qui fait vibrer d'autres âmes près de nous, devant l'objet même qui nous l'a fait maintes fois ressentir, elle refuse de s'éveiller; tantôt l'impuissance à fixer assez fortement notre attention en est la cause; nous sommes le jouet d'une invincible distraction; tantôt nous ne sommes pas à l'unisson du Beau; il nous est comme étranger. Rien n'est plus pénible; une indifférence, qui nous révolte inutilement, nous tient glacés dans un linceul; nous sommes morts à la beauté et de cette mort nous avons conscience, sans pouvoir rien contre elle.

De quelle essence est l'émotion esthétique? La psychologie superficielle du sens commun incline à y voir une forme de l'amour, puisqu'on dit couramment qu'on aime le beau, qu'on est amateur des belles choses. Pourtant l'amour, même le plus immatériel, prévoit, attend quelque chose en retour de ce qu'il dépense, une réciprocité, une satisfaction qui le paie; il suppose entre l'amant et l'aimée un terrain commun, sur lequel ils sympathisent et se fondent ensemble; le Beau demeure toujours extérieur à nous dans son impassible majesté; il nous enflamme et reste froid; il ne s'attendrit pas, comme la statue fabuleuse de Pygmalion. L'amour porte à se dévouer, il trouve son expression la plus complète dans le sacrifice ; le Beau est tellement au-dessus de nous, d'une nature si spéciale, qu'on ne saisit pas comment on pourrait se dévouer, se sacrifier à lui ; il ne demande et ne permet rien de tel. Ce qui donne l'illusion de l'amour, c'est le plaisir qu'il procure par sa présence, le désir de le revoir et l'élan qui nous porte vers lui. Il nous tient compagnie, devient indispensable et nous contractons avec lui comme une amitié désintéressée. L'émotion esthétique est un ravissement plutôt qu'un amour ; être ravi, c'est proprement être détaché de soi et transporté par force, sans consentement exprès, dans un monde nouveau, où l'on éprouve une sensation de bonheur distincte de celle des bonheurs éprouvés jusque-là et supérieure. La contemplation du Beau nous rend heureux, en ce sens qu'elle se suffit à elle-même et nous suffit, que nous ne souhaitons rien d'autre que sa continuation, qu'elle est quelque chose de plein, excluant le manque et le besoin, et, jusqu'à un certain point, pareille à la félicité des Justes, telle qu'on se la figure dans l'Empyrée. J'ai dit que le ravissement nous détachait de nous-mêmes ; plus exactement il fait taire les aspirations mesquines et bornées, pour en susciter d'autres plus nobles, infinies, auxquelles il donne contentement. Le Beau a des affinités telles avec notre nature, si intimes et si profondes, qu'elle en reçoit l'impression comme d'un germe fécondant, qu'à son contact elle sort de la stérilité et s'épanouit ; ainsi l'amour, qui n'est pas elle, y entre cependant par un certain biais. Lorsqu'on tourne autour de l'émotion esthétique, non pour la définir rigoureusement, tâche ardue, mais pour en apercevoir les différents côtés, on peut dire encore que c'est un enchantement ; et en effet, comme ces personnages que les fées entraînent dans des palais créés par leur baguette magique, nous apercevons grâce à elle par delà la réalité disparue des apparences merveilleuses, pour lesquelles nous restions aveugles, avant que le voile qui les couvrait ne fût déchiré. Elle ressemble enfin à l'émotion religieuse : le Beau inspire le respect ; nous n'oserions être avec lui familiers ; il nous tient à distance et nous rend graves ; plus que l'amour il comporte le culte ; il admet des dévots et des adorateurs. La religion du Beau n'est pas un mot vide de sens.

Quoi qu'il en soit, l'émotion du Beau est le préliminaire obligé de l'intelligence du Beau ; sans elle nous ne chercherions pas à le connaître et nous ne parviendrions pas à en jouir. S'il ne nous apparaissait d'abord comme une caresse, nous ne serions pas sollicités de fixer sur lui notre attention et, si nous poursuivons nos investigations, c'est que chaque progrès dans la compréhension est accompagné d'une jouissance plus grande. L'émotion esthétique est calme et reposante ; elle verse dans notre âme la sérénité et peu à peu cette sérénité se change en joie ; elle est confuse, parce que c'est un sentiment et que tous les sentiments le sont ; ce n'est que dans l'intelligence du Beau qu'elle devient clarté ; elle n'est pas exempte d'un certain trouble, parce que le Beau est mystérieux et conserve toujours de l'inexpliqué, mais elle est confiante et dénuée d'inquiétude, parce que nous sommes sûrs que ce qui nous échappe encore ne peut que confirmer et renforcer ce que nous sentons ; le Beau véritable ne comporte pas la désillusion. Elle élève la température de notre âme en lui épargnant le malaise du froid, mais sans aller jusqu'aux ardeurs de la fièvre ; c'est une chaleur douce et vivifiante, comme celle qui dans le monde physique favorise l'éclosion.

Elle est trop délicate, pour qu'on l'atteigne toujours du premier coup et qu'on ne la confonde pas souvent avec des sensations, qui n'ont avec elle qu'un rapport lointain. Le citadin, fatigué de la ville et surmené, qui s'est enfui aux champs, croit dès l'abord sentir toute la poésie de la nature et devient dithyrambique. Qu'est-ce qui le charme en réalité ? L'air sain qui restaure ses poumons empoisonnés par la poussière nauséabonde des rues, la brise qui rafraîchit son front échauffé, la liberté du regard, qui n'est plus arrêté à quelques mètres par les maisons et les murs, le vaste ciel, sur lequel il n'avait que de rares échappées de vue et dont l'immensité largement embrassée lui donne l'impression qu'il sort d'une prison, le silence entrecoupé de bruits harmonieux remplaçant le fracas assourdissant et odieux, une plénitude de vie, un réconfort qui le ranime. Il prend la sensation du bien-être de la campagne pour celle de la beauté de la nature. Les gens incultes confondent la beauté avec la richesse et la pompe ; les lignes sévères d'un édifice les laissent froids ; les ornements, les dorures, le clinquant les ravissent. En outre, l'émotion esthétique n'est pas toujours pure ; elle est souvent engagée dans une complexité d'éléments qui l'altèrent et n'en laissent subsister qu'une faible partie. Devant un beau corps féminin le profane n'est pas insensible à la perfection des formes, mais il est au fond remué par le désir et exposé à prendre la chaleur de ce désir pour celle du sentiment esthétique ; seul l'artiste est exclusivement frappé par le caractère de beauté, qu'il abstrait en négligeant le reste et qui l'occupe tout entier.

Ce serait sans doute ajouter à tant d'autres un nouvel effort infructueux que de chercher à définir le Beau. Heureusement nous n'avons pas besoin de cette définition, puisque notre but est simplement de déterminer le sentiment qu'il nous inspire et que pour cela il n'y a qu'à nous interroger sur ce que nous éprouvons. Il est possible que le Beau soit constitué par un élément fondamental, toujours identique, qui le constitue, celui-là même qui échappe à la définition. Mais cet élément ne se présente jamais nu ; il est accompagné d'autres qui le nuancent, qui le diversifient, qui lui impriment un caractère spécial suivant les circonstances ; le Beau se manifeste sous des aspects très différents, que nous saisissons sans peine et ce sont ces aspects qui nous affectent directement : un ciel d'orage est beau par la masse énorme, la figure gigantesque des nuages plombés et menaçants, par l'éclat fulgurant de l'éclair qui les déchire d'un sillon de feu et les teint d'une lueur blafarde, par le fracas du tonnerre répercuté en grondement dans les gorges des montagnes, par la violence de l'ouragan et les torrents de pluie qui courbent les arbres comme des roseaux fragiles et les abattent par rangées, par le déchaînement effroyable des forces naturelles, qui saccagent et détruisent ; c'est le grandiose qui domine. Vous vous promenez dans les bois l'été par la nuit bleue ; la lune glisse à travers les feuillages, rayant la masse des ombres de coulées d'une lumière argentée, se posant sur la mousse et sur le gazon, dessinant çà et là dans la forêt de vastes clairières ou s'étendant à l'infini sur les cimes moutonnantes des arbres qui tapissent les collines ; le silence n'est interrompu que par le bruit à peine perceptible d'une feuille qui tombe, l'immobilité immense que par le balancement d'une branche sous un reste de brise ; cela est beau et vous êtes ému. Voici sous un ciel d'un gris léger une petite vallée, où court dans l'herbe fraîche un clair ruisseau bordé d'arbustes flexibles et où de gras troupeaux paissent à l'abandon dans de vertes prairies ; il y a là encore une beauté qui vous plaît. Ce sont trois spectacles, qui ne se ressemblent point et qui pourtant ont un trait commun, celui de nous communiquer l'émotion esthétique ; nous y établissons une gradation en prononçant les mots : sublime, beau, joli. Mais ce ne sont que des mots; il semble que dans le premier cas le beau soit dominé par le grandiose et l'idée de puissance, dans le dernier atténué et amolli par la grâce; à cela correspondent dans l'émotion esthétique des différences d'intensité et même de nature ; il existe une gamme des émotions esthétiques; durant la tourmente la majesté du spectacle nous fascine et le Beau resplendit à travers l'horreur; au clair de lune l'harmonie des formes, la qualité de la lumière, l'équilibre dans le grand mystère nous pénètrent d'une sensation exquise dans sa plénitude; le vallon vert a quelque chose d'élégant et de fin qui nous séduit.

Prenons ce qu'on est convenu d'appeler simplement le Beau; il est ondoyant et multiple; à chacune de ses manifestations nous nous demandons par une curiosité invincible et naturelle : de quelle façon cela est-il beau ? Et si, à chacune de ces questions nous faisons la réponse appropriée, nous voyons qu'elle est différente. Nous sommes au Louvre devant le tableau de Raphaël, la grande *Sainte Famille* de François Ier : saint Joseph est beau par la noblesse de ses traits, la sévérité de l'attitude, le sérieux du regard, l'impression étonnamment juste du rôle protecteur qu'il joue dans le drame de l'Incarnation, l'Enfant par la souplesse et la grâce de ses formes sveltes, l'élan joyeux vers sa mère, la tendresse confiante avec laquelle ses deux bras en prennent possession, la Vierge par la gravité avec laquelle elle reçoit cette caresse, comme si elle avait le pressentiment des douleurs futures, la délicatesse du geste saisissant l'Enfant, la jeunesse et la pureté des traits, le moelleux et le naturel de la pose, sainte Élisabeth par le réalisme d'un visage vieilli, mais dont le caractère ne va pas jusqu'à la laideur, et le geste enveloppant par lequel elle retient son fils contre elle, saint Jean par la grâce enfantine de sa respectueuse et muette adoration, le principal des deux anges par son impétuosité et la largeur du mouvement des bras qui répandent les fleurs; partout le Beau, mais combien diversifié et que de notes dans le concert! La beauté de l'ensemble n'est pas faite de l'addition des beautés de chaque détail, bien qu'elles y contribuent; il a la sienne propre, qui n'est ni la somme de toutes ces beautés, ni même celle de leurs rapports, quoique ces rapports jouent un rôle important : ainsi le geste maternel de sainte Élisabeth et celui de la Vierge sont très différents et le rapprochement, le contraste de ces deux gestes a par lui-même une beauté, distincte de la perfection avec laquelle ils sont rendus ; de même l'attitude emportée, passionnée de l'ange semant les fleurs contraste avec le calme de saint Joseph ; ces rapports délicats font partie intégrante de la beauté de la scène totale, mais, pas plus que les beautés du détail, ils ne la constituent par eux-mêmes ; celle-ci, au point de vue plastique, résulte de la composition, dans laquelle, sans symétrie régulière, les personnages se font équilibre, les deux enfants, l'un plus nerveux, l'autre plus potelé, l'un en mouvement, l'autre au repos, sainte Élisabeth et la Vierge, toutes deux assises, mais dans des poses différentes, l'une offrant le type accentué de la vieillesse, l'autre les lignes moelleuses de la jeunesse, l'ange et saint Joseph debout, l'un adolescent et l'autre d'âge mûr, le premier dans un élan d'amour, le second dans une immobilité vigilante ; l'Enfant Jésus, la Vierge et saint Joseph forment un groupe pyramidal, sainte Élisabeth, saint Jean et les deux anges un autre, qui s'incline vers le premier pour apporter son hommage et constitue une pyramide renversée ; entre les deux le lien est établi au premier plan par l'Enfant Jésus qui se jette vers sa mère, au second par le deuxième ange qui se retourne vers le premier et rappelle l'attitude de saint Joseph. Un autre genre de beauté de l'ensemble c'est la beauté psychologique : de la part de sainte Élisabeth et de saint Jean, l'hommage profond et discret, de la part de l'ange l'hommage débordant, sans réserve, qui frappe son compagnon d'étonnement, chez l'Enfant l'innocence souriante, l'attirance vers sa mère, qui l'accueille tendrement mais sans lui rendre son sourire, car dès maintenant elle est triste, enfin la méditation concentrée de saint Joseph. Au point de vue théologique peut-être pouvait-on accentuer plus fortement le caractère religieux du mystère; on ne pouvait traduire la scène avec un charme plus intime dans ce qu'elle a d'humain. Ainsi le Beau, peut-être un dans son essence, se montre à nous sous des espèces infiniment diversifiées, qui éveillent en nous l'infinie variété des émotions esthétiques. Si nous fixons notre attention sur la figure de la Vierge, c'est la pureté des formes et la grâce mélancolique de l'expression, qui nous donne la sensation du Beau; si nous envisageons l'ensemble du tableau, c'est l'agencement savant des groupes, les proportions, une géométrie supérieure, animée, vivante, et ainsi de suite pour tout le reste.

Quelle que soit la nuance que lui imprime le caractère particulier de l'objet, le sentiment du beau est désintéressé, puisqu'aucun avantage matériel n'en découle pour nous; il n'est pas de ceux qui nous poussent à venir en aide à nos semblables ou qui sollicitent notre énergie et l'invitent à se dépenser en actes de courage; il est généreux pourtant, puisqu'il nous élève vers l'idéal, tend vers lui nos facultés affectives et en fait la source de nos joies; il ne nous impose pas le sacrifice sans retour, qu'exigent les sentiments généreux qui dérivent de l'amour ou du courage; il ne nous coûte rien; mais, pour éprouver ses satisfactions éthérées et subtiles, il faut que nous transformions l'homme vulgaire que nous sommes, en ressuscitant ce qui de la nature angélique dort en nous.

*
* *

Le sentiment du Beau peut rester tel ou se changer en admiration ; autre chose est de dire : cela est beau, autre chose : cela est admirable. Le Beau comporte des degrés et à un de ces degrés, qu'on ne peut fixer avec une précision absolue, qu'on désignera, si l'on veut, par le *Très Beau*, l'admiration commence. Elle correspond à une intensité plus grande de la qualité de l'objet. Elle correspond également à une plus grande intensité de l'activité mise en jeu. Goûter le Beau est quelque chose de plus nonchalant que l'admirer. En avoir le sentiment, c'est lui ouvrir largement les portes de notre sensibilité prête à l'accueillir, libre d'impressions étrangères et contrariantes, et le laisser sans résistance agir sur elle, la pénétrer du rayonnement qui lui est propre. Elle est dans un état de réceptivité, de demi-passivité ; c'est une rêverie, tout au plus une griserie. Le Beau vient à elle comme un Prince Charmant, qui l'éveille avec délicatesse, comme un soleil printanier qui la caresse et l'échauffe. Par l'admiration elle se reprend, sort de l'indolence, réagit et saisit le Beau corps à corps. C'est encore une contemplation, mais où le mol abandon est remplacé par une tension vigoureuse ; l'âme se porte vers le Beau et lui présente son hommage, non pas un hommage tiède et mourant sur les lèvres, mais ardent, convaincu, qui jaillit du cœur ; elle entonne le cantique, par lequel elle le reconnaît pour son Seigneur et célèbre sa gloire, prodiguant l'effort pour égaler la louange à ses mérites. Tout à l'heure je montrais comment, devant la Sainte Famille de Raphaël, le Beau se communique à nous ; ce n'est là qu'un début : les sensations qu'il nous inspire ne sont pas comme ces ondes qui se propagent sur une surface liquide et finissent par s'éteindre dans l'inertie de la matière ; elles se transforment en un frémissement d'admiration, en un invincible besoin de rendre témoignage et de payer tribut.

Les Latins avaient un mot qui exprimait à la fois l'admiration et l'étonnement — *admirari* —. Ils faisaient une confusion ; car l'étonnement et l'admiration sont distincts ; mais de cette confusion même une indication est à tirer. Si la psychologie rudimentaire du peuple n'aperçoit les choses qu'en gros et non avec la finesse d'une analyse exacte, elle ne mêle cependant que ce qui est voisin. Et en effet il y a de la surprise dans l'admiration. Cette surprise ne résulte pas de la perfection de l'objet envisagé ; c'est affaire à l'admiration de la reconnaître, de la mesurer, de l'apprécier. Elle naît du contact premier avec le Beau ; le Beau est extraordinaire, c'est-à-dire qu'il sort de la moyenne des choses auxquelles nous sommes accoutumés ; en l'apercevant, nous nous demandons par quel jeu de forces ignorées il s'est dégagé de la mesquinerie ambiante, avec laquelle il fait disparate. Considérons le ciel étoilé :

nous admirons le bleu profond et velouté de l'espace, où resplendit le scintillement des étoiles, l'immense Voie Lactée d'un gris fin saturé de lumière diffuse; ce sont là des impressions réfléchies de poète ou de peintre; mais tout d'abord, avant que nos sensations prennent une couleur esthétique, nous sommes stupéfaits, en songeant à l'infini de l'espace, à l'innombrable quantité des mondes rayonnants, à la vitesse de leur mouvement dans des routes immuablement fixées, à la somme de puissance énorme, incompréhensible pour notre faiblesse, nécessaire à la réalisation de cette inconcevable harmonie; c'est cet émerveillement qui provoque, alimente, centuple notre admiration. Prenons une œuvre de la main de l'homme; elle est moins imposante; mais le mystère de la création de la Beauté, dont nous ne voyons pas l'équivalent autour de nous, ne se dresse pas moins devant notre imagination pour la confondre. Cette création suppose chez l'artiste une nature, des dons exceptionnels, une excellence surhumaine, qui dépasse notre conception : elle étonne.

On se sent frappé d'admiration; le mot est juste. L'admiration est un ébranlement, ressenti quand le Beau supérieur s'impose à nous sans discussion possible, si impérieusement que nous subissons le choc avec une sorte d'angoisse. Ce n'est qu'en nous reprenant que nous éprouvons que la violence est douce et se transforme vite en plaisir.

L'admiration est un sentiment très généreux : elle est un aveu spontané d'infériorité devant quelque chose d'éminent. Nous admirons d'en bas — *suspicere*, disaient les Latins; — nous faisons retour sur nous-mêmes et nous convenons ingénûment que l'œuvre qui nous fascine était en dehors de nos moyens, que, pour l'imaginer et l'exécuter, il fallait d'autres ressources que celles dont la nature nous a pourvus; nous proclamons en nous-mêmes la supériorité de l'ouvrier et nous prenons conscience de notre insuffisance et de notre petitesse. Il semble donc que l'admiration ne saurait aller sans quelque humiliation secrète et sans un arrière-goût d'amertume. Pourtant il n'en est rien et, en constatant notre infériorité, nous l'acceptons sans peine. C'est sans doute parce que le Beau a un caractère impersonnel. Regardons un des spectacles sublimes de la nature, par exemple des pics neigeux étincelant au soleil, des glaciers avivés par les teintes roses du couchant : que nous croyions à un ordonnateur suprême ou à l'organisation de la matière par ses forces essentielles, c'est une création tellement grandiose, qu'elle reste en dehors des puissances d'une personne analogue à la nôtre ; nous ne nous sentons pas diminués, parce que le point de comparaison manque; l'être que nous sommes n'est pas avili, parce qu'un être sans proportion avec nous et d'autre nature ou une cause quelconque qui nous échappe a réalisé des magnificences qui nous dépassent ; c'est une merveille qui nous échoit gratuitement, qui nous tombe du ciel et dont nous n'avons qu'à jouir sans scrupule. Il y a quelque chose d'approchant pour l'œuvre d'art ; sans doute la personnalité de l'artiste s'y est incarnée, mais c'est une personnalité faite d'éléments spéciaux, qui n'a pas de commune mesure avec la nôtre, et cela est si vrai que l'œuvre peut avoir été enfantée par un homme qui, dans la vie commune, n'avait rien de supérieur à nous. L'idéal est impersonnel et c'est ce que l'artiste y a mis d'idéal qui fixe notre admiration. D'autre part l'admiration est une ascension vers l'idéal ; à mesure que nous la ressentons, nous nous avançons vers les régions où l'œuvre est née. Elle nous élève, nous porte vers le niveau de l'artiste et diminue la distance qui nous sépare de lui ; c'est là un sentiment réconfortant, qui nous rehausse à nos yeux et va parfois jusqu'à de singulières méprises : l'acteur ne se considère pas comme l'humble serviteur de l'écrivain et son porte-paroles, mais se croit le créateur de l'œuvre avec lui par indivis ; le commentateur passionné, qui découvre et fait ressortir les beautés d'un poème, n'est pas bien sûr que l'auteur les y ait mises en pleine conscience et de propos délibéré ; il s'attribue complaisamment une vague paternité, s'imagine collaborer et parfaire quelquefois.

L'admiration ne comporte pas l'envie ; le chef-d'œuvre en effet, tout en nous attirant vers les hauteurs, reste finalement inaccessible. Comment envier ce qui nous est si disproportionné et qui de plus nous laisse libres de faire éclater notre mérite sur un terrain analogue ou autre et même nous y incite? Tout au plus pouvons-nous éprouver à la réflexion un regret mélancolique que de si beaux dons aient été départis à un autre et non pas à nous-mêmes. Que gagnerions-nous à ce que le chef-d'œuvre n'existât point? Mieux vaut nous repaître sans réserve par l'admiration de l'aliment délicieux qu'il apporte à notre sensibilité. Quant à l'autre moyen de diminuer la distance et de combler l'abîme, qui est juste le contraire de l'admiration, à savoir l'esprit de dénigrement qui nie, il nous procure une satisfaction d'amour-propre, mais combien menteuse et vide !

L'admiration des grands génies pour leurs pairs doit être différente de celle qui vient d'être décrite. On prétend qu'elle est rare ; elle peut être étouffée par la jalousie, par l'idée qu'on était capable du chef-d'œuvre et qu'il vous exproprie de quelque chose qui vous appartenait. Il se peut aussi qu'elle soit simplement dépouillée d'un de ses éléments constitutifs, à savoir le sentiment de l'infériorité ; il ne reste plus que le jugement de perfection ; mais, si l'admiration change de nature, combien ce jugement doit être plus complet, plus pénétrant, plus exquis ! Combien l'admiration doit être plus pure, plus lumineuse que la nôtre qui reste trouble et obscure ! La nôtre est bornée par les limites de notre sensibilité ; quel essor elle doit prendre dans une sensibilité supérieurement organisée ! Quelle différence entre un air joué par un maigre piano ou par un orchestre, qui donne à toutes les nuances et à toutes les sonorités leur valeur ! Sans doute le chef-d'œuvre ne peut être justement apprécié que par celui pour lequel il n'est pas incommensurable et qui est capable d'en donner l'équivalent.

L'admiration n'est pas, comme le sentiment du Beau, un équilibre sur les hauteurs ; il y a rupture de l'équilibre par une inquiétude avide de se rendre compte, par un appel incessant à l'explication intelligente, qui satisfait l'admiration et lui fournit de nouveaux sujets de s'exercer, et ce renouvellement est confiant, comme la foi du croyant qui cherche des raisons plus profondes de croire et ne craint pas d'en rencontrer de croire moins ou pas du tout. Elle est une sorte d'extase, mais non pas celle par laquelle le mystique tend à se fondre et à se perdre dans l'objet aimé : c'est une exploration passionnée du chef-d'œuvre, où notre personnalité devient de plus en plus active, de plus en plus vigilante et où on ne perd point pied, comme dans l'extase.

*
* *

On ne s'enthousiasme que pour ce qu'on admire, mais l'enthousiasme sort des limites de l'admiration ; celle-ci correspond à un degré supérieur du beau ; il est provoqué, lui, par le sublime. L'admiration ne dépasse point les capacités humaines ; elle nous laisse la possession de nous-mêmes ; l'enthousiasme nous l'enlève. D'après son sens grec il signifie l'invasion dans notre âme du divin, qui la maîtrise ; ainsi la Sibylle de Virgile se tord haletante sous l'action du dieu qui s'empare d'elle et lui cède vaincue. En d'autres termes l'enthousiasme éveille en nous des puissances, que nous ne reconnaissons pas comme nôtres et qui nous semblent surnaturelles ; nous nous sentons comme soulevés par une force étrangère qui supprime ce qu'il y a en nous de pesant, de faible, de terrestre, décuple notre activité et recule les bornes du possible ; nous nous abandonnons à elle avec allégresse, parce qu'elle nous transporte dans un monde, où l'atmosphère est plus pure, la lumière plus radieuse, où l'on se meut avec aisance sans conscience de l'effort et sans se buter à l'obstacle.

L'enthousiasme étant un sentiment ardent est plus naturel aux jeunes gens qu'aux vieillards, qui en sont défendus par l'expérience et la désillusion. Il atteint en nous des couches plus profondes que l'admiration ; il est un bouleversement, tandis que celle-ci n'est qu'une expansion ; elle demeure volontiers muette ou s'exprime par quelques exclamations espacées dans le silence ; elle se peint à peine sur le visage par une sérénité grave et un air de recueillement ; l'enthousiasme déborde, éclate au dehors, se manifeste par le mouvement, dilate les traits, crie et gesticule.

L'admiration se suffit à elle-même ; c'est comme un foyer, où la flamme jaillit des éléments préparés et finit par s'éteindre après les avoir consumés ; l'enthousiasme est l'incendie qui se propage et dévore. Il nous porte invinciblement à agir ; remarquez que nous ne nous enthousiasmons guère que pour ce qui est dans la sphère de notre activité ; un amateur d'art admire un tableau ; il ne peut faire plus ; il a épuisé tout ce qu'il pouvait donner ; les artistes s'enthousiasment ; c'est généralement cette fièvre d'enthousiasme, qu'on regarde comme le trait distinctif, par lequel ils se distinguent du vulgaire et assurément il faut qu'ils la ressentent ; sans elle ils ne seraient que des manouvriers. Mais, si l'on va plus au fond, on voit que c'est surtout par l'objet de leur enthousiasme qu'ils se séparent du commun ; cet objet, c'est le beau plastique, qui nous procure d'exquises jouissances, mais platoniques, tandis que le but suprême et le métier de l'artiste est de le reproduire. L'enthousiasme ne diffère pas simplement de l'admiration par une intensité plus grande du sentiment et par un certain emportement, mais parce qu'il tend à la réalisation. L'admiration peut rester stérile, l'enthousiasme est fécond, ou tout au moins cherche à l'être ; et c'est ce qui fait le tourment des artistes ; car, s'il excite à reproduire le beau, il n'en donne pas les moyens et, s'il n'a point à son service le métier qui s'acquiert, la finesse de la vision, l'imagination qui combine et invente, la main qui sait rendre, il s'épuise en velléités, qui n'aboutissent pas. Et c'est pourquoi il y a tant d'artistes incomplets, dupes de leur enthousiasme, et qui sont impuissants à donner un corps à leur rêve.

Pour l'immense majorité des hommes le domaine de l'enthousiasme est plus vaste, c'est celui des grandes idées intellectuelles ou morales, qui ne sont pas accessibles seulement à une élite, mais à tous; elles ont été élaborées par les penseurs et c'est une des marques les plus certaines de la générosité de notre nature, que nous ne nous contentions pas de les admirer, mais que nous nous enflammions, que nous acceptions tous les sacrifices pour les faire triompher. Ainsi ce n'était pas seulement d'esprit, mais de cœur que les volontaires de la Révolution adhéraient aux idées de liberté proclamées par les philosophes; ils mettaient leurs bras à leur service et, inspirant leurs chants guerriers, elles les menaient à la victoire. Ainsi saint François d'Assise ne se bornait point à proposer l'existence du Christ comme un modèle de la vie parfaite sur la terre; il l'a réalisée, sans souci des besoins de la chair, du vivre, du vêtement et du couvert, et comme perdu dans son enthousiasme; cet enthousiasme, si l'on en croit ses biographes, il ne le laissa jamais entamer par la tiédeur et le doute et, soutenu par lui dans toutes les épreuves, il passa joyeux parmi ceux qu'il appelait ses frères, les oiseaux aussi bien que les hommes.

L'admiration s'accommode de la solitude et c'est loin du bruit et des distractions, dans la paix profonde de l'âme, qu'elle se développe le plus volontiers ; un passant l'effarouche et la dérange. L'enthousiasme aime à se répandre, à gagner de proche en proche, à recruter des fidèles et c'est lorsqu'il s'est emparé d'une foule entière qu'il est le plus ardent, le plus capable d'actes sublimes. Il a besoin d'être partagé et cela se comprend ; c'est un sentiment si étranger au cours banal de la vie, qu'au premier abord on en est surpris ; on ose à peine se l'avouer, on craint de céder à une impulsion irréfléchie ; il se légitime, lorsqu'on voit autour de soi d'autres âmes vibrer à l'unisson ; alors on est à l'aise pour s'y abandonner et lui donner l'essor. En outre, à mesure qu'il se propage, il s'accroît, comme ces bruits qui se répètent dans les échos des vallées et deviennent formidables ; l'enthousiasme d'un millier d'hommes n'est pas uniquement la somme de mille enthousiasmes individuels ; il semble que tous s'accumulent dans chacun, s'enflent à l'infini et qu'une âme quelconque sente non pas seulement le sien propre, mais celui de toutes les autres ensemble. Enfin l'enthousiasme est avide d'agir ; or, isolé, l'homme est faible ; lorsqu'il fait partie d'une foule animée d'un même esprit, disciplinée dans un effort commun, ce n'est plus de ce qu'il peut qu'il a conscience, mais de ce que peuvent toutes ces énergies convergentes ; il se sent transformé en un irrésistible géant, qui de la moindre poussée renverse les obstacles les plus solides ; et son enthousiasme s'alimente démesurément de ce sentiment de toute-puissance.

*
* *

L'enthousiasme n'est pas l'inspiration esthétique, mais il y joue un rôle important. Celle-ci est d'origine intellectuelle ; ce qui la constitue, c'est l'apparition d'une idée, qui prend corps tout à coup dans les régions demi-conscientes de la pensée et, comme on ne sait d'où elle vient — car elle est très au-dessus du niveau des conceptions ordinaires — ni comment elle est née — car c'est un éclair d'intuition et non la suite logique d'un raisonnement —, le langage courant la donne comme descendue d'en haut, c'est-à-dire comme l'effet d'un souffle divin qui viendrait effleurer l'imagination et la mettre en mouvement. Mais cette éclosion de l'idée ne se produit pas dans le calme habituel des opérations intellectuelles ; elle est favorisée par l'échauffement de l'enthousiasme, qui, étant un état d'âme très supérieur à l'ordinaire, passe lui aussi pour quelque chose de surnaturel. L'enthousiasme prépare les voies à l'idée en formation et l'accueille à sa naissance ; c'est lui qui fait à l'artiste un invincible besoin d'extérioriser pour le plaisir et l'admiration d'autrui une conception qu'il porte en soi et pour laquelle il se passionne ; l'artiste ne peut contenir le dieu qui le possède, ne lui laisse pas de repos, le presse de son aiguillon ; ce quelque chose qu'il entrevoit et qui n'est encore qu'une forme embryonnaire, il faut qu'il lui donne une existence réelle, qu'il en fasse une créature parfaite, destinée à prendre place parmi les grandes figures, qui composent le patrimoine esthétique de l'humanité. Et l'enthousiasme l'accompagne dans l'exécution, lui faisant trouver douces les douleurs de l'enfantement, soutenant ses forces, empêchant la lassitude et le froid de l'envahir et ne lui accordant point de relâche que l'œuvre ne se dresse achevée. Le savant, qui découvre le vrai, le fait dans la lucidité de la réflexion ; l'artiste, qui révèle le beau, ne le dégage que dans l'effort enfiévré ; il ne crée qu'à ses dépens, en usant quelque chose de lui-même. Il donne plus de sa substance, de sa chair, de sa vie. Il est plus généreux, tout en étant moins l'artisan volontaire de sa générosité.

*
* *

De tous les sentiments généreux, ceux dont il vient d'être question sont peut-être les plus rares et cela s'explique : l'ardeur créatrice, qui, sans la faculté de créer, n'est qu'une excitation douloureuse, presque maladive, de durée éphémère, ne saurait être le partage que d'une élite de favoris des dieux et suppose des dons exceptionnels ; elle n'est pas à la portée du commun des mortels, dont le rôle modeste consiste à jouir de son œuvre et à applaudir. Le sentiment du beau n'est pas inné chez nous, comme il l'était chez les Grecs ; là où il existe, c'est en général un produit de culture ; les artistes, qui l'ont, tournent en ridicule les bourgeois, qui en sont dépourvus ; mais, parmi les artistes eux-mêmes, combien y en a-t-il chez qui il serait resté rudimentaire, sans l'éducation, les leçons des maîtres et l'étude patiente des modèles ? N'allons pas jusqu'à dire que, chez beaucoup d'entre eux, c'est un sentiment de carrière ; il a pourtant quelque chose de professionnel. Quant à l'admiration, elle n'émeut que les âmes qui ne sont pas vulgaires, c'est-à-dire une minorité ; on trouve plus facile de rapetisser les choses que de s'agrandir soi-même et l'incommodité qu'il y a à se sentir inférieur, la tendance à tout mesurer à sa taille, à critiquer ce qu'on ne saurait ni comprendre ni atteindre sont des obstacles, devant lesquels elle expire. A plus forte raison l'enthousiasme, ce feu sacré, ne peut-il être ressenti que par quelques privilégiés, excepté quand il passe sur les foules comme un ouragan. En outre, dans notre société asservie à l'usage, où tout se ramène à un niveau moyen, qu'il est de bon ton de ne pas dépasser, l'enthousiasme apparaît comme une manifestation immodérée, presque inconvenante, et l'on éprouve une certaine pudeur à s'y abandonner. En somme les sentiments qui se rattachent au Beau sont des sentiments aristocratiques et c'est pour cela qu'ils n'intéressent qu'un cercle restreint. Cependant ce sont eux, dont le rayonnement éclaire les bas-fonds; ce sont eux, qui nous gardent d'être totalement submergés par le prosaïsme et de ramper. Dans les milieux, qui les ignorent, tout est terne et mesquin; aucune envolée vers l'idéal, qui demeure insoupçonné, quand il n'est pas raillé, une mentalité sage, rangée, proprette, qu'aucune aspiration élevée ne trouble dans sa quiétude. Sans eux l'humanité n'est plus qu'une collection d'honnêtes philistins pliés à des besognes utiles, dont ils ne lèvent pas les yeux, acoquinés à une médiocrité plate, dans laquelle ils se sentent à leur aise et dont la fadeur ne les écœure pas. Pour qu'elle soit digne de ses titres de noblesse, il faut que la passion du beau, l'admiration des chefs-d'œuvre, la soif enthousiaste d'en produire la tourmentent et l'entraînent vers les cimes; s'ils s'éteignaient, ce serait dans le domaine de la pensée un désastre pareil à ce que serait l'extinction du soleil dans le monde physique.

CHAPITRE V

Des rapports de l'intelligence avec les sentiments désintéressés et généreux pris dans leur ensemble.

Les sentiments désintéressés et généreux sont inégalement répartis entre les individus et de vivacité inégale suivant les tempéraments. Tels peuvent manquer chez certains, de même que, dans l'ordre matériel, naissent des monstres avec un organe atrophié ; on peut ne les posséder que dans une mesure très faible, obtus, paresseux, dominés par d'autres plus vigoureux, qui les oppriment et les étouffent ; l'absence totale ne se rencontrerait que chez des êtres rudimentaires, qui ne seraient hommes que physiquement. Ils sont partie constitutive de notre nature sensible, à côté de ceux qui tendent à notre conservation, à notre avantage. Jusqu'ici nous ne les avons considérés que comme des poussées instinctives ; mais ils n'ont pas une existence indépendante ; ce n'est que par abstraction qu'on les isole ; en réalité ils sont engagés dans la connexité, dans la mêlée des forces de l'âme, soumis à l'influence des autres facultés, en particulier à celle de l'intelligence ;

comment ils se comportent et ce qu'ils deviennent sous son action, c'est ce qu'il est temps d'envisager.

Cette action peut être bienfaisante ou néfaste et nous avons à l'examiner à ce double point de vue.

Nous commençons par être des impulsifs et nous le demeurons plus ou moins ; mais aucun phénomène de la sensibilité n'échappe à l'intelligence ; elle est spectatrice attentive ; elle remarque et enregistre. De bonne heure on prend conscience des sentiments qu'on éprouve et la réflexion s'exerce sur eux, bien que, dans la vie, nous ne nous en rendions pas toujours un compte exact, parce que nous sommes emportés par le tourbillon et que nous ne nous étudions pas. Elle s'exerce d'autant plus fortement que nous avançons en âge, que nous devenons plus complets et plus mûrs ; il s'opère alors en nous une transmission de pouvoirs de la sensibilité à la raison et la direction change de main ; tandis que, dans l'enfance, nous nous abandonnons au désir momentané, sans savoir et sans réagir, une époque vient où nous pesons, nous calculons nos actes ; nous résistons à l'entraînement et ne consentons plus à être poussés. Sans cette intervention nous ne serions que des sensitifs irresponsables, nous suivrions notre pente, comme l'eau qui coule, ou nous serions le théâtre de conflits entre sentiments dont le plus violent triompherait sans notre participation. Grâce à elle, nous cessons d'être un objet flottant livré aux courants ; ces courants nous les connaissons, nous nous servons d'eux, lorsqu'ils nous mènent où nous prétendons aller, au besoin nous luttons contre eux et nous louvoyons ou nous essayons de les remonter.

Il ne semble pas que la réflexion puisse produire un sentiment quelconque, qui n'existe pas, dans le cas qui nous occupe un sentiment généreux. C'est quelque chose d'une nature différente de la sienne et qui échappe à ses facultés génératrices ; s'il ne naît pas spontanément, elle n'a nul moyen de le créer. Par exemple si, en face d'un chef-d'œuvre, l'admiration ne jaillit pas, nous pouvons nous rappeler que nous l'avons ressentie jadis, nous avertir que nous devrions l'éprouver encore, nous énumérer les qualités de l'objet, nous assurer par le témoignage d'autrui qu'il est réellement beau. Mais, la démonstration faite, l'émotion esthétique ne suit pas nécessairement ; il se peut que, grâce à l'attention concentrée, à la persistance de notre bonne volonté, elle consente à naître ; si elle s'y refuse, il n'y a pas de remède ; nous le déplorerons, nous chercherons à nous faire illusion en admirant de tête, nous n'admirerons point sincèrement et de cœur. C'est là un cas isolé chez les uns, un état constant chez d'autres ; il y a des gens qui, engagés dans leurs intérêts, fixés au niveau moyen de la sensibilité quotidienne, ne le dépassent jamais et ne montent point jusqu'à l'enthousiasme ; mais ici une distinction s'impose : notre nature sensible est riche ou pauvre ; il se peut qu'ils l'aient reçue pauvre; il se peut aussi qu'ils aient négligé de l'enrichir ou qu'ils l'aient laissé s'appauvrir, en un mot qu'ils soient indigents non de naissance, mais par leur faute.

Si, en effet, les sentiments généreux ne se fabriquent pas artificiellement, dès qu'ils apparaissent, ne fût-ce qu'à l'état embryonnaire, ils tombent dans le domaine de l'intelligence, qui s'applique à les connaître; incapable de les créer, elle les revendique, une fois qu'ils existent, comme ses justiciables ; elle ne les lâchera plus, leur assigne leur place dans la vie psychologique totale et ne tolère point qu'ils y soient une végétation parasite, un élément inassimilé et perturbateur. Elle les soumet à une double analyse au point de vue de l'excellence et de l'utilité. Le courage peut n'être d'abord qu'un élan instinctif pour parer au danger ; mais, quand on en a fait preuve ou qu'on l'a vu se manifester sous ses yeux, on est conduit tout de suite à en apprécier la noblesse ; on le compare à la lâcheté et, si on se demande lequel des deux vaut le mieux, la réponse n'est pas douteuse ; la lâcheté est une bassesse, qui humilie ; en admettant que nous puissions la dissimuler à autrui, nous ne nous la cachons pas à nous-mêmes et la honte nous accable. Au contraire, le courage nous relève ; nous nous félicitons de notre conduite et nous prenons conscience de ce que nous valons ; nous nous rendons témoignage et nous concevons une légitime fierté. Ainsi l'intelligence nous révèle que les sentiments généreux ne sont pas des choses indifférentes, des appétits quelconques comme le boire et le manger, mais le ressort le plus important de notre nature sensible. L'état psychologique dans lequel nous met la satisfaction de les posséder n'a rien de commun avec l'orgueil du Pharisien, qui fait étalage de bons sentiments devant les hommes pour s'attirer la considération, et qui en multiplie les manifestations extérieures, en laissant éteindre en lui le foyer où ils s'allument. L'approbation de notre conscience suffit; nous n'en tirons nulle vanité; tout se passe en nous et pour nous. En outre, l'intelligence nous ouvre les yeux sur l'utilité des sentiments généreux. Revenons au courage : fuir le danger n'est pas le plus sûr moyen de s'en garantir; on est plus près de succomber, lorsqu'on s'abandonne, que lorsqu'on se défend; le courage sait ou affronter le danger, lorsqu'il est en mesure d'en avoir raison, ou le tourner, céder momentanément pour revenir à la charge; la lâcheté, qui perd la tête, se livre en proie à l'ennemi et ne trouve pas toujours la cachette qu'elle cherche. De plus, la conscience d'être courageux nous inspire une confiance qui nous tranquillise, comme le port d'une arme dans un pays de brigands; le danger peut reparaître, nous ne nous alarmons plus; nous savons qu'avec de l'énergie on en vient à bout; cette assurance est douce et nous fait voir les choses comme faciles. Au contraire, après l'acte lâche, la peur persiste, nous laisse inquiets, impropres à jouir de rien ; cette appréhension constante du péril, qui nous surprendra désarmés, nous cause un insupportable malaise.

Donc l'intelligence donne aux sentiments généreux la conscience de ce qu'ils valent, leur révèle leur légitimité, leurs titres de noblesse, leur utilité. Elle les justifie à leurs yeux, leur assigne leur rang parmi les puissances de l'âme et ce rang est des tout premiers. De cette légitimation résultent des conséquences énormes. Sûrs d'eux-mêmes désormais, ils savent qu'ils ont une mission, un rôle indispensable à remplir. Quelle force ils acquièrent par là et comme ils s'enracinent ! Plus de risque qu'ils ne s'éteignent. Nous veillons sur eux comme un avare sur son trésor. Fondés sur une base inébranlable, il n'y a plus à craindre qu'ils ne chancellent et soient passagers. Fils adoptifs de la raison, ils ne demandent qu'à répondre aux espérances mises en eux et à s'en montrer dignes.

*
* *

Ils trouvent dans l'intelligence un soutien ; ils lui doivent plus encore par ailleurs ; car l'intelligence est l'éducatrice de la sensibilité. Il faut que le germe lui soit fourni ; mais ce germe, elle le développe et le fait croître. On peut cultiver les sentiments généreux, comme tous les sentiments du reste, et il y a une pédagogie qui leur est applicable. L'exemple, dont s'empare l'esprit d'imitation, est d'un grand poids. Un enfant paraît égoïste, rebelle à mettre au service d'autrui ce qui lui appartient ; on le rend témoin d'un acte charitable, en se gardant de lui donner comme modèle celui qui l'accomplit et d'établir un parallèle désobligeant ; il se blesserait peut-être et prendrait le contrepied ; il réfléchira en lui-même, il sentira s'éveiller l'instinct charitable et la bonne nature qui sommeillaient ; il imitera, sans se rendre compte qu'il devient autre, et suivra, pourvu qu'il soit encore flexible et malléable, qu'il constate son isolement et désire en sortir. Chez l'adulte l'esprit d'imitation est plus faible et l'exemple moins décisif ; quoi qu'en disent les illuminés de l'illusion humanitaire, les mauvais sentiments sont plus contagieux que les bons et font tache autour d'eux ; les égoïstes, dans un milieu généreux, répandent plus de mal qu'ils ne reçoivent de bien, à moins qu'ils ne soient en petit nombre et que leur pouvoir de nuire ne diminue d'autant. Pourtant mettez un individu intéressé en contact avec un homme qui ne l'est point. Il tire de ce commerce des avantages appréciables et, s'il a l'âme commune et parasite, il se contente d'en jouir ; mais, pour peu qu'il ait quelque délicatesse, la réciprocité s'imposera et il découvrira en lui un fonds de générosité, qu'il laissait improductif. Un autre facteur, qui exerce sur les sentiments généreux une heureuse influence, c'est l'habitude. Comme la gymnastique physique développe les muscles et d'un malingre fait un homme robuste, la gymnastique morale leur donne plus de vigueur et plus de consistance; si d'abord, chez ceux qui en sont médiocrement doués, ils nécessitent un effort, l'effort devient moins pénible par la pratique ; ils finissent par couler de source et prennent l'aisance d'un geste familier. On s'accoutume à être bon ; la résistance qu'on sentait en soi aux premiers essais, la tendance à se retenir s'amollissent et se fondent : quand on a été bon longtemps, on n'a plus de peine à l'être et on croit l'avoir été toujours. C'est pourquoi l'éducateur, qui a réussi à susciter chez l'enfant un sentiment généreux, devra ménager des occasions où celui-ci se reproduira, jusqu'à ce qu'il soit assez usuel, assez incorporé, pour aspirer de lui-même à se manifester de nouveau. L'adulte aura recours au même moyen et sera surpris agréablement en constatant qu'à devenir meilleur le début seul est rude et que de lui-même le mouvement s'accélère et se fait plus moelleux. Enfin, les sentiments généreux, à l'état instinctif, ne nous procurent que le plaisir vague, qui accompagne toute activité mise en jeu ; à l'état conscient et réfléchi, ils causent une jouissance plus délicate et bien supérieure ; un acte de courage accompli laisse un arrière-goût savoureux ; c'est sur ce charme qu'il convient d'appeler l'attention de l'enfant, en lui rendant sensible le plaisir qu'il éprouve, par exemple à avoir été brave ; ce sera pour lui une attirance à recommencer. Ainsi on confiant à notre âme le premier principe des sentiments généreux, la nature n'a pas entendu nous doter d'une faculté qui se développerait sans notre participation et dont nous jouirions dans le détachement et la paresse ; elle a préparé à notre activité pensante une tâche infinie. L'éducation doit se préoccuper de les faire croître et prospérer, les préserver des influences desséchantes, leur communiquer une individualité assez vigoureuse pour qu'ils n'aient rien à craindre des assauts de la vie; il y a là une lacune à combler entre les deux systèmes d'éducation rivaux dans notre pays et qui consistent à faire l'un des hommes instruits, l'autre des hommes religieux; il conviendrait de faire monter dans l'être humain la sève de la générosité. Il ne faut pas traiter les sentiments généreux par prétérition, mais en parler sans cesse, emplir de leur vertu les imaginations et les mémoires, les rendre présents partout et à tous; il faut secouer la torpeur et l'indifférence ; ils ne craignent rien tant que le silence : il suffit souvent de prononcer leur nom pour les faire éclater autour de soi.

Une fois sortis de l'adolescence, c'est à nous par nos moyens et par notre énergie de les entretenir. Dans la jeunesse ils sont alimentés par la vivacité d'un âge où tout éclôt; rien ne les contraint à se replier et à faire retraite. L'homme fait, pris par ses intérêts matériels, orienté vers un but qu'il n'atteint que par l'effort, contrarié par les événements, primé par des rivaux, a des soucis plus absorbants. Comme ils ne servent pas directement à l'avancement de ses affaires, il est enclin à ne leur attribuer qu'une médiocre importance et à s'inquiéter peu de ce qu'ils deviennent en lui. Le vieillard refroidi par les ans, fatigué de la lutte où il a laissé le meilleur de ses forces et ses illusions, au bout de la carrière et sentant son rôle terminé, se persuade volontiers qu'il n'en a plus l'emploi et les relègue parmi les choses passées, dont il se désintéresse. C'est pour les sentiments généreux la période critique, celle où ils risquent de sombrer dans le mouvement tumultueux de l'existence ou dans le désenchantement final. Ne les laissons pas nous quitter et craignons de mourir appauvris. Rester avec eux en commerce constant, les préserver des souffles impurs, les maintenir en force, en allégresse, en santé, telle est, lorsque nous sommes en possession de nous gouverner, la tâche qui nous est imposée et à laquelle nous ne saurions faiblir sans déchoir.

*
* *

L'intelligence n'a pas seulement à les cultiver et à les faire fleurir ; elle doit encore les éclairer, les diriger, les modérer. Par eux-mêmes ils ne sont qu'une poussée aveugle, qui tend vers un but mal défini ; ce but, c'est la raison qui leur en donne la vue claire ; ils n'ont pour l'atteindre que des moyens de fortune; embarrassés et incertains, ils hésitent sur la voie à suivre; la raison les prend par la main et leur montre le chemin; de vagues et stériles qu'ils demeureraient peut-être, elle les rend précis et féconds. Elle définit l'œuvre, en facilite l'accomplissement, suggère les moyens. Elle fait d'eux des forces réfléchies, qui agissent en connaissance de cause, se proportionnent et s'entendent à la besogne; elle leur enseigne leur métier. Ils sont comme des disciples ardents, qui ne savent pas et ont soif d'apprendre; elle est le maître qui les initie et les guide. Elle discipline leur activité, la préserve de l'agitation inutile et des égarements. Sans elle, tantôt vaillants et emportés, ils se consumeraient en vains efforts, tantôt ils retomberaient chancelants, vacillants, découragés. Elle ordonne, règle et modère leurs énergies; ils peuvent dégénérer en une fièvre impétueuse, dépasser les limites et, s'enivrant de leur exaltation, confiner à la folie. La raison les garde de l'excès, les contient dans les bornes où ils sont bienfaisants et les tempère par la sagesse; ce sont des chevaux fougueux, qu'une main prudente arrête au bord du précipice. Les biographes modernes de saint François d'Assise déplorent que l'Église constituée ait tranché les ailes à son rêve mystique et mutilé son œuvre; c'est un beau sujet d'amplification, que le chagrin et la désillusion jetés sur cette âme candide par de froids calculateurs; mais saint François voulait que ses disciples n'eussent comme lui ni abri régulier, ni ressources d'aucune sorte, n'épargnant pas même le pain pour le lendemain, et qu'ils allassent demi-nus par le monde, soulevant de terre les âmes détachées de tout. Or, l'homme ne vit pas dans l'impossible ; qui donc après saint François se fût tenu à ces hauteurs dans l'extase? L'Église a sans doute sauvé de son inspiration ce qui était viable ; elle a fait des Franciscains un ordre monastique régulier, bien au-dessous de l'idéal du fondateur, mais qui pouvait durer.

J'ai dit que l'intelligence était incapable de créer les sentiments généreux. Que fera-t-elle donc, lorsque l'un ou l'autre manque absolument? Sera-t-elle réduite à avouer son impuissance, à la déplorer et à s'y renfermer? C'est ici qu'éclatent la multiplicité de ses ressources et son ingéniosité ; à ce qu'elle ne peut faire directement elle suppléera par détour et par industrie. Les sentiments généreux engendrent des actes généreux, qui en proviennent, mais qui en sont distincts ; le sentiment reste enseveli dans les profondeurs de notre être et nul ne sait s'il existe, à moins que nous ne l'exprimions ; c'est un secret. L'acte est visible, palpable ; nous l'apprécions en lui-même ; nous en estimons la noblesse, l'utilité, quel qu'en soit l'antécédent, lequel nous échappe ; le sentiment est la cause, l'acte, l'effet ; or, quand une cause se dérobe à nous, il n'est pas impossible d'obtenir cependant l'effet par des moyens à notre portée : l'eau gèle par le froid de l'hiver ; l'été nous nous procurons de la glace par le froid artificiel. Un sentiment se traduit par une manifestation de l'activité ; à défaut de ce sentiment nous pouvons recourir à une autre excitation de l'activité, qui aboutisse à une manifestation identique. Lorsque l'intelligence s'est convaincue de la nécessité, de la beauté des actes généreux, elle peut prendre à tâche de les produire ; dans l'impossibilité d'en faire jaillir la source naturelle, elle s'arrangera d'autre façon ; elle a son influence sur la volonté, qu'elle plie à réaliser ses concepts ; elle agira sur elle pour parvenir au résultat désiré. Tel individu est d'un tempérament craintif ; le danger le fait trembler ; c'est une commotion nerveuse, dont il n'est pas le maître ; mais trembler n'est pas fuir ; s'il est pénétré d'horreur pour la lâcheté, s'il s'est répété que la fuite est déshonorante et ne met pas toujours à l'abri, il ne fuira pas ; il ne sera pas au fond un homme courageux, il se conduira comme s'il l'était. Ainsi l'intelligence masque le vide des sentiments généreux et fait apparaître les effets, qui ont seuls une importance pratique. Tout cela naturellement est factice et n'a pas de fondement solide ; le courage, qu'on s'impose du dehors, est plus voisin de la défaillance que celui qui sort des entrailles ; en outre, l'imitation des sentiments généreux n'atteint pas la plénitude et la franchise de la nature ; il y a de la maladresse, de la contrainte visible et, parfois, la base étant mal assurée, tout s'écroule. Mais combien est digne d'éloges la tentative de cet incomplet, qui, privé par une fatalité mauvaise d'un sentiment généreux et désolé de son infirmité, s'applique à ne pas en faire pâtir autrui et à y remédier par ce qui lui reste. Tel le guerrier grec légendaire de Salamine, amputé d'une main, saisissait de l'autre le bord ennemi et, celle-ci tranchée, s'y accrochait avec les dents. Si c'est une des fonctions les plus élevées de l'intelligence de fortifier, de cultiver les sentiments généreux, combien il est plus admirable de subvenir à l'imperfection de la sensibilité, de telle sorte que nos semblables ne souffrent pas de ses lacunes et, l'arbre étant desséché, cueillent pourtant le fruit! Les lunettes ne guérissent pas la myopie, mais elles permettent de voir comme dans l'état normal. Ainsi, disgraciés par la nature au point de vue moral et dans l'impossibilité de réparer directement le dommage, nous nous accommodons pour en neutraliser les conséquences; psychologiquement nous sommes à la fois inférieurs aux mieux doués, puisque nous nous trouvons dénués de quelque chose d'essentiel, et supérieurs, puisque nous avons demandé à nos autres facultés un effort surhumain épargné aux mieux partagés. La Rochefoucauld, par une analyse pénétrante, a mis en évidence cette vérité que les actes généreux ne procèdent pas toujours de sentiments du même ordre; c'est un fait qu'il importait de signaler, de rendre manifeste, pour prévenir les confusions et les erreurs dans l'appréciation de ce que valent nos semblables; les mobiles de leurs actions nous échappent et leurs intentions sont souvent moins pures que nous ne l'imaginons bénévolement. Seulement, lorsque les actes généreux ne découlent pas de leur source naturelle, La Rochefoucauld n'a su les imputer qu'aux calculs intéressés de l'amour-propre et il l'a fait avec une telle insistance, dans la satisfaction chagrine de sa découverte il donne à ces calculs tant d'extension, il resserre la générosité dans des limites si étroites, qu'elle paraît au lecteur de son livre s'évanouir presque totalement. Or, lorsque l'acte généreux n'est pas spontané — et c'est ici que l'observation de La Rochefoucauld est exclusive et incomplète —, il peut être inspiré non par l'intérêt personnel, mais par une réflexion raisonnée et pour le contentement intime de la conscience; il peut avoir pour but non de tromper autrui en l'induisant à un jugement trop favorable sur notre compte, jugement dont nous espérerions tirer bénéfice, mais au contraire, de fournir à nos semblables ce que par réciprocité ils ont droit d'attendre de nous et de ne pas être dans la pratique sociale des valeurs inférieures; ce n'est pas toujours par courage qu'on accomplit un acte courageux, mais ce n'est pas nécessairement par intérêt; il se peut que ce soit par raison et pour dompter une lâcheté dont on rougit.

*
* *

Un effet imprévu, admirable des rapports amicaux de l'intelligence avec la sensibilité, c'est que, grâce à eux, celle-ci voit s'agrandir d'une façon inespérée son champ d'action et s'ouvrir devant elle des domaines, auxquels elle ne pouvait ni prétendre ni même songer ; certains sentiments généreux, les plus généreux sans doute, ne sauraient éclore qu'à un degré de culture avancé, lorsque des idées de haute portée, élevées et grandes, ont été mises dans leur plein jour par les cerveaux pensants. La sensibilité est primitivement limitée à ce qui la touche immédiatement ; le sauvage ne s'intéresse pas au genre humain, parce qu'il l'ignore. Il a dû de bonne heure aimer son semblable et au besoin se dévouer à lui, mais c'était un voisin, qu'il connaissait, près de qui il vivait, qui lui rendait sa sympathie. Pour que cette première lueur d'affection, particulière et restreinte, s'étendît jusqu'à embrasser le monde entier, il fallait qu'une somme prodigieuse de réflexion eût été accumulée, que des esprits spéculatifs, franchissant les frontières, eussent proclamé que les peuples divers ne formaient qu'une seule famille, que sous les costumes, les mœurs, les langages les plus différents c'était toujours l'homme qu'on retrouvait et qu'en vertu de l'unité d'origine, tout homme quel qu'il fût, même le barbare le plus farouche, méritait notre affection.

Lorsque l'amour du genre humain a éclaté sous sa forme la plus ardente, la charité chrétienne, il est sorti tout de suite de l'étroite Judée pour se prodiguer aux gentils, c'est-à-dire aux nations et, dans ces nations, à ce qu'il y avait de plus abject et de plus déshérité, aux misérables, aux esclaves ; et tous sont devenus des frères, entre lesquels étaient destinées à régner la paix, la concorde, l'assistance mutuelle la plus largement dispensée. Il se propageait par l'action personnelle d'individus s'adressant à d'autres individus, les réunissant en communautés en rapport avec d'autres pareilles, et, par une acceptation libre et volontaire, il devait gagner de proche en proche, jusqu'à ce qu'il comprît l'univers entier. Il se répandait par la parole, n'ayant d'autre force à son service que la persuasion, comme il convient à un noble principe, qu'on met en lumière pour qu'il s'impose, qu'on révèle aux intelligences pour qu'elles l'adoptent. Il était vivifié par l'exemple, les premiers porteurs de la bonne parole et successivement les convertis commençant par réaliser en eux un idéal, dont la pureté frappait les imaginations et exerçait son attrait ; ceux-ci ne se proposaient pas pour modèles et ne s'isolaient point dans l'orgueil de la perfection, regardant de haut ceux qui ne la connaissaient pas encore ; envoyés par un plus grand qu'eux, ils n'étaient que des messagers chargés de transmettre et s'acquittaient de leur rôle avec un zèle enflammé, qui échauffait les cœurs et se communiquait. Jusque-là confiné entre les sexes, dans la famille, parmi les amis et les voisins, l'amour prenait un prodigieux essor, débordait sur les indifférents, s'offrait aux inconnus, de particulier devenait universel, d'infiniment petit, colossal; et c'était vraiment une révélation pour l'humanité, que cette puissance d'expansion de l'amour, qui allait tout conquérir, triompher de la froideur et de la défiance réciproque des hommes, en faire les fils d'un même père et constituer le fondement indestructible de la Loi Nouvelle. Ce n'est pas au corps qu'il s'adressait, mais à l'âme, considérée comme ce qu'il y a de plus pareil chez tous les hommes, de plus facile à pénétrer d'une même foi et amener à l'unité; tout en soulageant les souffrances des corps, c'était le bien des âmes qu'il poursuivait, bien dont elles devaient jouir dans la vie terrestre, mais surtout dans celle vers qui la vie terrestre n'était qu'un acheminement et comme, à ce point de vue, les rangs, les privilèges, la fortune importaient peu, il établissait une égalité spirituelle, égalité dans laquelle les malheureux et les simples avaient même l'avantage, étant moins chargés d'intérêts matériels et moins distraits par les plaisirs. Et c'est là le merveilleux rayonnement de la sensibilité, qu'avait préparé le rayonnement de l'intelligence.

La philanthropie est la charité chrétienne laïcisée; elle en diffère à bien des égards; elle procède, comme son nom l'indique, de la sympathie pour nos semblables; mais, quoique les philanthropes payent au besoin de leur personne, il ne semble pas que cette sympathie soit aussi passionnée, aussi brûlante et qu'elle constitue l'unique facteur actif. Le philanthrope accorde plus à la réflexion ; il ne cède pas à un entraînement ; il se guide par une raison judicieuse, qui lui dévoile l'œuvre à accomplir et le dirige dans l'exécution ; il est plus philosophe que mystique. S'il ne néglige pas les individus, c'est cependant surtout pour le genre humain pris dans son ensemble qu'il travaille et, s'il se laisse toucher par les misères particulières, il croit que le meilleur moyen de les supprimer, ce n'est pas de se prendre à chacune d'elles pour les guérir successivement, mais de s'attaquer à la cause et de chercher à la faire disparaître. Il dénoncera donc les abus légaux, sous le poids desquels tout ou partie de l'humanité gémit ; par exemple, il protestera contre l'esclavage, il en stigmatisera la cruauté et il fera campagne pour l'abolir, non pas dans un coin minuscule du globe, mais dans l'univers entier. C'est le principe même qu'il ruinera et c'est à ceux qui gouvernent et au-dessus d'eux à l'opinion publique qu'il s'adressera, pour en démontrer le caractère monstrueux. Assurément, s'il le peut, il adoucira le malheureux sort des esclaves, mais son ambition est d'anéantir l'institution elle-même, ce qui d'un coup délivrera dans le présent tous ceux qui en sont les déplorables victimes et, en outre, pour l'avenir préservera les races à naître de ses funestes conséquences. Pour cela c'est par le discours, par le livre qu'il propagera ses idées; s'il réussit, des milliers d'êtres lui devront la fin de leur misère, et pour beaucoup d'entre eux il ne sera jamais qu'un bienfaiteur inconnu. En outre, tandis que la charité chrétienne poursuit surtout le bonheur des âmes, ne s'en prend qu'indirectement aux injustices établies, avertit ceux qui en profitent des difficultés qu'elles opposent à leur salut, engage ceux qui en pâtissent à les supporter, parce que la patience sera pour eux la source de félicités infinies, les console en leur promettant le bonheur non point ici-bas, mais dans la vie future, la philanthropie entend rendre sur la terre même la condition humaine moins pénible, abolir tout ce que des coutumes barbares ajoutent aux souffrances inhérentes à la vie humaine et faire progresser la civilisation dans tout ce qu'elle a de bienfaisant.

De tout le bien accessible aux hommes il n'en est pas de plus important que la connaissance de la vérité et l'un des sentiments les plus généreux que nous soyons capables d'éprouver, c'est le désir de la répandre. Ce qui a suscité le zèle de la charité chrétienne, ce qui la soutenait et faisait sa force, c'est qu'elle s'employait à propager une vérité d'importance capitale, l'avènement du royaume de Dieu. Tandis que sous la Loi ancienne, loi de châtiment et de malédiction, tous les mauvais instincts développés et protégés par la malignité diabolique avaient pris possession de la terre, institué des sociétés empoisonnées par le venin démoniaque, le Fils de l'homme était venu ouvrir une ère nouvelle et renverser les Puissances des Ténèbres; désormais la bonté, la justice, la charité réveillées dans les cœurs devaient reprendre leur prééminence, régner parmi les Élus sur la terre, jusqu'à ce que Dieu appelât ces Élus pour les asseoir à sa droite parmi les Bienheureux, tandis que les méchants seraient condamnés et précipités. Telle est la doctrine consolante que les apôtres offraient à l'espérance joyeuse des hommes comme une vérité révélée, par suite certaine. Or, s'il est un sentiment qui dépende de l'intelligence, qui ait en elle des racines profondes, c'est l'enthousiasme au service de la vérité, puisque c'est l'intelligence qui la conçoit et en fait briller la lumière; car elle ne peut la garder pour elle, elle a l'invincible besoin de la proclamer, ce qui est l'apostolat. D'où vient cette force expansive de la vérité, cette prise de possession de notre sensibilité et de notre activité, par laquelle elle les enrôle et les contraint à se dépenser pour elle? C'est peut-être de ce qu'elle apparaît comme une chose impersonnelle, qui ne nous est pas destinée à nous exclusivement, mais à tout être pensant, que nous détenons momentanément et par faveur et que nous devons communiquer; de même que nous ne saurions conserver par devers nous le bien d'autrui, quand par hasard il tombe entre nos mains, de même nous ne pouvons garder la vérité pour notre avantage personnel, car elle est essentiellement le bien d'autrui. De plus, nous ne nous en dépouillons pas en la communiquant; nous avons beau en faire part, elle nous reste tout entière et nous ne nous appauvrissons point en la divulguant; c'est une libéralité qui n'est pas prise sur notre propre. Ceci suffit à faire comprendre que nous soyons disposés à la répandre; il faut autre chose pour expliquer l'ardeur de l'apostolat : c'est la conviction intime que la vérité n'est pas seulement une satisfaction de l'esprit, mais qu'elle est indispensable à l'homme pour sa conduite, que, sans elle, il tombe dans le mal sans qu'il y ait de sa faute, que, livré à l'erreur et tâtonnant dans la nuit, il est incapable de se diriger dans la voie droite. Par là l'apostolat est un élan de bonté et de bienfaisance; il apporte le concours le plus précieux pour délivrer l'homme des tentations mauvaises, fruit de l'ignorance, et des malheurs qui en sont la conséquence. Et c'est pourquoi les apôtres sont prêts à se sacrifier à la vérité et à verser leur sang pour elle, c'est-à-dire en réalité pour le bien de leurs semblables. Ce qui les soutient aussi dans la persécution, ce qui leur fait accepter le martyre, c'est qu'une fois la vérité constatée on n'est plus maître d'en méconnaître l'évidence; tout au plus peut-on y renoncer des lèvres, ce qui n'est qu'un misérable subterfuge; menaces et tortures ne peuvent rien obtenir de plus; elle continue à s'imposer claire et convaincante et de là pour l'apôtre l'impossibilité de la rétractation.

L'apostolat est réservé aux grandes idées morales; les vérités scientifiques ne le suscitent pas ; celles-ci, découvertes par le chercheur, font leur chemin à travers les discussions des savants compétents; une fois reconnues et démontrées, elles se propagent par les soins de simples vulgarisateurs; si elles ne sont pas du domaine des apôtres, c'est que leurs conséquences, qui sont considérables, ou bien restent dans les sphères intellectuelles ou nous affectent pratiquement par des progrès matériels, mais sans révolutionner brusquement notre existence morale; or, l'existence morale est le tout de l'homme. De plus, elles s'appuient sur des preuves, auxquelles notre intelligence est appelée à donner ou à refuser son adhésion, sans que nous quittions les régions sereines de la logique et sans que l'émotion intervienne. Au contraire les grandes idées morales intéressent l'homme tout entier, peuvent bouleverser sa conduite, le rendre heureux ou malheureux et, d'autre part, n'ayant pas en elles une évidence absolue qui force la conviction du premier coup, comportant la contradiction et le doute, se heurtant aux opinions vulgaires et aux préjugés, elles ont à conquérir le cœur autant que l'esprit et doivent s'élancer chaudes et colorées de la bouche des apôtres.

*
* *

En résumé l'intelligence, lorsqu'elle s'applique aux sentiments généreux en tant qu'ils sont de son ressort, est pour eux une aide efficace et puissante ; elle leur fait prendre conscience de leur inestimable valeur et les fortifie ; elle les cultive et les développe, parvient à les suppléer dans une certaine mesure là où ils n'existent point et à faire leur besogne ; elle est la condition nécessaire de ceux dont l'objet est le plus général et qui s'appuient sur les opérations de la pensée ; c'est une amie vigilante, qui les entoure de sa sollicitude et se rend indispensable. Par malheur ils peuvent aussi rencontrer en elle une ennemie dangereuse et perfide, qui ne les encourage que pour en tirer traîtreusement bénéfice, qui se plaît à les simuler pour faire des dupes et parfois travaille à les anéantir.

L'égoïste a profit à fréquenter des gens animés de sentiments généreux ; leur contact est bienfaisant ; il est utile et agréable de vivre dans une atmosphère d'affection désintéressée, d'être gratifié sans prendre aucune peine de libéralités, de voir, en présence du danger qui vous menace, s'interposer des hommes courageux, qui l'écartent et vous procurent la sécurité, d'être en commerce avec des esprits plus portés à l'enthousiasme qu'à la critique, qui ont plaisir à louer vos qualités et qui vous épargnent le blâme de vos défauts ; on trouve tout naturel de se laisser faire ; mais cet amollissement, cette acceptation facile du rôle d'obligé perpétuel ne vont pas sans une diminution d'énergie et mettent en état d'infériorité ; on descend, toute proportion gardée, à l'attitude du mendiant de profession vis-à-vis de ses bienfaiteurs attitrés ; en outre, on est amené à se faire une idée fausse du monde réel, où les sentiments généreux sont loin de dominer toujours ; on est plus sensible aux blessures, désarmé contre les attaques, si l'on se trouve brusquement en face de la malveillance, comme un enfant trop choyé est mal préparé à la vie. Mais il y a plus : l'égoïste est clairvoyant et réfléchit ; il calcule que l'existence des sentiments généreux chez autrui lui assure une somme appréciable d'agréments et d'avantages, qui sont tout bénéfice, puisque la réciprocité n'est pas exigée, mais que ce bénéfice deviendrait illusoire, s'il était tenu de rendre, car ce serait alors un simple échange ; le problème est donc pour lui de favoriser le plus possible les sentiments généreux chez ses semblables, en se gardant de les pratiquer pour son compte. Dès lors il en deviendra le partisan le plus chaud ; il les encouragera, mais sournoisement, comme le frêlon qui presserait les abeilles de travailler, sachant qu'il dévorera le miel, comme le brigand, qui exhorterait le paysan naïf à semer, en se réservant de lui voler sa moisson ; il les comblera d'éloges et les couvrira de fleurs, tout en se moquant dans son for intérieur des effusions de sa rhétorique ; il proposera de les récompenser et au besoin fondera des prix en leur honneur, parce qu'il aurait trop à perdre à ce qu'ils disparaissent. Ce faisant, il s'applaudira de son ingéniosité et se croira très supérieur au reste des mortels, multitude taillable et corvéable à merci, dont il sera par la force et la logique de son esprit devenu le souverain. N'est-ce point là, se dira-t-il, la théorie de l'existence idéale, lorsqu'on est débarrassé des préjugés vulgaires et qu'on envisage les choses à la froide lumière de la raison ? L'affirmative souffrirait quelque difficulté ; le cas ne pourrait être que tout à fait exceptionnel, puisqu'il suppose un contre tous ou tout au moins contre l'immense majorité ; en se généralisant, il se détruirait ; le rôle ne saurait être tenu bien longtemps, il serait vite démasqué et la chute serait déplaisante ; la ruse demande sans doute une certaine finesse, mais elle n'est pas le meilleur emploi de l'intelligence et l'esprit qui la dédaigne est de qualité supérieure à celui qui l'utilise; enfin, il n'y a pas lieu de se considérer comme un génie supérieur, parce qu'on refuse aux sentiments généreux la contre-partie, puisqu'il est de leur essence même de ne pas y prétendre et qu'ils se soucient fort peu de l'ingratitude. Il n'en est pas moins vrai qu'il n'est pas impossible à l'intelligence dévoyée d'exploiter les sentiments généreux et c'est là un de ses méfaits.

Elle peut, si la perversité n'a rien qui l'effraie, prendre les choses d'un autre côté ; en témoignant de sentiments généreux on n'a pas pour but de se concilier la bonne opinion, l'estime, la faveur publique ; mais il est certain que, sans y penser, on les obtient ; or, ce sont de réels avantages. Ces avantages, on peut se les approprier en contrefaisant les sentiments généreux. L'hypocrisie des sentiments généreux existe et c'est le principal mérite de La Rochefoucauld que de l'avoir signalée ; nous ne pénétrons pas les mobiles qui font agir les hommes et ils sont souvent moins nobles qu'ils n'en ont l'air ; leur conduite seule tombe directement sous notre jugement ; sur les causes de cette conduite il faut suspendre notre appréciation, en ne supposant pas toujours gratuitement le bien, mais en ne croyant pas non plus toujours au mal par misanthropie. L'intéressé seul, en accomplissant un acte généreux, en connaît exactement la valeur et sait ce qui le pousse. A défaut du sentiment correspondant, qui ne vibre pas, l'intelligence peut produire l'acte, parce qu'elle le juge bon et l'approuve ; elle peut aussi obéir à des considérations plus basses et ne se guider que par l'intérêt ; elle se propose de faire des dupes et parfois elle y réussit ; ceux qui se parent de beaux sentiments ne voient souvent là qu'un moyen de satisfaire leur ambition, de se faire, au moyen d'une vaine défroque, une réputation menteuse, de s'approprier ce qui est dû aux autres et de voler notre estime. Ils finissent, comme la plupart des voleurs, par se laisser prendre ; la fausseté se dément toujours par quelque endroit. Il n'en est pas moins vrai que l'hypocrisie des sentiments généreux est une de ces tâches louches dans lesquelles une intelligence sans scrupules peut se complaire.

Enfin, l'intelligence est sujette à l'erreur; elle s'égare dans le sophisme. On peut soutenir, appuyer d'arguments spécieux la thèse que les sentiments généreux sont une duperie, que par eux nous nous dépouillons sans compensation et cédons sottement notre droit, qu'ils sont une illusion décevante de la sensibilité, contre laquelle il convient de se mettre en garde, qu'il faut ne songer qu'à nous-mêmes, poursuivre en tout notre intérêt et tout au plus observer envers autrui la justice, afin qu'on nous l'accorde à nous-mêmes ; ainsi on décrète de mort les sentiments généreux et on tente de les extirper comme contraires à la raison et pour le plus grand bien de l'humanité. Ce n'est pas le lieu de discuter longuement cette doctrine ; elle conviendrait à des espèces constituées autrement que l'espèce humaine ; j'ai déjà montré qu'elle ne s'applique à notre nature que sous peine de dégénérescence et en retranchant ce qui fait sa supériorité. Mais, si elle a quelque pudeur à s'énoncer sous une forme si crue, elle trouve des complicités dans le bon sens matériel et pesant de la masse ignorante, qui vit au ras de terre, peinant pour gagner, fermée à tout ce qui est élevé. Ceux-ci haussent les épaules, quand on leur parle de dévouement ; à quoi cela servirait-il ? Et ceux qui passent pour les moins obtus se considèrent comme des esprits forts, affranchis d'idées puériles ; les sentiments généreux sont pour eux une aberration ; s'ils ne les ridiculisent pas en public, au moins par leur attitude, leurs réticences et leurs sourires indiquent-ils le peu de cas qu'ils en font ; ils s'intoxiquent avec leur égoïsme et se donnent pour des gens pratiques, auxquels on n'en fait pas accroire.

Ainsi l'intelligence, qui peut toujours faire fonctionner un mécanisme logique dont la raison est absente, se pose parfois en adversaire sournoise ou décidée des sentiments généreux. Mais ceux-ci se réservent d'en appeler de ses condamnations prématurées et arbitraires à son tribunal plus impartial et mieux éclairé.

CHAPITRE VI

Des rapports de l'intelligence avec les sentiments désintéressés et généreux pris en particulier.

Quittons les généralités et passons au particulier.

L'amour du père et de la mère pour leurs enfants est instinctif — surtout celui de la mère — et n'a besoin de justification ni à leurs yeux, ni à ceux d'autrui. Le raisonnement d'ailleurs n'a rien à ajouter à la vivacité qui lui est propre. Mais l'amour paternel est sujet à des illusions, grosses de conséquences, que la réflexion intelligente dissipe.

La première, la plus répandue dans les classes éclairées est celle-ci : pour peu que l'enfant témoigne d'une certaine ouverture d'esprit, de curiosité intellectuelle — et dans ce milieu très éveillé il en fait presque toujours preuve — il passe pour un prodige. Cette bonne opinion qu'on a de lui et que ses parents caressent avec orgueil survit à son enfance. Le père, flatté d'avoir un fils qu'il regarde comme exceptionnellement doué, lui demande plus d'application au travail et de compréhension que sa nature ne lui permet d'en fournir et un malentendu se produit qui empoisonne les rapports ; le père est navré de ne pas obtenir ce qu'il exige et impute sa déception à mauvaise volonté ; le fils, borné dans son insuffisance, dont il ne se rend du reste pas compte, s'y cantonne ahuri ou indifférent ; et tout s'aigrit. Lors même qu'on est très intelligent, il faut se résigner à n'avoir qu'un fils médiocre ; ce sont choses mystérieuses, contre lesquelles on ne peut rien ; si l'on est médiocre soi-même, on a mauvaise grâce à se plaindre.

Autre illusion : le père ambitionne pour son fils une situation supérieure à la sienne ; dans ce but il travaille de toutes ses forces, parfois il s'inflige les plus durs sacrifices ; s'il réussit, il est porté à s'attribuer tout le succès ; le fils, qui y est pour quelque chose, commet à son profit la même exagération et regarde comme son œuvre propre le fruit de la collaboration ; de là des froissements ; en outre, si le fils n'a pas toute la délicatesse désirable, il affecte des airs blessants de supériorité. Cette ambition paternelle part d'un bon sentiment ; par elle les familles s'élèvent ; sans elle on resterait rivé à la glèbe ; mais c'est elle aussi qui fait la masse des déclassés. Tel fils, qui eût été juste à sa place dans la profession de son père, est malheureux et dépaysé dans une autre ; il faut savoir se proportionner.

Une dernière illusion est plus tenace encore, parce qu'elle a sa source dans la nature elle-même : le père s'imagine revivre dans son fils, et en effet entre eux les similitudes, inconscientes la plupart du temps, sont frappantes; mais il veut revivre en lui totalement et s'y applique en lui inculquant toutes ses façons de voir et ses idées; ce peut être un cadeau de valeur douteuse qu'il lui fait; car il a, comme tout le monde, ses préjugés et ses étroitesses; de plus il est abusif d'imposer une mentalité toute faite à un être libre, destiné à n'être le double de personne, mais lui-même; vient un âge où, chez le fils, la personnalité se constitue; parmi les idées paternelles, il choisit, contredit ou rejette; il s'en faut qu'il ait toujours raison, mais il se forme à ses risques et périls; c'est ce que d'habitude le père ne comprend pas; il en conçoit un chagrin profond; il lui semble que son fils cesse de l'être, que des étrangers le lui volent; il voit en lui un révolté et tout se brise. Or, si excusables que soient ses prétentions, elles sont illégitimes; le fils doit à son père affection et respect; il n'est pas tenu d'adopter en aveugle toutes ses idées; il se peut qu'en pensant autrement il se trompe; mais c'est son affaire; il est homme à son tour.

Sentir l'amour paternel est banal et à la portée de tous ou de presque tous; l'exercer comme il convient, voilà la tâche ardue, dont est seule capable la raison la plus ferme et la plus éclairée. Développer le corps et l'esprit de l'enfant, lui enseigner le bien par le verbe et par l'exemple, le préserver des influences mauvaises et les combattre, tel est le but; comment l'atteindre ? Là est la grande difficulté. L'enfant naît ; c'est un rien, qui deviendra quelque chose, sans qu'on sache quoi ; c'est une énigme, qu'il faut mettre tout son soin à déchiffrer ; car, pour le guider, il importe de le connaître, et c'est ce dont on ne se préoccupe pas suffisamment. On est surpris, à un certain moment, du caractère qu'il manifeste ; on se trouve en présence d'une chose faite ; on se rappelle les indices qui auraient fait prévoir, si on les eût considérés avec attention ; tout s'explique, mais trop tard. Sans cesse avec l'enfant on se laisse devancer. La question capitale, c'est de se rendre compte de ses instincts les plus primitifs, de la façon dont il comprend et tourne les paroles et les choses, de lui adapter la nourriture intellectuelle et morale, comme on lui adapte la nourriture physique, non pas seulement selon la quantité, mais selon la qualité, non pas d'après des principes généraux, mais conformément au cas particulier. Le même exemple agit différemment sur deux tempéraments différents, sur deux natures pareilles mais inégalement développées ; on voit des fils rangés par imitation de pères rangés ; mais on en voit aussi de rangés en contradiction avec des pères prodigues et réciproquement. Naturellement on fait pour le mieux, mais souvent à l'aventure, et l'on s'aperçoit qu'on a fait tout le contraire de ce qu'il aurait fallu ; la clairvoyance a manqué. Or, cette clairvoyance, rien n'est plus difficile que de l'avoir en présence de quelque chose qui est dans un perpétuel devenir, qui se développe par des forces inconnues, dans un sens qu'il eût fallu prévoir et qu'on n'aperçoit qu'une fois le pli pris. Il s'agit de deviner des tendances encore imprécises et flexibles, en fortifiant les bonnes, en redressant les mauvaises. Au point de vue intellectuel, il est capital de régler les études sur les capacités, d'entrevoir le niveau qu'atteindra l'enfant et celui qu'il ne dépassera point, de mettre en jeu les facultés qui dominent chez lui, qu'il cultivera avec allégresse, par suite avec succès, en demandant moins à celles qui sont moins riches. On peut à cet égard, s'il est simplement docile, enclin à se laisser mener, commettre de graves erreurs et l'engager dans une voie pour lui sans issue, tandis qu'il eût fourni une brillante carrière dans une autre. L'enfant ignore de quoi il est capable ; il faut le savoir pour lui exactement et le lui faire comprendre. On pèche envers lui en l'assujettissant à ses partis pris ; on pèche également en ne lui ouvrant pas les yeux, s'il se fait illusion sur lui-même.

On l'élève non pour soi, mais pour lui ; telle est la règle fondamentale ; c'est son bien qu'il convient d'envisager, mais son bien véritable intelligemment compris. C'est pourquoi il ne s'agit pas de lui donner ses aises, de lui rendre tout agréable et facile, mais de susciter son énergie, de le préparer à la vie, sur laquelle il n'a que des données rudimentaires, illusoires, fausses. Pour cela une sévérité vigilante est nécessaire; pourtant il serait si doux, si conforme à l'amour de ne s'en armer jamais, qu'on hésite à se l'imposer ; d'autant que l'indulgence des mœurs en rend l'exercice mal aisé et indispose contre elle. Jadis l'autorité paternelle était despotique jusqu'à l'excès révoltant; aujourd'hui peu s'en faut qu'elle ne soit abolie et remplacée par une camaraderie, que la disproportion de l'âge et de l'expérience rend plutôt déplacée; on ne peut aller que jusqu'au point où l'enfant s'y soumet; là du reste est peut-être la vérité et la juste mesure. L'autorité paternelle doit passer par des phases successives suivant le développement normal de l'enfant et se transformer, non pas rester figée dans une formule immuable. L'histoire nous montre des souverains absolus contraints par la force des choses à s'accommoder du rôle constitutionnel et peu ont été assez avisés pour éviter la brutalité des révolutions. C'est là le problème qui se pose dans chaque famille, que le père doit résoudre avec tact, en acceptant de bonne grâce le changement progressif de ses attributions. Au début, quand l'enfant n'est qu'un petit animal instinctif, qu'un élan inconsidéré expose au danger, à la mort, l'autorité, qui est sa sauvegarde et qui pense pour lui, doit être entière; elle n'a pas à rendre compte; à mesure qu'il prend conscience, il est nécessaire qu'elle apparaisse non comme une volonté cassante, qui en subjugue une autre plus faible, mais comme l'expression de la raison, qui se fait obéir en tant que raison, qu'elle se retire peu à peu du terrain où l'enfant est assez fort, assez sensé pour jouir de la liberté et se sentir responsable. C'est une évolution qui s'opèrera par nuances, insensiblement, sans à-coup, sans être jamais en avance ou en retard sur les faits et qui ira de la tutelle rigoureuse à l'émancipation ; le père, en s'y prêtant, ne doit éprouver ni regrets ni sentiment de diminution ; il s'accommode avec sagacité à des besoins nouveaux. Malheureusement les choses ne se passent généralement pas ainsi : il se cramponne à son pouvoir discrétionnaire, jusqu'au jour où le fils proteste avec violence ; entre le nouvel état et l'ancien une rupture survient brutale et douloureuse.

Pour être accomplie en perfection, la tâche de l'amour paternel demande une dose singulière d'intelligence ; dans les conditions normales, celles de l'amour maternel est plus facile ; il a la meilleure part ; il doit pourtant se surveiller de façon à ne pas détruire par des complaisances exagérées les effets bienfaisants de la sévérité du père. Quand celle-ci vient à manquer, soit par infirmité de caractère, soit par une mort prématurée, il faut qu'il s'arme de courage et la supplée. En général il y réussit mal, car c'est un rôle qui n'est pas le sien, et il en résulte dans la famille un désarroi. Combien de mères, avec les meilleures intentions, ont fait le malheur de leurs enfants, en les gâtant outre mesure et en cédant à tous leurs caprices ! Il est rare qu'elles parviennent à allier dans des proportions justes la tendresse et la fermeté, qui naturellement tendent à s'exclure. La mère, qui est plus dans la confidence du fils, qui par son indulgence provoque davantage l'abandon, le connaît mieux que le père, quels que soient les efforts de celui-ci ; elle sent et devine ; elle est donc mieux à portée pour redresser une direction fausse, un jugement erroné ; mais les confidences obtenues ne lui ont été faites qu'en raison même de sa bonté et dans un espoir de complicité bienveillante ; elle est dans la situation de quelqu'un qui possède un secret sans en pouvoir user. Elle ne peut intervenir qu'avec une délicatesse extrême, par la persuasion, en évitant de rien compromettre, et ses conseils, atténués et timides, n'ont qu'une efficacité restreinte pour le bien.

*
* *

Parler de la fonction de l'intelligence à propos de l'amour proprement dit semble un paradoxe. Il naît ou du coup de foudre ou de l'exaltation progressive de la tendresse ; c'est là l'œuvre des yeux et du cœur ; il n'est pas aveugle, comme on a coutume de le dire, mais il ne voit et ne comprend que ce qu'il veut et qui le charme. On ne plaît jamais tant que lorsqu'on est trop ému pour avoir de l'esprit et, si l'amant se reproche furieusement d'en manquer, sa maîtresse lui en sait gré comme de l'aveu d'une fascination ; la passion ne se soucie que de la passion ;

la seule faculté intellectuelle dont elle sollicite les bons offices, c'est l'imagination, qui s'abandonne au rêve, à la fantaisie, prête à l'objet aimé toutes les qualités qu'on espère y trouver et qui le rendent plus désirable. La raison gâte les affaires de l'amour lorsqu'elle s'en mêle, et la clairvoyance est son ennemie ; elle détruit les illusions et, en faisant apparaître la réalité telle qu'elle est, elle jette un froid.

Au fond pourtant elle n'est jamais totalement absente. Les amants savent fort bien pourquoi ils aiment. Mais ils ont des motifs si personnels, si délicats, qu'ils ne les exposent pas volontiers à des indifférents, trop grossiers pour en pénétrer l'exquise finesse et dont le bon sens terre-à-terre les rudoierait. Au besoin ils demandent à l'intelligence de leur en suggérer, mettent à profit son ingéniosité ; mais ils n'attendent que ses services et non ses conseils. Ils l'enchaînent à leurs partis pris et, comme elle est féconde en sophismes, aussi apte à tromper qu'à révéler le vrai, elle se plie à ce rôle. Ils ne lui permettent pas d'en sortir et jouent avec elle. S'ils sont contraints de convenir en eux-mêmes qu'ils sont absurdes, ils lui signifient allègrement son congé, la passion ayant sa logique, dont elle n'a pas à connaître.

Réduite à lui fournir des aliments et des armes, elle accepte pour un temps cet emploi ; mais elle guette le moment de la revanche ; dès que la passion languit, elle reprend le dessus, signale les défauts et, portant la clarté dans les ténèbres, réveille en sursaut; c'est toujours à elle qu'appartient le dernier mot. Il est donc périlleux de l'exclure de l'amour comme un élément inutile et importun ou de ne l'y introduire que comme une entremetteuse aux mielleuses paroles. On peut s'éprendre d'une femme sotte, mais on ne saurait l'aimer longtemps, à moins qu'elle ne soit d'une docilité molle et qu'on ne trouve dans l'insuffisance de ses ressources une commodité pour établir sa supériorité ; mais c'est là une protection prise de trop haut et dans laquelle l'amour n'entre plus qu'à faible dose ; l'homme éprouve toujours un plaisir à dominer, mais non pas sur le néant. D'autre part, l'intelligence est chez l'homme un moyen de séduction et, pour peu que la femme ait elle-même quelque esprit, elle s'y prend volontiers ; elle se dégoûte vite d'un imbécile : ou elle le traite en subalterne et le relègue à sa place ; ou elle le berne pour en faire son jouet ; quand elle en est là, l'amour s'envole ; il ne reste plus que les feintes destinées à endormir la victime.

On peut commencer par aimer bêtement ; peut-être est-ce ainsi que débute d'ordinaire l'amour ; j'entends l'amour véritable et non les arrangements et les combinaisons que, dans la vie courante, on décore hypocritement de ce nom ; c'est une période courte. Pour durer, l'amour a besoin d'être éveillé, subtil et averti ; il doit pénétrer la nature intime de l'objet aimé, s'enquérir de ses goûts pour les satisfaire; faute de perspicacité, on risque de se donner beaucoup de peine pour déplaire. La préoccupation première de l'amour qui s'établit loyalement et pour toujours doit être cette recherche réciproque et, à la suite de la découverte, l'effort décidé pour se mettre à l'unisson. Après l'accord des goûts vient l'accord des idées; l'amour n'est pas une pâmoison perpétuelle; c'est un échange d'idées; il n'est pas nécessaire qu'elles soient absolument identiques; une certaine diversité n'est pas sans charme, pourvu qu'elle se résolve en une harmonie et ne constitue point une dissonance irréductible, qu'il y ait un vaste terrain commun d'entente, que les divergences ne soient ni totales ni essentielles. Les intelligences n'ont pas besoin d'être égales, bien que, lorsqu'elles le sont, il puisse en résulter un travail en commun délicieux et fécond; il faut au moins qu'elles soient proportionnées, que la femme soit capable de comprendre l'œuvre de son mari et de s'y intéresser. Si elles sont de nature très diverse, il est indispensable que l'une supplée aux défauts de l'autre, qu'elles ne se heurtent point, mais se complètent et s'emboîtent en quelque sorte pour former un assemblage. Un mari positif, dont la femme a de l'imagination, pourra au contact trouver des sensations nouvelles et exquises, que sa nature abandonnée à elle-même ne lui eût jamais fournies; s'il est rêveur et qu'elle ait un ferme bon sens, elle lui rendra d'appréciables services dans la conduite de la vie. Ainsi l'amour n'est pas seulement une union des cœurs, mais un enchevêtrement d'idées par lesquelles les âmes s'accrochent et se tiennent l'une à l'autre ; ce sont d'invisibles prises compliquées et fortes. L'amour s'imagine qu'il vit de lui-même ; réduit à ses seules ressources il meurt vite d'inanition ; l'intelligence lui fournit l'aliment vivifiant, dont il a besoin pour continuer à être.

*
* *

L'amour est un instinct si impérieux de la nature, qu'il ne songe pas à interroger l'intelligence pour apprendre d'elle si et jusqu'à quel point il est légitime ; elle protesterait, qu'il se passerait de son acquiescement et s'inquiéterait fort peu de ses révoltes ; il a sa raison d'être en lui et cela suffit. Il en est de même de l'affection des parents pour leurs enfants. Les choses ne vont pas si simplement pour les sentiments généreux, qui découlent de l'amour et ont comme objet nos semblables. Nous nous sentons portés à être vis-à-vis de ceux-ci bienveillants, bons, serviables, dévoués, charitables ; avons-nous raison de le faire ? Leur appliquerons-nous la loi de sympathie et de douceur ou celle de haine et de brutalité ? C'est une question qui se pose devant l'intelligence directrice de notre conduite et qu'elle est appelée à résoudre.

La théorie de la lutte pour la vie est la systématisation d'un fait qu'on observe dans l'animalité : les gros poissons mangent les petits ; ainsi l'a voulu la nature et c'est ainsi qu'elle a organisé l'existence des animaux ; ce n'est pas du reste uniquement une question de masse et de force apparente : des organismes très petits, microscopiques, mais en nombre considérable, s'installent en toute tranquillité de cœur sur un plus gros et, pour vivre, détruisent chez lui la vie. Le fait est indéniable ; mais remarquons dans quelles conditions il se produit : les animaux n'ont pas le moyen de s'alimenter autrement, ceux au moins qui sont carnivores ; vivre en faisant périr autrui ou mourir, telle est pour eux l'inéluctable fatalité ; en outre, ils n'ont nullement conscience du dommage qu'ils causent ; ils se jettent sur la proie, qu'ils considèrent comme une nourriture préparée pour eux, et n'éprouvent point de remords.

Cette lutte pour l'existence, dans laquelle les bêtes féroces ne s'arrêtent pas devant l'homme, qui n'est pour elles qu'un aliment éventuel, nous l'exerçons à leur égard avec les moyens dus à notre esprit inventif, qui nous assurent la supériorité. Nous exterminons dans notre voisinage les animaux nuisibles et nous ne saurions faire autrement, puisque nous ne pouvons coexister avec eux ; nous leur laissons provisoirement les régions inhabitées et, s'il en subsiste encore à proximité des hommes, c'est que ceux-ci n'ont pas été encore assez forts pour les supprimer ou qu'ils en réservent quelques-uns pour le plaisir de la chasse. Quant aux autres, nous les domestiquons, nous exigeons qu'ils nous soient utiles et nous nous nourrissons de leurs produits ou de leur chair. Disparition ou asservissement, telle est la nécessité que nous imposons à l'espèce animale ; toutefois nous ne pratiquons pas la lutte absolument comme ils s'y livrent entre eux ; nous y apportons une atténuation ; nous diminuons la cruauté, en leur épargnant les souffrances inutiles.

S'il existait une race de géants humains dix fois plus gros et plus forts que les hommes actuels, il est probable qu'ils traiteraient sans ménagement leurs frères minuscules ; encore ne savons-nous pas s'ils n'éprouveraient pas quelque pitié pour des êtres, qui ne différeraient d'eux que par la taille, qui ne pourraient leur faire de mal et auxquels ils pourraient, eux, faire du bien. Mais ce n'est pas le cas ; l'espèce humaine est une ; les diverses races ont des défenses physiques et des forces offensives très analogues ; entre hommes l'oppression pour la vie ne saurait s'exercer que de la part d'une race civilisée envers une autre qui le serait momentanément moins, ou d'individus à individus, de l'homme fait envers l'enfant et le vieillard, ou de groupes à groupes dans l'état de guerre. Ce n'est déjà plus la lutte entre les espèces animales, dont les unes sont fatalement destinées à être dévorées par les autres ; en outre cette bataille, qui leur est imposée, par la nature, ne nous l'est pas, à nous : nous pouvons nous arranger autrement, nous serrer pour faire à chacun sa place, varier, augmenter nos moyens de production pour que chacun vive ; la ressource du travail méthodique nous dispense de nous arracher les uns aux autres les fruits de la terre ; qu'un convive de plus vienne s'asseoir au festin, nous en sommes quittes pour ajouter un couvert ; l'anthropophagie n'est pas de rigueur ; les temps sont encore lointains où l'humanité, se trouvant en face d'approvisionnements limités, devrait songer à sacrifier les bouches inutiles ; mieux vaudrait, si l'on était acculé à cette nécessité, ne pas leur donner naissance. Enfin la lutte pour la vie entre les animaux est instinctive et aveugle ; chez les hommes, qui savent ce qu'ils font, elle ne saurait être que réfléchie et volontaire ; or nous apercevons vite, qu'elle n'est pas la meilleure solution des difficultés de la coexistence ; loin de là elle les rendrait inextricables. Il n'y a que les sauvages, pour lesquels l'état de guerre soit normal ; à un degré un peu plus élevé on ne fait la guerre que pour arriver à la paix et la paix ne dure que si elle est acceptée et ses conditions tolérables. Il est donc plus raisonnable de s'entendre, de mettre en commun les avantages et de partager équitablement. Ainsi parle l'intelligence, approuvant l'instinct de la sensibilité, qui répugne à la violence, au sang versé.

Ne conservons donc de l'idée de la lutte pour la

vie que l'énergie nécessaire pour ne pas nous laisser ravir par des concurrents indélicats ce qui nous revient légitimement. Elle ne nous est pas infligée par la nature ; elle n'est pas conforme à nos intérêts véritables ; elle révolte nos sentiments intimes. C'est la théorie de la brute ; l'homme intelligent lui substitue la collaboration harmonieuse.

Quel principe présidera à cette collaboration ? La justice ou la bonté ? Ce sont choses d'ordre différent et qui psychologiquement ne ressortissent pas aux mêmes facultés de l'âme. La justice se prête à une définition rigoureuse ; elle a une apparence nette, géométrique ; comme telle, elle plaît à notre intelligence et d'abord la satisfait. Mais elle ne satisfait pas notre être tout entier. La bonté moins précise, plus indéfinissable a des racines profondes dans notre sensibilité, qui ne s'en laisse pas volontiers dépouiller ; elle est le complément de la justice, un complément nécessaire, pour que nous n'ayons plus rien à désirer.

Il convient d'analyser les choses de près, pour déterminer exactement le rôle de l'une et de l'autre. Il y a entre tous les hommes une telle identité fondamentale, qu'ils nous apparaissent comme les représentants d'un type unique, dont les effigies ne différeraient que par des hasards de fabrication ; ces inégalités nous choquent, nous n'en comprenons pas la raison, et il nous semble que c'est le devoir de la justice de les réparer ; mais, dans cette tâche, la justice est vite à court de ressources et contrainte d'avouer son impuissance ; les inégalités de la nature affectent le corps et l'âme et dans l'un et l'autre cas la justice est désarmée ; un bossu reste avec sa bosse et l'on ne donne pas la taille normale à un nain ; on peut rendre l'instruction accessible à tous ; mais il y a des esprits ouverts, vigoureux, qui y font des progrès rapides et en tirent le suc et le profit ; il y en a d'obtus et de paresseux, qui la refusent et pour qui elle demeure lettre morte ; il est juste de la leur offrir ; mais leur incapacité volontaire ou non reste irréductible. Il en est de même de l'éducation morale : il est juste de déposer chez tous le principe du bien et d'essayer de le faire germer ; mais, si les uns acceptent la règle morale et s'efforcent d'y conformer leur conduite, d'autres préfèrent le vice et l'ont dans le sang. L'aptitude à la moralité est répartie chez les hommes non moins inégalement que l'intelligence. Aux inégalités naturelles s'ajoutent les inégalités sociales ; pour celles-ci on prétend que l'injustice seule les laisse subsister, que cette injustice est criante, qu'il dépend de nous de la faire disparaître et que telle est notre obligation la plus pressante. C'est là un thème à déclamations faciles, dont les démagogues font le sujet banal de leurs philippiques et qu'ils seraient fâchés de voir leur échapper. Il est certain que les sociétés se sont établies selon les besoins de la pratique, non d'après un plan rationnel, mûrement médité, qu'elles sont perfectibles et que leur constitution doit être rapprochée le plus possible de l'idéal de justice; mais c'est une naïveté de croire que la justice est en mesure d'abolir toutes les inégalités sociales. Remarquons d'abord que la plupart des inégalités sociales reposent sur des inégalités naturelles : un infirme ne rend pas à la société les mêmes services qu'un homme vigoureux; il ne peut donc prétendre à en obtenir les mêmes avantages; un individu médiocrement doué au point de vue de l'intelligence ou rétif au travail devra se contenter d'une profession modeste et faire les besognes basses et peu rétribuées, tandis que des esprits plus vifs, plus puissants s'empareront des postes plus en vue et en tireront honneur et profit. L'honnête homme sera plus recherché, plus favorisé dans sa carrière que le coquin, dont tous se méfieront, jusqu'à ce qu'on l'enferme entre quatre murs pour l'empêcher de nuire. La justice ne réforme les inégalités sociales que dans ce qu'elles ont d'arbitraire; elle les consacre en prenant pour maxime « à chacun selon sa capacité et selon son mérite ». Elle ne doit que la stricte possibilité de vivre et cette possibilité chacun l'améliore suivant ses facultés. Ensuite, si elle est limitée dans son action par la nature des choses, elle l'est aussi par la nature des moyens qui sont à sa disposition; dans un autre sens que celui du dicton populaire elle est boiteuse; les réformes qu'elle inspire n'atteignent pas toujours le but; elle procède par mesures générales, qui s'appliquent mal aux cas divers ; souvent, en réparant une inégalité, elle en crée une autre ; elle ne prévoit pas les conséquences multiples et lointaines, qui aboutissent à des résultats contraires à ses intentions, les déformations et les abus. Réduite à elle-même, elle se heurte à des difficultés insurmontables et ne remplit qu'une partie de sa tâche. La bonté plus adroite, plus souple termine ce qu'elle a commencé, se glisse là où elle n'a pas pénétré, s'occupe des cas particuliers et s'y proportionne, étend le bienfait à ceux qui n'ont pas été touchés. Si la justice pouvait être absolue, elle n'aurait peut-être pas besoin de la bonté, mais elle n'est dans les choses humaines que très relative ; la bonté efface les imperfections de son œuvre et la rapproche de l'idéal, réchauffe sa froideur impersonnelle par l'intérêt et la sympathie qu'elle témoigne à chacun en particulier et aux réalités vivantes, prend en considération les impondérables. Enfin elle va un peu plus loin que la justice : elle fait bonne mesure ; et cela est impliqué dans le précepte chrétien : « Fais à autrui ce que tu voudrais qu'on te fît. » Car ce n'est pas seulement de stricte justice que nous avons soif pour nous, mais aussi de sympathie, d'un surcroît de faveur gratuite ; par suite, traiter les autres comme nous voudrions l'être, c'est les faire participer à ce superflu.

et de notre énergie ; l'offre est trop importante, pour que nous ne la fassions point avec réflexion. Alors même que le dévouement, non prévu formellement d'abord, s'établit et s'accentue progressivement par des rapports d'accoutumance, il ne saurait demeurer inconscient et aveugle. Il ne tarde pas à prendre une vue claire de lui-même, à s'appuyer sur l'acquiescement total de l'intelligence et de la volonté ; c'est en s'expliquant clairement sa raison d'être qu'il acquiert de la constance et de la stabilité. Le dévouement, qui provient d'une inclination instinctive pour la personne choisie, est évidemment celui auquel l'intelligence a le moins de part ; l'origine en reste ensevelie dans les mystères du cœur ; celui qui résulte de la reconnaissance et qui est un des plus nobles ne saurait être non plus revendiqué par l'intelligence ; mais d'autres procèdent de motifs, qui sont sous sa dépendance étroite : on se dévoue à quelqu'un, parce qu'on approuve ses idées, qu'on désire leur apporter son effort, pour les faire prévaloir ; on se subordonne à une personne, parce qu'on sent qu'elle vous complète ; n'étant pas apte à jouer le premier rôle, on se rend compte que sous sa direction on produira plus sûrement ce dont on est capable ; c'est un aménagement de ses facultés, dans lequel le calcul judicieux et jusqu'à un certain point intéressé domine ; je ne parle pas du dévouement par espoir de profit, qui n'en est pas un à proprement dire, et où l'on se borne à louer ses services. Les esprits dominateurs s'accommodent mieux du dévouement purement instinctif que du dévouement éclairé ; celui-ci est toutefois d'espèce supérieure. Il réclame une forte dose d'intelligence sagace ; il consiste d'abord dans une adaptation ; il faut connaître non seulement les ambitions de celui à qui on se dévoue, mais le fort et le faible de ses capacités et les compléter par les siennes ; la bonne volonté du caniche fidèle ne suffit point ; ce n'est pas une aide quelconque qu'on apporte, mais une aide appropriée. La subordination, à laquelle on s'astreint, doit être pratiquée d'une façon intelligente ; il ne faut pas qu'elle empiète et veuille intervertir les rôles, de peur de choquer et de tout brouiller. Elle sera cependant prête à réparer, sans se prévaloir, les inadvertances et les erreurs manifestes et, non seulement à exécuter suivant l'esprit ce qui a été conçu par autrui, mais, là o. la conception est imparfaite, à suppléer au défaut. Ce sont légères retouches, qui peuvent passer inaperçues, mais qui assurent le succès. Pour porter tous ses fruits, le dévouement doit mériter les confidences et les provoquer ; il se permettra des conseils discrets, qui parfois auront une valeur décisive ; ainsi s'instituera une collaboration, où il ne sera pas seulement un instrument, mais un facteur actif ; il est surtout précieux, quand l'intelligence le vivifie.

En se dévouant à une idée, non à une personne, on n'a pas à se préoccuper de cette mise au point délicate de la subordination. On déploie librement son effort, mais naturellement ce n'est pas uniquement l'ardeur, c'est aussi la direction bien entendue de cet effort qui importe. La bonne volonté peut beaucoup ; ses maladresses mêmes sont excusables ; cependant elle ne produit d'effet irrésistible, que si elle est soutenue par une pensée vigoureuse. Ce qui est capital, c'est qu'une raison lucide préside au point de départ ; c'est elle qui signale l'idée élevée, distingue la cause juste ; sans elle le dévouement peut se consumer sans profit dans des besognes inutiles, secondaires, sans intérêt ; il erre à l'aventure, si elle ne tient le flambeau. Il n'y en a pas pour tous les besoins qui le sollicitent sur la terre et, à le voir dépensé mal à propos, on éprouve le même serrement de cœur qu'à voir gaspiller le pain, qui manque aux malheureux.

*
* *

L'esprit de sacrifice doit être dirigé dans les voies utiles ; s'il est une simple gymnastique de l'âme, qui s'impose des retranchements et s'humilie pour combattre l'orgueil, il n'est qu'un mode d'amélioration individuelle : il ne présente toute l'ampleur de la générosité que s'il sert au bien d'autrui. Il est grave et délicat de diminuer sa personnalité ; l'intelligence a pour charge en ce cas de prévenir l'excès et de mettre en garde contre certaines illusions. D'autre part le sacrifice est chose contre quoi se cabre si fièrement la nature intime, qu'on se contente parfois à son insu des apparences et qu'on le fait retomber sur son entourage, tout en croyant le faire porter sur soi-même ; on y associe inconsciemment des gens qui n'en ont point manifesté le désir et, en pensant se priver, on leur inflige des privations ; il faut opérer sur soi-même et non sur autrui. En outre, tout n'est pas objet de sacrifice ; on peut renoncer à la vie, non à l'honneur. Enfin il est de nécessité absolue d'examiner à qui, pour quoi on se sacrifie et de fixer de justes limites au-dessous desquelles on ne descendra pas.

*
* *

Rien n'est plus difficile que d'exercer la charité avec intelligence : donner n'est rien ; le tout est de bien donner. Je ne parle pas de ceux qui donnent avec ennui et comme forcés ou avec un mépris désobligeant pour qui reçoit et en faisant payer l'aumône par l'humiliation ; ils font le geste de la charité, ils ne la pratiquent point. Mais — et c'est la question angoissante — on se trouve en présence d'un océan d'infortunes avec des ressources si disproportionnées qu'on se sent à peu près impuissant. Ce qu'on fera est insignifiant auprès de ce qu'il y aurait à faire ; il est impossible de satisfaire tout le monde, ni même de partager entre tous ; à quoi se résoudre devant ces milliers de malheureux qui se bousculent et luttent désespérément pour l'aumône entrevue ? D'aucuns renoncent à distinguer entre ces mains tendues et se disent que, même distribué au hasard, le secours rencontrera une misère ; ils ne se trompent pas toujours ; c'est un rôle sans attrait que de simuler l'indigence, et le mendiant aisé, le thésauriseur d'aumônes, qui laisse un héritage, n'est qu'une curiosité exhumée de temps à autre par les journaux. D'autres trouvent plus commode de s'en remettre à des intermédiaires et les accueillent sans y regarder de près, parce qu'ils préservent du contact direct et répugnant avec les haillons; à ces représentants d'œuvres problématiques, qui font vivre les quêteurs, à ces exploiteurs de la charité publique, qu'ils détournent et canalisent à leur profit, sans rendre de comptes, on confie une contribution, qui n'arrivera à destination, si elle arrive, que diminuée, et on se croit quitte; en réalité on se fait le complice de ceux qui fraudent les malheureux. C'est aux indigents eux-mêmes qu'il faut aller et parmi eux il faut choisir ; il y a des degrés dans la misère et les cas pitoyables s'effacent devant de plus lamentables encore; sous les misères de surface il y en a d'autres et l'on descend sans toucher le fond. Ce n'est pas tout de choisir ; il faut chercher. Ceux qui se présentent et qui parlent ne sont pas les plus intéressants ; derrière la masse qui se signale par des cris de détresse, il y en a d'autres, dont les gémissements étouffés sont couverts par des voix plus hardies, et ce sont ceux-là qu'il faut tâcher de ne pas laisser mourir. En outre, la misère ne diffère pas seulement par le degré, mais aussi par les causes ; on ne confondra pas la misère méritée, conséquence inévitable du vice, et celle qui, par malchance, est venue malgré l'effort. Si loin que la société soit de la perfection il est rare que l'homme énergique et persévérant n'ait pas rencontré dans son existence la situation qui permet de vivre. Mais il y a l'ouvrier qui, suivant le dicton populaire, cherche de l'ouvrage et prie le bon Dieu de n'en pas trouver, celui qui ne considère jamais la besogne offerte comme digne de lui et suffisamment rétribuée, celui qui, par besoin de changement, renonce à ce qu'il a, pour courir après ce qu'il n'a pas, celui qui par imprévoyance ne pense pas au lendemain ou quitte le travail dès qu'il a de quoi subvenir à ses besoins et à ses plaisirs du moment. C'est là toute une catégorie de paresseux, qui prennent la vie par le côté facile, ne se préoccupent pas de manquer et trouvent tout naturel de tomber à la charge de plus laborieux et de plus avisés. D'autres, singulièrement plus dignes de pitié, ont glissé sur la pente, sans qu'il y ait de leur faute, en se raidissant et en se retenant à toutes les aspérités : ils ont été vaillants devant le travail ; mais il semble que les circonstances se soient liguées contre eux ; la maladie a paralysé leurs efforts ; le malheur, inséparable de la condition humaine, les a particulièrement atteints ; ce sont là vraiment les déshérités ; c'est à eux qu'il faut songer, ainsi qu'aux enfants encore incapables de pourvoir à leur subsistance, aux femmes qui seules et sans appui sont payées dérisoirement de leur peine. En distribuant l'aumône au hasard, on dépouille les plus méritants.

Et ce n'est pas tout que de la bien placer ; il faut encore qu'elle soit non pas un soulagement proportionné, mais le début du relèvement. Réduite à une distribution mécanique de secours, elle crée le mendiant professionnel, qui, ayant abdiqué tout sentiment de dignité, toute énergie, a renoncé définitivement à s'aider soi-même et s'est remis entre les mains d'autrui ; sa situation est précaire, plus que modeste ; il s'en contente ; tout ce qu'il a d'ingéniosité, il l'emploie à apitoyer des bienfaiteurs, en assez grand nombre et d'une façon assez stable pour ne pas mourir de faim ; il se dirige machinalement vers leur porte, comme l'animal domestique, qui lui du moins rend des services, vers l'étable ; stimuler leur zèle et, si l'un manque, trouver qui le remplace, c'est son seul métier ; vivre de l'aumône est parfois plus compliqué que vivre du travail ; il s'y résigne et y réussit. Or la charité n'a pas pour but d'entretenir l'armée des indigents, encore moins d'en grossir les rangs par l'appât d'une solde même minime, mais de la diminuer. La charité — et c'est là que doit s'employer son activité intelligente — c'est la cure des malheureux ; il faut qu'elle les persuade qu'elle n'est qu'une aide momentanée, destinée non pas à entretenir leur misère, mais à leur permettre d'en sortir ; ranimer leur espoir et leur courage, les guider, leur mettre dans la main l'outil, telle est son œuvre. Elle doit réveiller ceux qui s'abandonnent, exiger l'effort en veillant à ce qu'il ne soit pas stérile ; si elle n'est pas un levain, elle devient un poison ; si elle ne reconstitue pas l'énergie, elle achemine vers toutes les dégradations.

Ainsi elle assume de lourdes et multiples obligations : rechercher les malheureux les plus dénués, apprécier le degré de responsabilité qu'ils ont dans leur état et les traiter en conséquence, les mettre à même de renaître à la vie laborieuse. Ce n'est pas une distraction mondaine, un passe-temps bien porté. Ne soyons pas trop sévères pour la charité de salon, si médiocres qu'en soient les résultats : elle n'est pourtant qu'une image dégénérée de sa grande sœur austère ; elle est légère et frivole ; elle est un prétexte à bavardages jolis, s'allie agréablement au flirt et soulève un essaim papillonnant de rivalités et d'intrigues ; elle est la parure et le décor des sociétés bien pensantes ; la mendicité élégante des belles quêteuses y organise des guet-apens, auxquels il est de bon goût de ne pas se soustraire ; elles sont adroites à monnayer la moindre faveur, l'invitation la plus banale ; elles tiennent registre de leurs obligés, qu'elles transforment en contribuables parfois médiocrement bénévoles ; elles seront reconnaissantes de la moindre obole à leurs amies, qui l'accordent pour ne pas se disqualifier et dont la revanche, identiquement libellée, ne se fait pas attendre ; elles sont fières de l'abondance de leur récolte, qui humiliera telle de leurs intimes, dont les relations sont moins étendues ou moins libérales. Il ne faut cependant point perdre de vue que la charité n'est pas l'argent des autres, mais le sien propre ; c'est peut-être en partie à cause de cet oubli que les femmes s'y adonnent si aisément.

*
* *

Plus les sentiments généreux s'exaltent, plus ils tendent à divorcer d'avec l'intelligence. Ils s'accommodent mal de la réflexion, dont les procédés lents et mesurés retardent leur bouillonnement impétueux ; ils y voient une gêne, qui contrarie leur libre développement, un élément réfrigérant, qui glace leur ardeur ; ils éprouvent une difficulté à coexister avec elle et tiennent à la vie ; il faut donc qu'ils s'en délivrent, sous peine de se sacrifier eux-mêmes. Ensuite, c'est l'âme entière qu'ils veulent envahir, dont ils prétendent disposer en maîtres ; ils sont jaloux des facultés intellectuelles, qui en retiennent une partie et ne la leur concèdent pas toute. Enfin ils se défient de la raison, dont ils n'attendent que des restrictions insipides, des remontrances séniles ou même une condamnation absolue. Ils ont l'orgueil de se passer de ses clartés et d'avoir leur lumière spéciale, comme les Champs-Élysées de Virgile.

Et cependant sans elle ils courent tout droit à l'extravagance et à la folie. L'esprit de sacrifice ne doit pas aller jusqu'à l'immolation totale de soi devant un de ses semblables ; il n'en est point de si supérieur que nous devions être devant lui comme si nous n'étions pas. Autre chose est d'accepter une direction, qui guide notre incertitude, mais sur laquelle on garde un droit de contrôle, autre chose, étant vivant, de se livrer comme un cadavre. Jetés dans l'infinie variété des valeurs humaines, il s'agit de trouver notre juste place entre celle qui nous est supérieure et celle qui nous est inférieure; mais la supériorité, vis-à-vis de laquelle nous acceptons une soumission éclairée, n'est pas si prodigieusement au-dessus de nous qu'il faille abdiquer entre ses mains. L'humanité n'est pas composée d'êtres tellement faibles, qu'ils en soient réduits à implorer les bras levés un maître absolu et à chercher désespérément l'abri sûr où ils s'endormiront sans lutter. Nous avons une tâche à remplir et des forces pour y suffire ; nous épouvanter de la grandeur de cette tâche, nous exagérer à nous-mêmes notre impuissance, fuir la responsabilité dans un esclavage volontaire, c'est nous soustraire aux conditions mêmes de notre nature.

Il est une autre espèce de renoncement, qui consiste à s'abîmer dans la vie contemplative, comme le stylite et le fakir, immobilisés dans un engourdissement, où flottent vaguement des rêves indécis, et qui regardent s'écouler leur existence à laquelle ils sont devenus étrangers. En réalité ils ne nous présentent de la vie contemplative que les dehors et une image défigurée. Celle-ci — le nom l'indique — n'est pas une mort anticipée, mais un mode d'existence, où l'on s'est résolu à restreindre l'activité physique, en tant qu'elle nuit à celle de l'esprit, à ne pas s'absorber dans le travail matériel, qui est utile mais n'est pas le plus fécond, pour concentrer son activité sur le spectacle instructif des choses et sur la méditation des grands problèmes humains ; ce n'est pas l'anéantissement, c'est au contraire la surexcitation de la pensée, débarrassée des liens qui l'attachent aux objets sans importance, et devant laquelle on a fait le vide, comme sur la piste où doit s'élancer le coureur. C'est la vie philosophique avec son intensité, son effort pour découvrir dans la nature et en soi-même la solution des énigmes, dont l'humanité n'a pas encore trouvé la clef. Elle diffère de la vie scientifique, qui, elle, cherche par l'expérience ; elle est plus ambitieuse, moins sûre en revanche de ses résultats et plus exposée à l'insuccès, puisque c'est aux choses métaphysiques qu'elle s'adresse, celles justement que la science n'aborde pas. Ainsi comprise, si la vie contemplative est un renoncement, c'est le renoncement à ce qui est accessoire pour se dévouer à ce qui est capital. C'est une tentative pour donner à l'esprit tout son ressort, pour dégager toutes ses aptitudes à définir le vrai. La raison y voit la condition nécessaire de son libre épanouissement.

Quant à l'extase émerveillée devant l'Incompréhensible, à la prétention d'en atteindre quelque chose par des moyens extra-intellectuels, par des voies inexplorées, indéfinissables, par une communication directe, le bon sens vulgaire lui est hostile et s'en rit. Le bon sens n'est point méprisable, mais il n'est pas tout. En possession d'un certain nombre de vérités, qui sont indiscutables ou qu'il croit telles, il s'y cantonne orgueilleusement et affirme qu'il n'y a rien au delà; il est très satisfait de lui-même et il n'a pas tort; car il a conscience de s'être libéré d'un certain nombre d'erreurs; il est établi sur un terrain solide, où seul le paradoxe peut lui livrer combat; or il connaît la valeur du paradoxe. Mais ce terrain est étroit et de cela il ne veut pas convenir; il y est à l'abri de l'incertitude; car il a exclu tout ce qui est douteux ou n'a pas encore reçu de solution définitive. Ayant éliminé ces questions de son domaine, il s'est, par un paralogisme très humain, convaincu qu'elles n'existent pas et il les nie avec la même assurance qu'il affirme les vérités prouvées, qui sont en sa possession. Il en résulte que, s'il est inattaquable dans ses limites, il n'y a pas lieu de tenir compte de ce qu'il pense sur ce qui est en dehors; ses jugements à cet égard sont nuls et non avenus. Il est incompréhensif des âmes mystiques; or ces âmes existent et, si elles existent, c'est que la nature leur reconnaît le droit d'exister. La raison est plus accueillante pour elles que le bon sens grossier ; elle sait bien qu'elle est perdue dans le grand mystère, que de ce mystère on n'a pu jusqu'à présent qu'explorer les abords, sans pénétrer dans la forteresse ; elle en ignore à peu près tout et les quelques vues qu'elle hasarde ne sont qu'hypothèses. Elle reste en suspens en face du mysticisme, qui est une force distincte d'elle et sans rapport ; elle s'étonne de ce qu'il aperçoit dans ses extases et des affirmations qu'il en rapporte et qu'elle n'a nul moyen de contrôler. Pour son compte elle se tient à l'écart et demeure sceptique ; mais son scepticisme n'exclut pas une certaine bienveillance ; elle ne le condamne pas sans appel : peut-être correspond-il à des réalités inconnues qui se dérobent encore à notre enquête et vibre-t-il sous des influences subtiles, qui ne se sont pas clairement révélées et que des instruments plus délicats nous permettront un jour d'atteindre. Elle surveille d'un œil attentif le commerce qu'il prétend entretenir avec l'Incompréhensible, en ne le confondant pas avec le charlatanisme, mais en l'arrêtant lorsqu'il se précipite dans l'indéniable démence, lorsqu'il aboutit à des enfantillages dont la vanité éclate, lorsqu'il se met en révolte avec la connaissance scientifique sur le terrain propre à celle-ci.

L'amour mystique, dans lequel on se plonge avec un ravissement d'immolation, émane de la croyance qu'il existe au-dessus de nous un être infini, doué d'un amour infini pour ses créatures, qu'il entoure d'une sollicitude paternelle et qu'il ne perd pas de vue un seul instant; il a sur nous des vues que notre entendement débile ne saurait comprendre ; ses voies sont mystérieuses, insondables; il nous accable d'épreuves qu'il faut accepter sans en pénétrer le sens et en ayant toute confiance en lui ; car c'est toujours notre bien qu'il envisage — et c'est là la réponse à l'objection qu'il nous fait parfois la vie dure —. La doctrine est consolante et répond à nos aspirations intimes; elle nous explique notre misère, qui n'est qu'une purification, préparatoire d'un bonheur parfait; elle nous assure que nous ne sommes pas abandonnés sur la terre, cherchant notre chemin dans les ténèbres, sans que notre faiblesse puisse s'appuyer sinon sur d'autres faiblesses pareilles à la nôtre. Un Dieu bon veille sur nous et nous conduit à notre insu vers la vie heureuse. Cette conception des choses nous porte à nous remettre entre ses mains les yeux fermés, en répudiant toute volonté personnelle, qui pourrait contrarier ses desseins, en nous appliquant à susciter dans notre cœur imparfait des élans de tendresse qui répondent en quelque façon, sans jamais pouvoir l'égaler, à la flamme de l'amour divin, qui s'épand incessamment sur nous ; si exaltés que soient nos transports, ils resteront toujours vis-à-vis d'elle misérables et pauvres. Cet état d'âme est évidemment un état supérieur et presque surnaturel ; il est l'opposé de la sécheresse, il fait jaillir en nous des effusions d'une générosité sans bornes, nous détache de l'intérêt mesquin et nous enlève à de prodigieuses hauteurs au-dessus de tout ce qui est matériel; mais il a ses dangers; il tend à abolir en nous des forces, qui ne nous ont pas été données pour que nous en rougissions comme d'imperfections et que nous les laissions sans emploi. L'hypertrophie de l'amour mystique anémie et fait dépérir d'autres facultés, qui ont leur légitimité; elles aussi sont l'œuvre de ce Créateur, auquel on croit, qui nous a rendus les arbitres de nos destinées et qui nous a imposé l'effort comme une loi. En admettant la doctrine de la tendresse du Seigneur pour ses créatures, c'est mal répondre à sa tendresse que de dédaigner une partie des dons précieux qui nous viennent de lui et d'en faire fi. Si nous voulons réaliser le divin en nous, autant que cela nous est possible, songeons que l'Être suprême n'est pas seulement tout amour, mais aussi toute intelligence et toute puissance; il ne faut donc pas que l'amour par un envahissement contre-nature éteigne en nous l'intelligence et la volonté active et nous endorme dans la torpeur d'une quiétude béate. La raison proteste contre cette rupture d'équilibre; elle est là pour préserver l'amour mystique de ses excès.

*
* *

Le courage aveugle n'est pas la forme la plus noble du courage; il est quelquefois la plus efficace.

Quand on ignore le péril, qu'on s'y lance sans réfléchir, qu'on ne songe qu'à passer et à vaincre, on a une impétuosité, qui emporte tout. Si la clairvoyance s'en mêle, si elle murmure à l'oreille : « Prends garde », on hésite et l'élan est retardé. Souvent en revanche le courage aveugle succombe, parce qu'il n'a pas mesuré l'obstacle et que l'obstacle était infranchissable. Si le courage éclairé n'égale pas sa furie, en revanche il ne connaît pas ses sacrifices inutiles et ses déplorables échecs.

Il se peut que le danger fonde à l'improviste et surprenne ; la réflexion est trop pesante pour accourir à l'aide ; mais la réflexion n'est pas le seul mode d'action de l'intelligence ; celle-ci a ses intuitions, qui sont soudaines ; en pareil cas, elle s'appelle la présence d'esprit ; d'un coup d'œil elle embrasse ce qui est et ce qu'il faut faire. La présence d'esprit n'est pas donnée à tout le monde. Elle est autre chose que le sang-froid, qui consiste à ne pas se laisser déconcerter par un tumulte intérieur et qui est sa condition nécessaire ; mais elle va plus loin ; elle aperçoit en même temps la situation et le remède ; c'est un appoint indispensable ; le courage n'est jamais que le bras ; l'intelligence est la tête ; elle lui montre où il faut frapper et où est le salut. Incomplets et faibles l'un sans l'autre, ils ont grande chance de l'emporter réunis.

Du reste, lorsqu'on est surpris par le danger, c'est que l'intelligence est en faute. Elle n'aurait pas à conjurer le péril soudain, si, en le prévoyant, elle avait empêché q[illegible] fût soudain. Son rôle est de le voir venir; le [illegible]ourage n'est pas encore en jeu; elle l'avertit d'être sur ses gardes et de se tenir prêt; elle ne se borne pas à une vague mise en éveil, bien que ce soit là tout ce qu'elle lui demande pour l'instant; elle élabore le plan, qui fera gagner la partie, discute les possibilités et accompagne sur le terrain non pas un enfant, jouet du hasard, mais un homme mûrement préparé et qui sait.

Il n'entre pas dans notre sujet de prendre encore les choses de plus haut et de rappeler par quelle ingéniosité, par quelle fertilité d'inventions l'intelligence procure au courage les ressources, qui centuplent sa puissance, armes, engins de toutes sortes, progrès de la tactique et de la stratégie, si bien qu'en face du courage civilisé pourvu de ses formidables moyens de destruction, la bravoure des barbares, qui ont jadis conquis nos pays, échouerait aujourd'hui misérablement.

L'action de l'intelligence se fait sentir autrement dans le courage passif que dans le courage actif; là elle est encore plus indispensable. La chaleur du combat entretient le courage; il tombe, lorsqu'on doit rester immobile, exposé aux projectiles meurtriers sans répondre, dans un poste qu'il importe de tenir et qu'on ne saurait sans les pires conséquences abandonner. On se recueille et on pense; tout est perdu, si la raison ne parvient pas à lui substituer une résolution froide de ne pas céder, fondée sur la nécessité d'éviter un désastre, sur l'utilité et la grandeur du sacrifice. Il faut que la résistance soit hautement réfléchie et que quelques-uns consentent délibérément à leur perte pour le salut de tous.

Si l'intelligence est l'auxiliaire du courage, elle se dose entre les individus selon le rôle de chacun. Le simple soldat qui n'a qu'à exécuter les ordres a surtout besoin d'énergie ; encore faut-il qu'il les comprenne, pour les exécuter au mieux. Celui qui les donne ne paie pas seulement de sa personne, mais de son cerveau ; il conçoit ; il faut que ses conceptions soient justes, précises, opportunes, qu'il saisisse à la fois l'ensemble et le détail et imprime l'impulsion décisive. Ce sont les dispositions savantes, qui forcent la victoire, et, si la valeur individuelle est toujours un facteur considérable, l'intelligence est en réalité la reine des batailles. C'est elle qui fait d'une troupe d'hommes une armée et qui en est l'âme ; le soldat a besoin d'être persuadé qu'il est conduit, de se sentir l'instrument d'un plan élaboré en dehors et au-dessus de lui, mais dont le succès est certain, pourvu qu'il fasse ce qu'on lui commande. S'il soupçonne que tout va au hasard, que ses chefs sont au-dessous de leur tâche, il se rebute et s'arrête ; l'armée n'est plus qu'une cohue débandée, une masse inerte, hors d'état d'agir, qui se dissout au souffle de la panique. Sans doute on a vu des batailles gagnées par les soldats malgré les fautes et l'imprévoyance des généraux ; c'est qu'ils étaient en fonction d'un organisme robuste, que l'incapacité n'avait pas encore mis hors de service. Mais ce ne sont pas les simples soldats qui mènent à bien les opérations compliquées d'une campagne; la guerre, si affreuse qu'elle soit par le carnage, est pourtant un des champs où l'intelligence trouve l'emploi le plus étendu et le plus vigoureux ; elle y résout des problèmes, dont la portée est immense ; elle fait appel à toutes les ressources pour inventer des combinaisons, déterminer les moyens d'exécution, ne rien laisser aller à l'aventure, tout prévoir, surtout l'imprévu, remédier sur le moment aux mauvaises chances, savoir exactement ce qu'on peut demander aux siens et craindre de l'ennemi. Où l'intelligence humaine trouverait-elle un terrain plus favorable au déploiement de toutes ses facultés? Et c'est pourquoi de tout temps les grands capitaines se sont passionnés pour ces mathématiques, dont les figures sont écrites avec du sang.

Le courage n'est vraiment solide, que s'il s'appuie sur des motifs clairement entrevus, mûrement pesés. Les barons des Chansons de Geste combattaient pour leur religion et faisaient leur salut en exterminant les Sarrasins. Le courage chevaleresque reposait sur une conception de l'existence noble considérée comme très supérieure à celle du marchand et du manant et faite pour enflammer les âmes généreuses. Ce qui poussait à croiser le fer les chevaliers d'antan, c'était, outre l'attrait des aventures et le plaisir d'exercer le métier des armes appris et pratiqué à toute heure, l'honneur de protéger les faibles, de redresser les torts, et le sentiment que c'était le moyen le plus efficace de conquérir les faveurs de la beauté. L'institution disparue, nous avons conservé le mot de courage chevaleresque pour désigner le plus délicat, le plus désintéressé, celui qui exclut tout calcul bas et que le bénéficiaire admire sans avoir le droit de l'exiger. Toutes les grandes manifestations historiques du courage ont pour fondement une idée. Aux Thermopyles et à Salamine les Hellènes défendaient au prix de leur vie l'indépendance d'une nation libre contre la folie conquérante d'un despote. Les bourgeois de notre Moyen Age luttaient pour substituer la charte communale à l'arbitraire de leurs seigneurs et de leurs évêques. Les volontaires de la Révolution affirmaient le principe républicain contre les monarques coalisés. Les grenadiers de Napoléon, qui avaient vu fuir les rois devant eux, étaient fascinés par le génie de l'Empereur et possédés de l'idée qu'il était invincible.

Toujours dans les luttes sanguinaires, qui, jusqu'à nos jours, ont mis aux prises des fractions de l'humanité, une idée grande et simple apparaît; c'est ce qui fait la noblesse du courage militaire ; ce qui l'entache, c'est qu'il n'est pas nécessaire que cette idée ait été passée au crible de la réflexion sereine, qu'elle soit philosophiquement la plus pure et la plus élevée. Le triomphe sur le champ de bataille ne va pas à la cause la plus juste, mais à celle qui est le mieux servie par les instruments les mieux préparés pour mettre d'un côté la prépondérance de la force, et aussi par une conviction tellement enracinée dans l'âme des combattants, qu'elle est devenue pour eux une certitude absolue et les dirige sans hésitation, sans arrière-pensée. Ils peuvent être guidés par une idée fausse, par une idée inférieure, l'intérêt, le désir de s'emparer d'une contrée riche, où ils vivront mieux et plus à l'aise; il ne faut pas qu'ils soient sceptiques ou indifférents. Il n'était pas nécessaire que Rome conquît l'Italie d'abord, le monde ensuite et qu'elle devînt la capitale de l'univers; cela fit progresser la civilisation, mais ce n'est pas au progrès de la civilisation que songeaient les légions. Elles avaient foi dans la Ville Éternelle, destinée à soumettre les peuples à son empire. Il n'était pas nécessaire que l'islamisme sortît de l'Arabie pour subjuguer une partie de l'Afrique, de l'Asie et de l'Europe; que le monde devînt musulman, ce n'était peut-être pas un bienfait; mais les Arabes ne doutaient pas un instant que leur mission ne fût de convertir les Infidèles et de les dominer, tout comme les Croisés étaient mus par un sentiment identique et opposé.

On a même réussi à faire d'hommes quelconques de bons soldats en leur imposant le métier militaire, en les façonnant à l'obéissance, en leur donnant comme idéal l'honneur de la carrière. Les armées professionnelles marchaient quand on leur disait de marcher, suivaient le drapeau là où on le leur faisait porter ; elles étaient solides, résistantes. Instrument docile des rois conquérants, elles ont été les complices et l'agent de toutes les violences et de toutes les injustices. Elles se battaient : pourquoi ? Ce n'était pas leur affaire. Les mercenaires eux-mêmes ont eu parfois une glorieuse histoire. Il n'en est pas moins vrai que, lorsqu'une pensée vigoureuse anime les chefs et les soldats, à égalité d'armement et de préparation, c'est de ce côté que se pose la victoire. Nos vainqueurs de 1870 nous ont dit insolemment que la force primait le droit : en réalité, entraîné à une agression qu'il ne désirait pas, notre patriotisme, endormi dans une molle sécurité, a succombé devant le patriotisme exalté d'un peuple soigneusement entretenu dans la haine, qui voulait se venger de ce qu'aux époques passées nous lui avions fait souffrir et qui entendait consolider son unité. L'issue de la guerre russo-japonaise a été contraire à nos prévisions : nous n'étions pas avertis qu'à tort ou à raison le soldat japonais était convaincu qu'il y allait de l'existence nationale de prendre pied sur le continent, tandis que le soldat russe, indifférent à la possession de la Mandchourie, ignorait pourquoi on le faisait se battre.

Si le courage militaire s'est dépouillé peu à peu de sa férocité originelle, c'est d'abord grâce à la pitié révoltée. L'homme le plus sauvage, une fois sa fureur tombée, sent quelque compassion pour ses victimes et a des retours de bonté. Les horreurs de la guerre ne peuvent se contempler de sang-froid et, pour peu qu'on les envisage, on est pris du désir de les atténuer. Mais c'est surtout l'intelligence, qui, spéculant sur les choses, s'est proposé de rendre la guerre plus humaine et s'est aperçue qu'on pouvait atteindre les mêmes résultats, en réduisant au minimum les atrocités. Le but de la guerre est de trancher à son profit et par la force un différend avec le voisin; c'est un règlement de compte : il est inutile de le compliquer de ce qui n'est pas nécessaire ; il s'agit pour un parti de réduire l'autre à l'impuissance ; massacrer les prisonniers, achever les blessés ne sert de rien ; l'affaire est entre les mains des belligérants ; les cruautés contre les non-combattants, les enfants et les femmes, n'avancent pas la solution ; s'il faut vivre sur le pays, la réquisition méthodique est plus efficace que le pillage individuel accompagné de l'incendie. Ainsi, guidée par la pitié, l'intelligence a éliminé du problème tout ce qui ne concourt pas directement au but ; elle a limité le sacrifice des existences humaines, interdit les horreurs superflues ; la légitimité de la guerre admise, elle ne peut faire plus.

*
* *

L'endurance à la douleur physique n'est point pure insensibilité. Si elle dépend beaucoup du tempérament, pourtant elle se raisonne et la réflexion lui fournit de précieux soutiens ; aussi les philosophes s'en sont-ils longuement occupés. La douleur physique est la condition de l'existence; nul n'oserait espérer y échapper totalement; tôt ou tard il la rencontrera sur son chemin ; on peut en théorie trouver la loi dure et protester; en pratique on est forcé à s'en accommoder; s'étonner de la souffrance, le moment venu de la subir, est enfantin. Rien ne contraint à s'y exposer sans motif et il est légitime de prendre contre elle des précautions, car elle est l'annonce d'une tentative de destruction de notre individu ; mais ces précautions, qui ne nous en garantissent pas toujours, nous y rendent parfois plus sensibles ; il est salutaire de s'endurcir. Lorsqu'elle nous atteint, il ne sert de rien de se plaindre et de crier ; nous ne trouvons là qu'un soulagement illusoire et qui ne la diminue pas ; le mieux est donc de s'en abstenir dans la mesure du possible. En nous abandonnant à la douleur, nous souffrons davantage; mieux vaut essayer de n'y point penser et nous distraire. Elle nous enlève la direction de nous-mêmes et fait de nous des choses, ce qui n'est conforme ni à notre intérêt, ni à notre dignité; la raison nous engage donc à nous raidir et à résister jusqu'aux dernières limites de nos forces. Enfin il se peut qu'on nous l'inflige pour obtenir de nous par la torture ce que nous ne voulons pas céder ; là encore il faut épuiser toutes les ressources de la nature. Ainsi, ne pouvant nous soustraire à la douleur physique, l'intelligence dresse contre elle un plan de campagne, pour en diminuer l'acuité et les conséquences.

De même que la douleur physique, la douleur morale est imposée à l'humanité et la révolte n'est pas possible; si elle l'était, c'est, comme dans le cas précédent, contre cette condition même, sans attendre le cas particulier, qu'on devrait s'insurger. Quand la douleur morale nous échoit, c'est simplement que notre tour est venu de souffrir de l'immense misère de l'humanité, qui atteint tantôt l'un, tantôt l'autre; si l'on réfléchit à l'étendue des choses, au lieu de se considérer comme l'objet innocent d'une rigueur spéciale et imméritée, on verra qu'on ne fait que payer au sort commun le tribut obligé et qu'il y a d'autres malheureux plus éprouvés que nous. Dans un naufrage on sauve le plus qu'on peut du désastre; on fait la part du feu dans un incendie; ainsi, dans la douleur morale, il est raisonnable de nous recueillir et de calculer ce qui nous reste. Ce serait faire la part trop belle au destin brutal, que de lui sacrifier par surcroît ce qu'il n'a pas touché. Après la perte d'une personne aimée, nous avons encore à qui nous dévouer. Comme l'arbre mutilé par la foudre ramasse sa sève dans les branches intactes, il faut reporter nos énergies là où nous en avons l'emploi et demeurer debout. La douleur morale peut dévier le cours de notre vie; elle ne l'interrompt pas; la vie subsiste; la continuer machinalement, sans plus s'intéresser à rien, est une sorte de suicide, qui n'est pas plus noble que le suicide véritable. Si l'intelligence ne console pas, bien que, sur ce thème de la consolation, les philosophes anciens aient écrit nombre de pages ingénieuses et éloquentes, du moins elle envisage en face la douleur morale; elle la circonscrit et lui assigne ses bornes; elle ne nous empêche pas d'être vaincus; elle préserve de la déroute.

* * *

La hardiesse étant la résultante du tempérament, l'intelligence n'a pas sur elle de prise notable. Il en est autrement de l'audace, qui suppose une union rare et parfaite entre une certaine qualité de la sensibilité et une certaine qualité de l'intelligence; du côté de la sensibilité, c'est le courage, doublé du sang-froid; du côté de l'intelligence, la promptitude alerte à deviner, à voir, à combiner. L'audace échouerait toujours et renoncerait, si elle n'était servie par une clairvoyance, qui démêle immédiatement les moyens et les met en œuvre. Le patron de barque, qui saisit le moment unique pour passer à la cime d'une vague entre deux rochers, a le coup d'œil juste en même temps que la tendance à risquer; un plus timide n'oserait se lancer; un plus lent à concevoir se briserait. Ce qui fait que l'audacieux se complaît dans son audace, c'est le plaisir qu'il éprouve à profiter d'une intuition, qui ne le trompe pas, à développer un génie de calcul, qui lui fournit de subtiles et valables ressources. C'est ce jeu de l'intelligence, qui lui fait oublier le danger ; d'autres hésitent, parce qu'ils ne découvrent pas l'issue, que la voie semble barrée devant eux ; lui ne se trouble point, car du premier coup il a vu la possibilité décisive, l'unique.

*
* *

L'héroïsme est, comme l'audace, mais d'une autre façon, le fruit d'une alliance intime entre la sensibilité et l'intelligence ; toutes deux y ont une part égale et ne réussiraient pas l'une sans l'autre à le créer. Le courage apporte ce qui dépend de lui, l'intrépidité concentrée, résolue à marcher au-devant de la mort et à l'accepter sans un mouvement de recul ; ce n'est pas assez : se jeter tout vivant, sans motif, dans le cratère d'un volcan n'est pas un acte d'héroïsme, mais une fantaisie bizarre ou un emportement de folie. La raison apporte l'idée claire, en vertu de laquelle on affronte la mort, et ceci non plus n'est pas assez : sans le courage on s'absorberait dans la contemplation de l'idée noble et l'opération intellectuelle n'aboutirait pas à l'action ; l'effet est le produit des deux forces conjuguées et convergentes. Le héros sait pourquoi il se sacrifie ; il ne le dit pas toujours ; mais l'admiration populaire supplée à son silence et, quand il se tait, résume sa pensée dans une formule impérissable. Les mots héroïques n'ont pas toujours été prononcés au moment même ; ils ne sont pourtant pas une invention arbitraire ; ils jaillissent de la conscience humaine, comme le résumé de ce que le héros a sûrement ressenti, s'il ne l'a pas exprimé ; ils traduisent la conception même que nous nous faisons de l'héroïsme. Ce ne sont pas les combattants des Thermopyles, qui ont imaginé l'inscription sublime : « Passant, va dire à Sparte que nous sommes morts ici, pour obéir à ses lois. » Mais, s'ils n'ont pas rédigé cette déclaration, ils l'ont vécue ; la forme a été trouvée après coup ; le fond était dans leur âme. Et quand le héros, dans le feu de l'action, n'a fait que jeter à l'ennemi le mot énergique et grossier d'un soldat, nous ne le trahissons pas en transfigurant sa réponse, sinon suivant ses lèvres, au moins suivant son cœur. Les mots héroïques ne sont pas des amusements de rhéteur ; ils ont une réalité supérieure à la réalité véritable, parce qu'ils expriment la substance même et le support essentiel de l'action visible.

L'héroïsme étant constitué par un maximum de courage mis au service d'une grande idée, nous sommes tentés de le glorifier d'autant plus que l'idée nous semble pure et sublime ; il se peut que cette proportion que nous établissons nous fasse quelquefois manquer dans notre appréciation la nuance juste ; en effet, des deux éléments qui composent l'héroïsme l'un est jusqu'à un certain point fixe, c'est le paroxysme du courage ; l'autre est en quelque façon variable suivant le jugement de chacun ; il faut que l'idée ne soit pas médiocre et insignifiante, qu'elle atteigne un degré élevé de valeur humaine; mais nous devons l'envisager telle qu'elle s'est présentée au héros dans l'ardeur de son dévouement, non telle qu'elle nous apparaît, quand nous réfléchissons froidement loin des circonstances ; on peut être un héros en mourant pour son pays, même lorsqu'il a tort, si l'on est dans une situation telle qu'on n'ait pas à s'ériger en juge; car alors c'est à la patrie qu'on fait confiance en se sacrifiant; on peut être un héros en défendant sa religion, alors même qu'elle est fausse, si on est convaincu qu'elle est vraie; car alors c'est à la vérité, telle qu'on la conçoit, qu'on s'immole. En d'autres termes, des deux facteurs qui composent l'héroïsme, l'un, le courage, peut être apprécié avec une entière précision, l'autre, l'idée, s'y prête moins, étant engagé dans la subjectivité de l'âme individuelle. Le courage doit être absolu ; il suffit que l'idée soit relativement noble.

*
* *

De tous les sentiments généreux, le plus intellectuel est le sentiment du beau. La sensibilité et l'intelligence sont ici si étroitement mêlées, qu'on ne les dissocie théoriquement que par une analyse rigoureuse; dans la pratique elles se prêtent réciproquement un concours si étroit que, l'une sans l'autre, elles sont condamnées à l'impuissance. Au premier abord on serait tenté de croire qu'on peut sentir le beau sans le comprendre, mais ce n'est en tout cas qu'une impression vague et incertaine et alors même n'est-il pas indispensable qu'on s'imagine au moins comprendre quelque chose? D'autre part, il semble impossible de comprendre le beau sans le sentir; on peut le disséquer froidement et se représenter les raisons qu'il y a de l'admirer; mais entre savoir pourquoi telle œuvre est admirable et l'admirer réellement il y a un abîme.

L'émotion esthétique est sujette aux absences et aux manquements les plus étranges. Elle n'en est pas responsable; mais ils prouvent que, lorsque l'intelligence ne l'avertit pas, elle passe à côté du beau sans l'apercevoir. Le XVIIe siècle est resté fermé à la magnificence des cathédrales gothiques; elles se dressaient pourtant comme aujourd'hui dans leur majesté; on y entrait et on les voyait; la hauteur et la profondeur des nefs avec leurs perspectives grandioses, la hardiesse de l'architecture, qui supprimant les murs pour les remplacer par de vastes fenêtres équilibrait d'énormes poussées sur des arcs et des piliers fragiles, tout cela se présentait aux yeux comme actuellement. On se détournait de ces vestiges d'un art qu'on traitait de barbare. On jugeait le Beau d'après d'autres formules; on était convaincu qu'elles le contenaient tout entier, qu'il n'y avait rien en dehors, et c'est un des mystères les plus extraordinaires qu'au contact des monuments l'émotion esthétique ne se soit pas éveillée, qu'elle n'ait pas protesté contre l'exclusivisme des règles et qu'il ne se soit pas trouvé parmi tant d'artistes quelqu'un pour s'écrier : « Le Beau est là ; je le sens. » Est-ce un effet de l'imperfection de notre race, qui n'a pas pour le Beau des affinités instinctives et primesautières, qui n'admire qu'autorisée par l'intelligence et se laisse paralyser par ses erreurs et ses fausses conceptions ? Sommes-nous sûrs que les Hellènes auraient rendu justice aux cathédrales ou aux temples du Cambodge, s'ils les avaient connus ? N'est-ce pas la condition même de la nature humaine, que de s'emprisonner dans des formules d'art et de croire que tout ce qui n'est pas conforme à ces formules n'est point de l'art ? Il n'y a pas jusqu'aux beautés du monde extérieur qui n'échappent à certaines époques ; le XVIIe siècle, sauf quelques exceptions illustres, les a méconnues. Les spectacles superbes de la nature sauvage n'éveillaient point d'intérêt ; on éprouvait plutôt un mouvement de recul que d'attirance devant ce qu'on appelait de belles horreurs. Plongé dans la vie sociale et dans ce qu'elle a de convenu et de factice, on n'admettait les arbres, les eaux, les perspectives que disciplinés, arrangés, combinés en décors, pour accompagner les architectures classiques. Le reste n'était qu'un fouillis qui ne comptait pas.

Donc l'intelligence asservit le sentiment du beau

à ses conceptions et l'oblitère pour le reste ; elle lui défend d'admirer ce qu'elle ne lui propose pas pour admirable et ce sont ses variations qui expliquent les fluctuations du goût. Le XVIIe siècle, épris de correction, de distinction, d'élégance, de clarté, préférait Térence à Plaute, l'Énéide à l'Iliade ; le génie tempéré d'Horace le ravissait ; les audaces d'Eschyle le déconcertaient. Dans les œuvres littéraires la mesure et la règle le charmaient ; il restait insensible au sublime puissant des génies désordonnés. Quand est venue la liberté, nous n'avons plus eu d'enthousiasme que pour ce qui nous paraissait jaillir d'une inspiration démesurée, du bouillonnement de la nature insoucieuse de toute convention ; il nous fallait l'ivresse, le mouvement et l'éclat. En peinture, après nous être passionnés pour les grands maîtres du XVIe siècle qui avaient réussi à rendre la vie dans toute sa souplesse, la forme dans son caractère et dans la beauté, pour Raphaël qui semblait avoir atteint la perfection, pour les Bolonais qui avaient exprimé le volume du corps humain et engagé leurs personnages grands et musclés dans des scènes tragiques et violentes, nous sommes revenus aux primitifs de Florence ou de Sienne, qui luttent avec tant d'ingénuité contre les difficultés d'une technique encore maladroite et insuffisante et dont l'effort touchant réalise un idéal de grâce pure qui n'a pas été retrouvé. Ce n'est pas d'époque à époque, mais de peuple à peuple, de groupe à groupe que le goût change ; tels peintres émerveillés par la précision et la correction exquise du dessin Florentin restent aveugles aux splendeurs du coloris Vénitien. En tout cela il n'y a que demi-mal ; en effet notre admiration ne nous trompe point ; elle se concentre sur une conception d'art, elle en pénètre tous les mérites et s'en nourrit ; elle reste incompréhensive pour une autre. Mais parfois aussi l'émotion esthétique se laisse séduire à des raisons mauvaises et s'échauffe mal à propos ; elle se prodigue à des œuvres dénuées de valeur ; elle prend la boursouflure pour la grandeur, l'habileté pour le génie. Après le siècle d'Auguste on dédaigne la poésie sobre de Virgile ; on applaudit les traits déclamatoires et l'emphase souvent vide de Lucain, on se pâme aux exagérations colossales, au merveilleux fantasmagorique et sombre de Stace. Chez nous la tragédie classique se survit pendant un siècle, dépouillée de substance et de vie, et la platitude froide du pastiche fait illusion. L'histoire des littératures et des arts est en grande partie celle des méprises du goût. . .

L'intelligence est donc pour le sentiment esthétique un guide singulièrement décevant, qui le rend tantôt aveugle, tantôt partial, qui lui inflige les plus criantes erreurs. Le sentiment du beau n'a pas de rancune ; car il ne saurait se passer d'elle ; il se pose sans cesse des « pourquoi » et c'est elle qui donne à ces « pourquoi » la réponse complète et satisfaisante. Nous venons de lire, au sixième livre de l'*Enéide*, le récit du désespoir et de la mort de Didon, l'un des morceaux où Virgile, qui a toujours tant de talent, s'est haussé jusqu'au génie; nous avons été saisis par une émotion poignante qui s'est accrue jusqu'au dénouement. D'où vient l'intensité de cette émotion et la sensation du sublime? C'est ce que nous voulons savoir à tout prix; sans quoi nous ne jouissons pas pleinement de notre admiration. Au fond il ne s'agit que d'une aventure banale, qui se reproduit souvent dans la trame de la vie humaine, une femme délaissée par son amant et qui se tue. Comment se fait-il que l'abandon de Didon nous touche si prodigieusement? Par quelles merveilleuses ressources d'invention le poète a-t-il réussi à nous faire vivre les angoisses de son héroïne? Elle nous intéresse par son caractère, par les circonstances de la trahison et par les conséquences psychologiques de cette trahison. Didon est une nature supérieure et fortement trempée; c'est une fille de roi et c'est une grande âme; elle a eu une destinée tragique et elle a maîtrisé les événements; à sa place une femme vulgaire eût succombé; elle a fait preuve d'une énergie virile et accompli de grandes choses. Son mari, qu'elle aimait d'amour tendre, a tout d'un coup disparu; un songe épouvantable lui a révélé qu'il avait été assassiné par son frère à elle, le roi de Tyr, Pygmalion; elle a réuni des partisans, pris les trésors du tyran, équipé des navires, s'est établie en Afrique au milieu de peuplades hostiles et a fondé une ville puissante ; elle gouverne un peuple qui l'aime et la respecte. Telle est son œuvre. Elle s'est juré de rester fidèle à son époux ; elle a repoussé les avances des princes Libyens, dont l'alliance lui eût pourtant assuré la sécurité ; l'amour n'est plus fait pour elle ; à une âme héroïque comme la sienne un veuvage héroïque convient. Pour qu'elle s'éprenne d'Enée, il faut que deux déesses Junon et Vénus s'unissent et lui infligent une passion fatale ; elle est victime de l'implacable toute-puissance des dieux et, par suite, dans sa faute même, elle demeure innocente. Cet amour, dont elle est la victime, comment naît-il psychologiquement? Etant donnée l'élévation de sa nature, Didon ne pouvait être infidèle à son époux par légèreté ou par surprise des sens ; sans doute, il est inspiré par la personne même d'Enée, que Vénus a paré d'une irrésistible beauté, mais d'abord et surtout par l'éclat de sa race et de son courage : il a défendu jusqu'au bout Troie en flammes ; il a sauvé son père, en l'emportant sur ses épaules ; à travers tous les périls, qu'accumule la haine farouche de Junon, il mène un peuple d'exilés dans une nouvelle patrie ; comme Didon, il est un conducteur d'hommes et un fondateur d'empire ; tous deux sont créés sur le même modèle et, du moment qu'ils se rencontrent, il est impossible qu'ils ne s'attirent pas ; ils sont faits l'un pour l'autre. Pourtant Didon résiste, autant que, dans des circonstances pareilles, une volonté humaine peut résister. Lorsqu'elle a cédé aux conseils de sa sœur, qui ne font que traduire les raisons que son propre cœur se donne à lui-même pour encourager son penchant, elle s'abandonne tout entière et se prend jusqu'aux moelles ; en s'emparant d'une âme comme la sienne, la passion n'y laisse pas une fibre qu'elle n'envahisse. C'est une flamme qui consume : si elle doit s'éteindre, elle aura dévoré la vie tout entière de l'âme et il ne restera plus rien. Il ne s'agit point d'un caprice, d'une ardeur passagère ; Didon ne descendrait pas jusque-là ; ce qui excuse, timidement, sa faute à ses propre yeux, c'est qu'elle a cru contracter une union indissoluble, à laquelle, pour être légitime, il ne manque que le nom.

La trahison a lieu dans des conditions particulièrement cruelles. Lorsque Jupiter, manifestant une volonté inexorable, a ordonné la rupture et la fuite, Enée, dans son embarras et tout en faisant ses préparatifs, remet à plus tard de prévenir Didon ; c'est elle qui découvre la chose et qui naturellement s'imagine qu'il a pensé la quitter sans même l'avertir. L'explication est orageuse et il ne fait rien pour en atténuer l'amertume ; loin de là il l'aggrave. Si Didon a espéré le mariage, il n'y a, lui, jamais songé ; il ne va pas jusqu'à dire qu'il ne l'aime pas ; mais cela se voit; il n'a donc considéré leur union que comme une aventure et il lui rappelle durement qu'il ne s'est jamais engagé, ce qui est pour Didon le pire outrage. Elle l'a sauvé, elle l'a accueilli lui et les siens, qui allaient périr; il la remercie du bout des lèvres, non sans ironie ni même sans quelque aigreur. Il ne semble pas fâché de sortir d'une situation fausse et de retourner à l'accomplissement de sa mission; c'est enfoncer le poignard. Virgile aurait pu concevoir les choses autrement; il aurait pu rendre l'intervention de Jupiter si éclatante, que Didon, qui en doute, eût été obligée de la reconnaître, de l'accepter, sans avoir rien à reprocher à son amant et sans que la rupture fût blessante pour elle; la douleur serait restée, mais l'injure aurait disparu. Il aurait pu communiquer à Enée l'équivalent de la passion de Didon et faire de lui un personnage par avance cornélien, qui en proie à tous les déchirements, sacrifie pourtant l'amour au devoir; alors Didon aurait pu élever elle aussi son cœur et se montrer plus grande que le destin; et c'est avec un désespoir égal qu'ils se seraient quittés. Si le poète a suivi d'autres voies, c'est sans doute qu'il ne voulait pas imputer au fondateur de Rome une passion, qui l'eût abaissé au rang d'un simple mortel; Enée a été le jouet de deux puissantes déesses; il n'a pas été leur complice; on a pu l'égarer un instant; il se retrouve sans peine prêt à reprendre son rôle providentiel. Ensuite il fallait que l'aventure se terminât par une haine inexpiable, prélude terrifiant de la lutte historique gigantesque entre Rome et Carthage. On a beaucoup reproché à Virgile l'insignifiance et la froideur d'Enée en cette circonstance; cette « rosserie » nous révolte, mais surtout parce que nous prenons comme hommes partie dans le roman. Il ne faut pas oublier qu'au point de vue purement esthétique l'indifférence d'Enée est la condition même de la souffrance poignante, épouvantable, de la mort de Didon ; tout le pathétique de la situation en provient.

C'est au pressentiment de l'abandon que le calvaire de Didon commence ; elle sent qu'elle ne survivra point et dès l'abord la mort lui apparaît comme le refuge. Pourtant elle est trop énergique pour se résigner sans combat et ne pas lutter jusqu'au bout. Clairvoyante, elle s'aperçoit que, s'étant livrée sans réserve, elle n'a de ressource que dans la prière, dans l'effort pour apitoyer, dans la peinture de sa détresse, dans le rappel de ce qu'elle a fait et de la façon dont elle s'est mise à discrétion. Tout cela s'échappe naturellement dans le trouble profond qui la bouleverse et est d'autant plus touchant que le cœur seul parle et s'épanche. C'est la plainte féminine — car Didon est femme profondément —, qui s'écoule avec l'humilité qui désarme. Enée ne paraît pas savoir ce que c'est que de relever une femme à genoux ; à cette tendresse qui tend des mains suppliantes il répond par une justification si glacée, par une attitude si dure, que Didon rougit de s'être montrée telle qu'elle est, qu'elle se révolte sous l'injure et reprend la hauteur superbe d'une reine outragée ; elle lui jette au visage les services qu'elle lui a rendus et ce qu'il lui doit ; elle lui parle avec ironie du prétendu message de Jupiter, auquel elle ne croit pas, et doute dédaigneusement qu'Enée soit l'objet d'une sollicitude si spéciale des dieux; elle lui donne son congé, le maudit, le menace d'une vengeance qui ne saurait manquer, s'il y a encore quelque justice au ciel, et des fureurs de son ombre, qui, elle morte, s'attachera à ses pas. Puis elle tombe inanimée et c'est là le seul dénouement possible de la scène; car elle a subi de telles avanies, elle s'est emportée à de telles violences qu'une nature de femme doit s'y briser.

A partir de ce moment elle flotte désemparée, tantôt succombant à sa faiblesse, tantôt s'exaspérant jusqu'au paroxysme de la rage, femme dans ses abattements, femme dans ses révoltes, et se consumant dans les incertitudes, les revirements, l'impuissance. Elle recourt d'abord aux prières indirectes — qu'elle fait porter par sa sœur, n'osant plus affronter Enée en face —; elle supplie de nouveau et s'abaisse; elle consent à la séparation; elle n'implore qu'un délai, qui lui permette de se faire à l'atroce rigueur de la situation. Elle n'obtient qu'un refus impitoyable et alors elle est prise d'un irrémédiable dégoût de la vie et invoque la mort; tout la pousse dans cette voie : des prodiges — le vin des sacrifices se transforme en sang —, des appels sortant la nuit de la chapelle consacrée à son premier époux, les cris prolongés et lugubres du hibou, des prédictions épouvantables, des songes, où elle se voit poursuivie par Enée farouche, abandonnée de tous, faisant seule de longues routes et cherchant dans un désert ses Tyriens disparus.

A ces hallucinations voisines de la folie elle ne saurait résister et se résout à mourir. Elle ne peut même pas le faire librement; il faut qu'elle se cache de sa sœur, qui l'empêcherait. Elle combine donc une cérémonie magique, où elle brûlera sur un bûcher les souvenirs laissés par Enée, pour se soustraire à l'obsession; elle fait venir une magicienne et confie en partie l'exécution de la mise en scène à sa sœur, ce qui ajoute singulièrement au pathétique. Ces préparatifs ont un caractère lugubre et quelque chose de sombre, qui accentue l'horreur du dénouement prévu; en outre, quel surcroît de souffrance pour Didon, que de se plier à tous ces actes simulés et de s'ouvrir péniblement, par une ruse domestique, le chemin qui doit la conduire au trépas!

La dernière nuit est particulièrement émouvante: au milieu du silence universel seule Didon ne trouve pas le repos; les regrets, les remords lui reviennent en foule; l'amour renaît et la colère se gonfle. Pourtant elle retrouve assez de sang-froid pour réfléchir et pour envisager les choses; avec une logique lucide elle examine l'une après l'autre les possibilités et elle conclut rigoureusement qu'il n'y a pour elle qu'une issue: se tuer. Sa détermination se confirme, attristée par le regret d'avoir succombé à l'amour et de n'être pas restée fidèle à Sychée.

A l'aurore elle assiste de loin au départ de la flotte troyenne; c'est le dernier coup et il la transporte d'une sorte de folie furieuse. Son premier mouvement est d'empêcher le départ; hélas! il est trop tard! (Remarquez qu'il y a longtemps qu'elle aurait pu le faire ; mais elle a l'âme trop haute pour recourir à la violence; c'est justement parce que la chose est impossible, qu'elle s'enivre de l'idée). Elle se reproche de n'avoir pas massacré Enée, jeté dans les flots son cadavre mis en pièces, de ne lui avoir point servi dans un festin tragique les membres de son propre fils. (Et ce ne sont là encore que de vaines paroles qui s'exhalent et qui ne nous trompent pas ; nous la savons incapable de ces horreurs). De cette agitation forcenée, elle retombe à la réalité vraie : elle demande au soleil qui voit tout, à Hécate, aux furies vengeresses d'accueillir ses derniers vœux ; ces vœux c'est, puisque les destins doivent s'accomplir, que sur la terre italienne Enée subisse de terribles épreuves, et, ces épreuves étant justement celles qui l'assaillent dans la suite, Didon nous apparaît comme douée à ses derniers moments d'une double vue prophétique, en même temps que nous apercevons son fantôme vengeur planer sur les derniers livres de l'*Énéide*. Elle ne s'arrête point là : dirigeant vers un avenir plus éloigné ses pressentiments fatidiques, elle confie à son peuple le soin de poursuivre sa revanche, de faire à l'Italie une guerre sans merci, et elle entrevoit surgissant de ses cendres l'ennemi mortel de Rome, que nous nous nommons tout bas, Annibal. Ainsi les horizons s'ouvrent, un pathétique grandiose nous transporte, une blessure d'amour devient l'origine d'un des drames les plus formidables de l'histoire de l'humanité.

Après ces imprécations il ne lui reste plus qu'à exécuter sa résolution suprême : elle s'assure sa liberté, fait prévenir sa sœur, qui arrivera trop tard, et monte sur le bûcher. Là elle retrouve les souvenirs d'Enée et, dans une sorte d'apaisement final, en contemplant les reliques chères, elle se rend témoignage qu'elle a rempli sa destinée, accompli des choses glorieuses, fondé une ville magnifique, puni son frère du meurtre de son époux, et qu'elle eût été heureuse sans l'arrivée des Troyens. Puis, après avoir baisé une dernière fois la couche nuptiale, elle se perce de l'épée d'Enée en songeant que la flamme de son bûcher apportera au perfide la sinistre nouvelle. Mais elle ne meurt pas sur le coup et, dans les bras de sa sœur accourue, trois fois elle se redresse, trois fois elle retombe, de ses yeux incertains cherche au ciel la lumière et gémit de l'y trouver. L'agonie se prolonge, jusqu'à ce que, prise de pitié, Junon envoie Iris trancher le dernier lien qui l'attache encore à la vie et la délivrer de son corps. Le dernier mot a une saveur chrétienne ; on dirait la mort d'une martyre et Didon en est une en effet.

Par cette analyse, par travail de l'esprit, nous avons pénétré jusqu'au fond du génie virgilien ; nous avons éclairci l'obscurité du mystère du Beau, montré la transformation d'une histoire vulgaire en une source prodigieuse de souffrance et de passion. C'est seulement lorsqu'elle est largement aidée par l'intelligence, que l'émotion esthétique prend tout son essor et jouit d'une pleine intensité. Elle dépend de ses lumières; elle dépend aussi et plus étroitement encore d'une autre opération intellectuelle, qui est l'attention. La distraction est l'ennemie la plus dangereuse du Beau ; par elle il passe inaperçu ; il est pour nous comme s'il n'existait pas ; tel, qui se croit incapable de le sentir, omet simplement de s'y appliquer ; il ne se révèle qu'aux âmes, qui se concentrent sur lui ; celles qui sont superficielles n'en aperçoivent tout au plus que de vagues dehors. Vous assistez à l'exécution d'une symphonie de Beethoven. En arrivant vous avez l'esprit encombré de détails insignifiants ; si vous ne vous en débarrassez — encore reviendront-ils insidieusement au milieu du concert vous troubler et vous emporter ailleurs —, vous ne comprendrez pas grand'chose et ne goûterez qu'un plaisir sans consistance. Il faut fermer les yeux, s'abstraire du monde extérieur, s'enfoncer, s'ensevelir dans la musique. Alors la perception prend une activité extraordinaire : on saisit la pensée maîtresse, on la suit dans son développement, ses nuances, ses excursions, ses retours ; toujours une idée musicale vivante vous sollicite ; jamais de remplissage vide et ennuyeux ; l'orchestre, qui semblait d'abord un ensemble confus, se résout en un chœur de voix ayant chacune son timbre et son mode d'expression ; le maître a confié à chaque instrument ce que seul il peut dire en perfection ; on distingue pourquoi ce sont ici les cordes qui parlent, là les flûtes et les hautbois ou les cuivres ; chacun vient à son tour et supplée ce que le voisin ne saurait énoncer ou s'ajoute pour rendre l'impression complète. Pour peu que vous connaissiez l'œuvre, vous vous rendez compte de ce que les moyens des musiciens et l'interprétation du chef ont de conforme ou non à la pensée du compositeur : car, contrairement au beau plastique, le beau musical n'est accessible qu'à travers une traduction, difficilement adéquate, imprégnée de ce qu'un intermédiaire y met en bien ou en mal ; vous vous révolterez, quand vous entendrez jouer la symphonie pastorale comme un simple morceau de musique descriptive. L'émotion esthétique n'est pas une rêverie nonchalante ; elle est le résultat de l'activité la plus attentive des facultés de l'intelligence.

*
* *

C'est également l'intelligence qui est chargée de l'éducation du sentiment du beau, éducation sans laquelle il demeure dans l'enfance et n'atteint point la maturité et la plénitude. Prenons pour exemple le sens de la couleur en peinture. Les grands maîtres ont appliqué d'instinct les lois du coloris ; celles-ci ont été depuis précisées par la science, vérifiées par l'expérience ; pour apprécier le coloris d'un tableau, nous avons besoin de les connaître. Or à cet égard le public français est encore dans l'ignorance et c'est pourquoi il reste plus sensible à la beauté des formes qu'à celle des couleurs. Depuis longtemps il est familiarisé avec l'antique ; on lui a appris à apprécier la pureté et la noblesse des lignes ; la mollesse, la vulgarité, l'incorrection du dessin ne trouvent pas grâce devant lui ; quant au coloris, lorsqu'il s'en préoccupe, il en jouit souvent sans le comprendre ou il est choqué des défauts sans pouvoir en rendre compte ; les tentatives d'innovation le déconcertent et l'inquiètent. Il est frappé de l'éclat d'un beau rouge ; il ne voit pas clairement que ce qui le rend supérieur à celui d'un tableau voisin, c'est le rapprochement d'un vert, qui l'exalte par l'effet complémentaire ; il ne pénètre pas l'intention de l'auteur dans la distribution des tons, qui se font valoir, et il hésite à se prononcer sur le résultat d'ensemble, parce que, s'il le constate, il ne connaît pas les raisons qui l'ont produit. Tel tableau lui paraît terne, tel autre vibrant ; il n'ose insister là-dessus, parce qu'il ne démêle pas bien le pourquoi, qui est que, dans le premier cas, la couleur est étendue par teintes plates, dans le second avivée par les dégradations juxtaposées ou superposées du même ton. Il est mal à son aise, quand, à propos d'un tableau, on lui parle d'une symphonie en jaune ou en gris et c'est un grand charme pourtant, lorsqu'une teinte, choisie par l'auteur pour dominer dans une toile, se résout en ses nuances et assujettit les autres couleurs à se modifier pour s'harmoniser avec elle. Si son information était plus exacte et plus large, les coloristes modernes seraient moins exposés à se voir traités de révolutionnaires dangereux, lorsqu'ils soutiennent que, si la peinture partage avec d'autres arts le domaine du dessin, son terrain propre ce sont les sonorités et l'harmonie du coloris, les fêtes de la lumière et les accents discrets de la pénombre, colorée elle aussi.

Si l'éducation des sens est nécessaire pour nous faire jouir du Beau dans les Arts, la formation du goût ne l'est pas moins pour nous le faire sentir dans les Lettres. Comme je l'ai dit, le goût se trompe quelquefois par méconnaissance de certaines formes du Beau auxquelles on a négligé de l'accoutumer ou à qui on l'a rendu hostile par préjugé ; il se trompe également par exclusivisme : étant arrivé à comprendre d'une façon adéquate une certaine perfection, qui lui a procuré des plaisirs intenses, il croit volontiers qu'il n'en peut exister d'autres en dehors de ceux-là. Mais, dans la région où il a exploré le Beau, il l'apprécie avec une finesse qui ne laisse rien échapper, il y trouve des satisfactions qui n'ont pas leurs pareilles. Un amateur de Racine nous découvrira dans son auteur favori des choses que nous n'avions que vaguement soupçonnées. Chez les amoureuses et chez les jeunes premiers il nous fera sentir le parfum de cette fleur de galanterie, qui laisse subsister la spontanéité de l'amour, mais qui l'enveloppe d'égards délicats, dont l'effet est de le parer de plus de grâces qu'il n'en a dans la réalité ; ce que nous serions tentés de considérer comme une convention surannée avait sur le moment la fraîcheur de l'actualité et n'était que le miroir fidèle des belles manières de la cour ; les spectateurs n'eussent pas compris que des princes s'exprimassent autrement. Il nous montrera que la limpidité et l'élégance de la langue de Racine n'excluent ni les trouvailles, ni les hardiesses, mais perceptibles seulement à un œil exercé, parce que nulle part elles ne font disparate, que l'alexandrin qu'on croit monotone, divisé mécaniquement en deux parties égales, admet toutes les coupes, se modèle sur le sens, souple et coulant et non figé dans une uniformité froide. C'est vraiment un pays inconnu, dont les charmes les plus secrets se révéleront à nous sous la conduite d'un guide sûr, qui, à force de l'explorer, s'est pris pour lui d'une infinie tendresse.

Le plus grand éloge qu'on pût faire jadis d'un amateur de ce qu'on appelait les Belles-Lettres était de le proclamer homme de goût. La louange a perdu de son prix, parce qu'on a constaté que l'homme de goût était toujours un peu étroit ; cela tient à différentes causes. Certaines perfections ont une conformité spéciale avec certaines natures, qui, se sentant faites pour elles, y trouvant plus de plaisir, sont moins aptes à rendre justice aux autres. En outre, l'homme de goût est forcément l'homme du goût de son temps et, à l'époque où le mot était en faveur, la convenance, la mesure et l'ordre étaient regardés comme les qualités, qui primaient toutes les autres ; avoir du goût, c'était dédaigner et condamner toutes les œuvres qu'ils n'avaient pas directement inspirées. Enfin les éducateurs du goût, ceux dont telle est la profession, ne sont pas de grands génies, mais des esprits moyens, des critiques, qui naturellement ne planent pas sur les hauteurs et ramènent les choses à leur mesure; les grands génies, eux, ne s'asservissent pas au goût courant ; ils ont leur conception d'art, qui est très supérieure, qui souvent le choque et se fait difficilement accepter. Ils le brusquent et le révolutionnent. C'est pourquoi le goût classique, étant un produit de culture dans un milieu déterminé par les soins d'hommes judicieux et raisonnables, comportait beaucoup de timidité et se satisfaisait surtout d'œuvres artificielles, composées d'après les règles admises. On appelait mauvais goût ce qui était d'un goût différent. On a bien fait de reculer les limites du goût ; il faut qu'il accueille toutes les manifestations du Beau, qu'il ne se cantonne pas dans des habitudes et ne s'enferme point dans des règles immuables, qu'il se plie au renouvellement incessant des formes de l'art ; mais c'est de lui — qu'on lui conserve son nom ou qu'on l'appelle éducation esthétique — que le Beau demeure justiciable ; il nous doit de le révéler dans toute sa splendeur et, laissant dans le passé ses entraves mesquines, de nous conduire à la contemplation du sublime.

* * *

Comparons l'admiration des ignorants et celle des connaisseurs : les comédiens, dit-on, aiment mieux jouer les chefs-d'œuvre devant un auditoire populaire que devant des spectateurs lettrés. La salle vibre davantage ; leurs effets portent mieux ; ils se sentent plus maîtres du public ; les applaudissements partent d'eux-mêmes, plus chaleureux et plus nourris. Faut-il conclure que les ignorants seuls ont le feu sacré de l'admiration, tandis que les connaisseurs ne sont capables que d'une approbation discrète, attiédie et languissante ? D'abord qu'entend-on par ce mot « les ignorants » ? Les ignorants, qui vont exceptionnellement au théâtre pour écouter un chef-d'œuvre, ne sont ignorants qu'à demi ; ils savent d'avance que ce qu'on leur jouera, quoi que ce soit, sera très beau, qu'ils donneront mauvaise opinion d'eux-mêmes, s'ils n'ont pas l'air de saisir et de s'intéresser ; ils sont bien décidés à prendre grand plaisir à la représentation et ont la démangeaison des applaudissements ; souvent ils applaudissent comme par besoin physique et avant qu'on n'ait rien dit. Ensuite la littérature a pour objet la vie ; or ils ont tous vécu ; les sentiments qu'ils entendent exprimer avec force, dans un langage sonore et magnifique, ils les ont plus ou moins éprouvés et en portent en eux le germe ; ils les reconnaissent au passage, ennoblis et transfigurés, et ne se trouvent pas en pays absolument neuf. Transportez ces mêmes ignorants dans un musée : vous serez étonné de la platitude, de l'inexistence de leurs jugements ; ils se lasseront vite de promener sur les murailles leurs regards vides, mornes et ennuyés ; c'est que là ils ignorent à peu près tout. D'où il suit que l'admiration est chez eux non pas en raison directe, mais en raison inverse de l'ignorance. Ajoutez que dans l'admiration qu'ils prodiguent au spectacle entrent bien des éléments hétérogènes, en particulier la curiosité, l'aise de se voir dans un milieu, auquel ils ne sont pas accoutumés ; s'ils applaudissent bruyamment, c'est que le bruit lui-même les amuse et qu'ils ont l'habitude d'extérioriser avec vigueur leurs impressions ; ce qui les touche au vif, c'est du reste moins la perfection littéraire que les sentiments des personnages et les situations ; les mêmes sentiments et les mêmes situations, exprimés avec moins de finesse mais aussi nettement dans un drame populaire, soulèveraient en eux pareil enthousiasme. Leur admiration va pour beaucoup à d'autres choses qu'à l'art lui-même.

Il n'est pas moins important de définir ce que c'est qu'un connaisseur. Il y a les prétendus connaisseurs, qui se sont décerné ce titre à eux-mêmes, qui à force d'assurance ont fini par faire croire qu'ils en étaient dignes, qui ont acquis un langage approprié et un certain vernis, qui au fond n'y entendent rien et jugent les œuvres d'après les idées de leur cercle et de leur monde. Il y a les esprits superficiels, qui, pour s'intéresser à la littérature, ont besoin du ragoût de la nouveauté, qui croient avoir extrait tout le suc des chefs-d'œuvre et les traitent de vieilleries démodées et rebattues ; ils ont peu lu et vont chercher au théâtre un amusement frivole ; tout ce qui dépasse leurs moyens médiocres leur paraît fastidieux et ils ne tolèrent pas qu'on les ennuie. Il y a les critiques de métier, fatigués, blasés, qui ont perdu la naïveté de l'imagination, qui se souviennent d'avoir admiré jadis, mais qui ne se soucient pas de recommencer et ne se mettent pas en frais. Enfin, si dans l'auditoire il s'est glissé de vrais connaisseurs, ceux-ci, pour qui le chef-d'œuvre n'a pas de secrets, sont peu indulgents envers l'acteur, qui ne l'interprète pas à leur gré et n'en rend point sensibles toutes les beautés. Tout cela compose un public bariolé, rebelle, dont il est difficile de satisfaire les goûts divers et les prétentions parfois contradictoires. On conçoit que les comédiens préfèrent des spectateurs moins exigeants, moins complexes, qui apportent, en vertu même de leur ignorance, une sensibilité toute fraîche et facilement impressionnable.

Pourtant le connaisseur admire plus et mieux que l'ignorant. Il est certain qu'on le satisfait moins aisément. D'abord il n'admire pas sur commande et sur parole ; les engouements ont sur lui peu de prix ; il ne se laisse pas étourdir par la réclame, gagner inconsciemment par les courants d'opinion, qui ont la prétention de s'imposer sans objection possible, circonvenir par les éloges intéressés et les boniments de la camaraderie ; pour exprimer de l'admiration, il faut qu'il la ressente ; c'est affaire personnelle ; il est sincère ; on ne l'embrigade point. Ensuite il n'admire pas à la légère ; il tient à s'assurer que son admiration est légitime, qu'elle ne s'égare pas sur des apparences et que c'est bien à la beauté qu'elle s'adresse. Il va plus loin que l'aspect extérieur, qui contente la frivolité ; il a vite percé à jour l'œuvre superficielle et s'en dégoûte ; il approfondit les autres et, plus il les approfondit, plus il s'y attache ; à mesure que le temps s'écoule, qu'il acquiert de la maturité, que son goût s'affine, se perfectionne, il y découvre de nouveaux et plus pressants motifs d'admiration. Celle-ci va sans cesse croissant et s'édifiant sur des bases plus solides ; elle cesse d'être une commotion momentanée pour devenir le résultat d'une réflexion sûre d'elle-même. Il admire donc moins de choses et il se réserve pour l'excellent ; mais entre des œuvres, qui au premier abord paraissent à peu près sur le même niveau, il fait de plus en plus la différence ; les unes baissent dans son estime, tandis que les autres montent. Il n'est de véritable admiration que de connaisseur.

Il convient donc d'étudier longuement, ardemment les chefs-d'œuvre ; mais comment ? Là-dessus les opinions divergent. Certains, qui se croient particulièrement sensibles à l'émotion esthétique, qui s'en attribuent le monopole et se donnent pour des êtres privilégiés, ne les abordent qu'avec des airs inspirés et n'en parlent que sur un ton dithyrambique. Ce sont des effusions continues, des exclamations et des éclats; ils ressemblent à la Sibylle, quand elle se met en communication avec le dieu ; mais la communication ne s'établit pas toujours ; alors l'émotion vraie est remplacée par la rhétorique ou s'éteint dans la sécheresse. Ces esprits, soi-disant supérieurs, font profession de vibrer au contact du chef-d'œuvre et traitent de sacrilèges ceux qui s'efforcent d'abord de comprendre et de saisir les secrets de l'art. Ils dépensent à tort leur dédain et méconnaissent les bons ouvriers, qui préparent les voies à l'admiration et la guident sûrement. Ce n'est pas un labeur vain que d'examiner la grammaire, le style, la métrique d'un grand poète et la forme par laquelle il a donné à sa pensée toute sa valeur. Négliger cette enquête comme fastidieuse et inférieure, c'est laisser dans l'ombre une partie importante du travail de l'écrivain, s'interdire de porter un jugement exact. Il en est de même de tout ce qui, dans sa biographie, explique ses conceptions, des influences qui se sont exercées sur lui et ont conditionné son talent, des emprunts qu'il a pu faire et dont la délimitation détermine la mesure de son originalité, des sources, quelles qu'elles soient, où il a puisé ses idées ; définir patiemment tout cela c'est apporter, suivant le mot usuel, une contribution à l'intelligence du génie. On a beaucoup raillé le *Virgilius nauticus* : ce fut une occasion de plaisanteries faciles sur les recherches minutieuses et obscures des érudits. Or, même sur ce point spécial, l'ironie ne porte point et ne satisfait que les gens, qui ont une dose irréductible d'incompréhension. Virgile mentionne souvent les choses de la marine ; en parle-t-il en homme d'expérience, qui a vu de ses yeux, comme Sophocle, qui avait été stratège et avait commandé des trières, ou n'avait-il sur la matière que des connaissances vagues, puisées dans les livres, et le vernis des gens cultivés, mais incompétents? Dans le premier cas ceux de ses vers qui traduisent des choses nautiques doivent avoir la saveur spéciale du réel pris sur le vif, dans le second ce n'est qu'un pittoresque de seconde main purement verbal. La chose est donc importante à tirer au clair. Croit-on que l'érudit ait perdu sa peine, qui, par les textes d'abord, puis par des mesures sur le monument, s'est aperçu et nous a avertis que des deux tours de Notre-Dame il y en avait une plus grosse que l'autre? C'est justement ce qui enlève à la façade la régularité froide et à notre impression la sensation de quelque chose de mécanique. Ainsi les études philologiques ou archéologiques les plus ingrates en apparence et pour les plaisantins les plus dénuées d'intérêt convergent par des résultats positifs vers l'appréciation totale, fixent à l'admiration des bases fermes et l'équitable degré. Elles l'empêchent de se fourvoyer, de se payer de phrases banales et de mots. C'est une tâche pie que de les poursuivre modestement et c'est témoigner son respect pour le chef-d'œuvre que de le soumettre dans toutes ses parties, à tous les points de vue, à cette investigation féconde. Bien entendu ce travail vivant de dévot éclairé n'a rien de commun avec le bavardage inutile des commentateurs obtus, d'où ne ressort que la constatation de leur nullité.

Ceci posé, il n'est pas moins certain que, si les esthètes voient exclusivement dans le chef-d'œuvre ce qui éveille et alimente l'émotion sensible, les intellectuels sont tentés de le considérer avant tout comme un effort de l'activité pensante et, toute valeur artistique mise à part, de l'analyser, pour découvrir comment il a été fait et l'étiqueter comme un document servant à l'histoire de l'esprit humain. Et ce point de vue n'est pas moins légitime que le précédent; on ne voit pas pourquoi on l'admettrait pour les œuvres médiocres en y soustrayant les chefs-d'œuvre. La recherche du vrai n'est pas moins précieuse pour l'homme que la sensation du beau. Les purs intellectuels, qui dirigent toutes leurs facultés vers le vrai, suivent simplement une voie divergente de celle des artistes, qui se passionnent pour le beau. Ceux-ci sont avides de sentir et n'appellent à leur aide l'intelligence qu'en tant qu'elle concourt à leur émotion; ceux-là sont avides de savoir et négligent l'émotion esthétique, étant pris tout entiers au service du vrai.

*
* *

Les intellectuels sont moins enclins que les sensitifs à l'enthousiasme ; il effarouche leur calme raison, dont il leur apparaît comme l'antithèse ; ils en redoutent le danger et y soupçonnent un piège ; il arrive qu'ils exagèrent et, en se desséchant volontairement, se dépouillent d'une des plus hautes jouissances de l'âme humaine ; en outre, en s'absorbant dans la contemplation de la vérité, ils risquent de la réduire à n'être qu'une distraction égoïste et stérile de l'esprit et non un principe généreux d'action bienfaisante. De leur côté les sensitifs se défient de l'intelligence et, en fermant les yeux à ses lumières, ils deviennent le jouet d'illusions ou sans effet utile ou maladives et funestes. Il faut se tenir à égale distance de ces deux excès. L'enthousiasme est un grand bien ; le tenir pour suspect et se l'interdire de parti pris, c'est, par une timidité mal entendue, se priver d'une des plus grandes forces qui régissent l'humanité ; mais on ne doit s'enthousiasmer qu'à bon escient et pour ce qui le mérite. Loin d'être l'ennemie de l'enthousiasme, l'intelligence lui fournit une matière de choix, l'idée ; car, lors même qu'il est suscité par une forme d'art, cette forme n'est que la réalisation d'une idée. On poursuit plus ou moins âprement son intérêt, on ne s'enthousiasme point pour lui ; tout au plus on se passionne. Mais l'idée a cette vertu, que, lorsqu'elle apparaît à un esprit élevé, à une nature énergique, elle suscite une exaltation généreuse; ce n'est pas seulement une abstraction qu'on a plaisir à dégager et à considérer dans une méditation intime et délicieuse ; on tend à la manifester et, non seulement à la faire resplendir aux yeux d'autrui, mais à en imprégner la réalité concrète et vivante, à la revêtir de l'enveloppe matérielle du fait. C'est donc l'intelligence qui donne l'essor à l'enthousiasme et c'est elle qui le guide; sans elle il n'est qu'une ardeur aveugle exposée à s'éteindre ou à s'égarer. La réflexion semble au premier abord incompatible avec lui ; pourtant, si elle cesse de l'éclairer, il n'est plus qu'une poussée aveugle, qui peut devenir malfaisante. L'enthousiasme religieux peut aboutir à de déplorables excès. Que de sectes on a vues enflammer leurs adeptes pour les pires folies ! Il peut justifier la cruauté, emporter hors des bornes de l'humanité la plus élémentaire. Il faut qu'il s'assure sans cesse qu'il est sur le chemin de la vérité ; c'est sur elle qu'il doit avoir l'œil fixé. Il faut encore qu'il se persuade que, s'il est un levier puissant, ce levier ne s'appuie efficacement que sur l'intelligence et que, sans elle, il succombera avant d'atteindre le but.

*
* *

L'intelligence transforme l'ardeur créatrice en génie; réduite à elle seule, celle-ci s'épuiserait en efforts impuissants ; elle ne serait qu'un tourment infécond, une sorte de persécution, comme dans ces rêves, où l'on veut agir et où pèse sur vous un poids énorme, qui paralyse. Il n'y a pas de génie sans ardeur créatrice, mais il n'y en a pas non plus sans un idéal et cet idéal, ce n'est pas la sensibilité surexcitée, mais l'intelligence lumineuse qui le révèle. Tous les artistes ont eu le leur qu'ils ont vaillamment essayé de traduire; ceux qui en ont manqué ne sont que d'estimables artisans. Regardons au Louvre le moulage du Diadumène de Polyclète. Le sculpteur vivait au milieu d'une foule d'éphèbes, qui, nus dans les palestres, fortifiaient et assouplissaient leur corps par des exercices de gymnastique et sa main était toute prête à reproduire leurs formes, qui s'étaient gravées dans ses yeux et dans son esprit. Ils appartenaient à une race privilégiée sous le rapport de la noblesse physique et, par un entraînement méthodique, ils perfectionnaient merveilleusement les dons de la nature; mais cet entraînement ne pouvait effacer complètement les défauts et les tares des individus. Ce n'est qu'un corps humain que le statuaire a voulu rendre, mais il l'a conçu dans l'idéal de la beauté, de la force et de la souplesse; la beauté est dans l'élégance, la pureté, l'harmonie des lignes et des formes, qui ne sont pas vides et creuses, mais pleines de chair palpitante, dans la grâce du mouvement des bras relevés pour ceindre la tête, la force dans le développement des épaules et de la poitrine et dans la saillie des muscles du dos qui en contiennent une réserve énorme, la souplesse et l'agilité dans l'étroitesse des hanches, dans la légèreté du corps, dont la jambe droite suffit à porter tout le poids, tandis que la gauche est libre, mobile, et que l'attitude même du repos fait éclater la virtualité du mouvement. Cette œuvre est un hymne à l'excellence du corps humain, qu'il glorifie. La nature l'a inspirée; elle ne l'a pas produite. Tous les grands génies ont étudié la nature et l'ont prise pour souveraine maîtresse, mais ils y ont découvert autre chose que ce qu'elle étale aux yeux de tout le monde; ils en ont tiré autre chose que ce qui est en elle; les géants de Michel-Ange, les Vierges de Raphaël, les héros de Corneille, les amoureuses de Racine forment à côté du monde réel un monde conventionnel créé par l'art. Car l'art est une convention et chaque artiste invente la sienne; le mot ne prend un sens défavorable, que lorsqu'elle est perpétuée mécaniquement, soit par l'artiste lui-même, soit par ses élèves qui la copient, si bien qu'elle se dépouille peu à peu de ce que l'auteur y avait mis d'animé au contact direct de la nature et dans la fièvre de l'imagination. Dès qu'on la codifie et qu'elle se transmet par une tradition enseignée, elle devient rigide et il n'en reste qu'une formule banale à la portée de l'adresse machinale et de l'incapacité. Tout artiste est tenu d'extraire de la nature scrupuleusement interrogée sa convention propre, qui n'est pas matière à héritage et qu'il ne peut léguer, car, dès qu'elle n'est plus soutenue par son souffle, elle tombe à l'état de cadavre. Le précepte en vogue de nos jours « Faites ce que vous voyez » n'est acceptable que si on y ajoute « à la condition de voir ce que n'aperçoit pas le commun des mortels ». A cette nécessité de l'idéal les grands réalistes eux-mêmes n'ont pas échappé et ils s'y sont soumis inconsciemment en dépit de leurs théories d'école. Sous la plume de Zola, dans *La Débâcle*, la réalité prend des proportions colossales, qu'elles n'a jamais eues dans les faits; c'est une réalité exaspérée, troublante, cauchemaresque et comme une sorte d'au-delà que nous n'atteignons pas dans le domaine des choses, avec lesquelles nous sommes en communication. Sans cet effort créateur on n'obtient que la platitude, qui n'a rien à faire avec l'art, et les quelques écrivains, qui de nos jours se sont donné pour tâche de reproduire fidèlement la vulgarité quotidienne, ou l'ont rendue telle qu'elle est et nous laissent indifférents, ou l'ont relevée d'une pointe de fantaisie, ou nous amusent, parce qu'elle apparaît chez eux à un degré d'insipidité, de sottise, de bassesse, qui n'est que très faiblement en germe chez les plus insipides, les plus sots et les plus bas.

Le génie a chez tous ceux qui en sont doués des caractères communs : c'est la perception d'un idéal accompagnée d'une sorte de fièvre tendant à le reproduire et servie par des moyens suffisants pour l'exprimer. C'est l'intelligence qui saisit cet idéal et qui, par une facilité naturelle aidée du travail, parvient à l'exprimer.

CHAPITRE VII

L'idée du Bien et les sentiments désintéressés et généreux.

Si les hommes étaient tous doués à un degré supérieur de tous les sentiments désintéressés et généreux, ils n'auraient pas éprouvé le besoin d'inventer la morale, ou tout au moins celle-ci n'eût été qu'une abstraction, par laquelle ils se seraient rendu compte de leurs bonnes qualités, une construction intellectuelle, où ils auraient pris de leurs instincts une conscience claire et les auraient classifiés, le tout sans application pratique, puisqu'ils auraient fait le bien naturellement. Il semble qu'ils l'aient surtout constituée comme un préservatif contre les mauvais penchants soutenus par les erreurs de l'esprit et la perversion de la volonté et contre le mal qui en provient à leur détriment. De là deux caractères très visibles, qui la distinguent de la générosité : elle se compose surtout de défenses ; elle interdit certains actes, dont les conséquences sont particulièrement pernicieuses ; elle prohibe plus qu'elle n'exhorte et, tandis que ses défenses sont catégoriques et absolues, ses exhortations sont plutôt timides et sans limites fixes: elle nous commande d'aimer nos parents et ne détermine pas jusqu'à quel point, nous laissant ainsi quelque latitude ; au contraire la générosité n'a que faire de préceptes négatifs ; puisqu'elle nous enjoint d'être desintéressés, il va sans dire qu'elle condamne le vol, qui est une manifestation de l'intérêt poussé à l'excès. Elle est donc positive et nous commande d'aller jusqu'aux dernières limites où nous porte notre élan. D'autre part nous avons un penchant très vif à appliquer les prescriptions morales à nos semblables plus qu'à nous-mêmes, comme si c'était une règle que nous tenons à voir observer par eux, parce que nous avons un intérêt pressant à ce qu'elle le soit et qu'elle nous protège, tandis que nous nous accordons une certaine liberté, quand il s'agit de nous l'imposer. C'est nous au contraire que la générosité engage, met en mouvement, prend à partie ; elle n'exige rien de nos semblables et ne les connaît que pour se prêter à leurs besoins.

Il est impossible de savoir à quel moment de son développement l'homme instinctif a conçu l'idée du bien, telle que nous l'entendons aujourd'hui ; l'observation des enfants ne fournit là-dessus aucun renseignement, puisqu'ils ne sont pas abandonnés à eux-mêmes et que, dès qu'ils sont en état de comprendre, notre premier soin est de leur inculquer ce qui de la morale est à leur portée ; ils l'apprennent par les exemples qu'on leur propose, par ce qu'ils voient autour d'eux, par une prédication intensive ; ils la reçoivent toute faite et sont dans une situation très différente de celle de l'homme primitif qui l'a formée. Au début l'idée du bien n'était sans doute que la constatation de la satisfaction intime que nous éprouvons en accomplissant un acte conforme à notre nature. L'arbre qui pousse des branches, la fleur qui s'ouvre au printemps trouveraient à cela quelque plaisir, s'ils avaient conscience du développement qui est la loi de leur être. L'adolescent, qui, dans la période de croissance de ses forces physiques, les exerce, recueille de ces exercices un sentiment de bien-être, parce qu'ils favorisent le progrès normal de son énergie vitale et il en conclut qu'il est bien de faire travailler ses muscles ; il ne comprend pas qu'on l'en empêche. Il en est de même de notre activité sensible ; toutes les fois que nous la mettons en jeu, il en résulte pour nous une satisfaction ; mais ici la question se complique ; car notre activité sensible est variée, multiple et se propose des buts divers. Examinons ce qui se passe en nous, quand nous exécutons un acte généreux, indifférent au point de vue moral, coupable. Nous venons de sauver un de nos semblables ; l'instinct du dévouement, qui est en nous, a trouvé son emploi ; nous éprouvons une satisfaction, dont je définirai plus loin les caractères. Nous rencontrons un objet abandonné, dont il est impossible de connaître le propriétaire, objet qui nous plaît et qui nous servira ;

nous nous emparons et, comme tout à l'heure, nous éprouvons une satisfaction, qui reste à définir. Enfin un malfaiteur assassine pour le dépouiller un homme qu'il n'a par hypothèse aucun motif de haïr; il se met par là en possession d'objets convoités et en cela, comme précédemment, il ressentira une satisfaction; mais, si bas que soit son niveau moral — mettons-le à zéro —, le meurtre en lui-même ne lui en procurera aucune; ce n'est qu'un moyen quelconque, qui lui semble indifférent, dont il s'est servi pour arriver à ses fins. Ainsi ce que nous appelons le mal ne nous cause en lui-même et en dehors des circonstances qui l'accompagnent, du profit que nous en tirons, aucun plaisir. Considérons maintenant la nature de la satisfaction éprouvée dans les trois cas supposés : dans les deux derniers elle est identique, elle provient de ce que notre intérêt a trouvé son compte à l'acte accompli; dans le premier au contraire elle existe, sans que nous ayons obtenu aucun avantage personnel. Psychologiquement nous sommes donc en présence non pas de trois, mais de deux phénomènes, d'une part une satisfaction égoïste, de l'autre une satisfaction désintéressée; toutes deux sont également légitimes; car il est aussi conforme à notre nature de songer à nous que de songer à autrui; mais elles sont d'espèce tout à fait distincte, puisqu'elles correspondent à deux emplois très différents de notre sensibilité.

Il est vraisemblable que la notion du bien n'a été

primitivement pour l'homme que celle du développement de sa nature normale, quelque chose par conséquent de précis, mais de très compréhensif, que pendant de longs siècles la satisfaction du sentiment égoïste et celle du sentiment généreux ont été confondues ; c'est le premier éveil de la réflexion philosophique qui les a dissociées. On s'est aperçu qu'il y a parmi nos instincts essentiels deux catégories profondément séparées et presque contradictoires ; les uns sont dirigés vers notre utilité personnelle, les autres vers une sorte d'idéal qu'il nous plaît de réaliser, souvent pour le profit d'autrui. Des deux joies que leur mise en action nous procure l'une est assurément très vive, très prenante, mais elle n'a pour objet que notre avantage matériel obtenu et elle ne s'élève pas bien haut ; en outre, elle n'est pas toujours sans mélange, car, pour faire prévaloir notre intérêt, il faut souvent combattre et opprimer celui de nos semblables, qui nous menacent à leur tour de représailles impitoyables. L'anthropophage qui mange un homme d'une tribu voisine ressent évidemment un plaisir ; mais ce plaisir est tempéré par quelque appréhension, obscurci par la perspective d'être à son tour mangé. Au contraire, quand un homme primitif avait aidé son semblable — et l'aide réciproque est sans doute aussi ancienne que l'humanité elle-même —, il ne pouvait pas ne point éprouver un contentement, qui avait ceci de particulier qu'il était noble et pur et que, loin d'exposer à aucun danger pour l'avenir, il préparait des rapports pacifiques et favorables. Si le bien a été conçu d'abord comme ce qui était conforme à nos sentiments naturels et les satisfaisait, une fois la séparation reconnue entre les sentiments égoïstes et les sentiments généreux, l'idée a du se scinder en deux autres, celle du bien-être répondant aux premiers, celle du bien moral répondant aux seconds. La conscience morale est née, non pas le jour où pour la première fois un homme est venu au secours d'un de ses semblables, mais le jour où il a réfléchi qu'il avait fait là quelque chose de très spécial, commandé par une voix sortie de ses entrailles, et dont pourtant il ne tirait aucun profit immédiat. Si telle est l'origine de l'idée du bien et si elle a ainsi évolué, on ne s'étonnera pas que le même mot s'applique aux choses les plus diverses, par exemple quand on dit d'un honnête homme qu'il a fait du bien et d'un homme riche qu'il a laissé du bien.

Une fois la conscience humaine en possession de cette vérité qu'il y a un bien moral, qui n'est autre chose que la conformité avec les tendances les plus élevées de notre nature, restait à définir ce qui est bien; c'est à cela que s'est appliquée l'intelligence. La seule chose qui soit fixe, c'est l'évidence qu'il y a un bien; la morale théorique se modifie suivant une définition, de plus en plus exacte et très éloignée d'être encore adéquate, de ce qui est bien. Ce qui est considéré comme bien varie suivant les temps, les pays, les circonstances et même les personnes ; suivant les personnes — un intermédiaire qui procure à un commerçant une affaire profitable recevra légitimement pour sa peine une rémunération ; il est blâmable, s'il est fonctionnaire et qu'il ait usé de la partie de la puissance publique qu'il détient — ; suivant les circonstances — il n'y a pas un seul précepte moral qui puisse être affirmé indépendamment du relatif et c'est ce qui a fait naître la casuistique, qui est aussi ancienne que le monde et subsistera autant que lui ; ainsi il est coupable de mentir ; mais le mensonge est moral, quand il s'agit de sauver son père menacé de mort sans motif légitime par des forcenés : *splendide mendax*, a dit Horace — ; suivant les pays — dans l'Inde, en certains cas, la veuve devait se brûler sur le bûcher de son époux ; chez nous on n'a jamais soumis à cette épreuve les veuves les plus inconsolables — ; suivant les temps — nous avons pendant des siècles torturé et condamné aux flammes les hérétiques ; nous nous en remettons maintenant au Père Éternel pour les juger à sa guise —. Parmi ces variations il y en a qui dépendent des modalités dans lesquelles se présente le devoir et du relatif qui le détermine ; elles sont inévitables et éternelles. D'autres constituent le progrès ; elles proviennent du perfectionnement du jugement, qui répudie peu à peu les erreurs anciennes sur ce qu'on appelle le bien et le mal ; la tâche de la raison de plus en plus éclairée est de redresser les idées fausses, de ramener l'infinité des moral[illegible] l'un[illegible], de faire rentrer dans la catégorie des actes moraux beaucoup de ceux qui ont été longtemps considérés comme indifférents : ainsi on n'a jamais regardé comme un devoir de réduire les nègres en esclavage ; mais, jusqu'à une époque qui n'est pas éloignée de nous, on ne se faisait pas scrupule de les trai[illegible] êtres tout à fait inférieurs, dont on disposait comme de marchandises et d'objets ; nous leur avons reconnu la qualité d'hommes. Si le bien n'est pas autre chose que ce qui est conforme à nos sentiments désintéressés et généreux, guidés par la réflexion, on voit dans quel sens évolue normalement la morale et en quoi la morale future différera de celle très incomplète et très approximative que nous pratiquons. De négative elle deviendra de plus en plus positive ; elle l'est déjà en partie. Le stade négatif nous est surtout représenté par la loi civile, qui correspond à un état antérieur de la morale, dont par l'influence de la philosophie elle se rapproche peu à peu, mais en restant toujours en arrière : elle nous défend de nuire à nos concitoyens ; la morale nous enjoint de leur être utiles. A son tour celle-ci est en retard sur la générosité ; elle ne nous interdit point de faire valoir contre eux nos intérêts légitimes ; la générosité nous engage de tout son pouvoir à leur en abandonner une partie notable. Le progrès pour la morale réside dans l'effort pour rejoindre la générosité qui la devance, à étendre son domaine, à englober de plus en plus les faits qui jusqu'alors lui sont restés étrangers. Être moral, c'est diriger sa conduite suivant la considération du bien ; or, pour peu qu'on y songe, on s'aperçoit qu'il n'y a guère d'actes tout à fait indifférents et qui, soit par eux-mêmes, soit par leurs conséquences, ne tombent sous l'appréciation de la conscience, de sorte que, plus nous portons notre attention de ce côté, plus la morale nous saisit et nous enveloppe. Son évolution, c'est la mise en valeur progressive de la générosité humaine, évolution qui ne sera terminée que lorsqu'elle la recouvrira, l'épuisera tout entière, de façon que moralité et générosité ne soient plus que deux faces d'une même conception.

⁂

A côté de l'idée du bien, il y en a une autre, qui est capitale en morale, celle de l'obligation. La conscience nous révèle qu'il y a un bien ; l'intelligence distingue ce qui est bien ; quand nous l'apercevons clairement, nous nous jugeons tenus de l'accomplir. Pour peu qu'on analyse cette idée d'obligation, on constate qu'elle n'est pas simple : d'abord en effet l'observation découvre qu'il y a en nous des sentiments très purs ayant pour objet un idéal qu'on est convenu de nommer le bien ; se refuser à reconnaître cette évidence psychologique serait aussi absurde que de nier les vérités mathématiques ; d'où l'adhésion de notre raison à l'existence du bien ; cette adhésion est logiquement forcée ; nous y soustraire serait accepter l'absurdité. Mais elle n'est pas simplement intellectuelle, comme celle que comporte l'ordre scientifique. En effet notre nature est essentiellement d'agir. Pascal a dit que tout le malheur des hommes venait de ne pouvoir rester tranquilles dans une chambre ; si c'est leur malheur, c'est aussi leur honneur ; la vie à tous les points de vue est action. Or il nous semble que nous sommes libres d'agir dans un sens ou dans l'autre ; dans chaque cas particulier nous pouvons faire le bien ou le contraire du bien ; mais ne pas faire le bien, c'est agir contre les aspirations les plus nobles de notre nature, contre ce qui est conforme à ce qu'elle a de plus élevé et cela aussi est injustifiable au point de vue de la raison, autrement dit absurde. L'obligation est donc l'adhésion au bien d'abord de notre raison réfléchie, ensuite de notre volonté libre, adhésion que, dans les deux cas, nous ne pouvons refuser que sous peine d'absurdité. Quand nous avons agi contrairement au bien, nous sommes exposés au remords ; le remords est d'abord la reconnaissance d'une erreur commise et la vue nette que nous avons été absurdes ; mais ce n'est pas tout ; cette erreur n'est pas simplement une erreur intellectuelle, qui disparaît devant une conception plus exacte ; elle a eu sur notre conduite une influence plus ou moins considérable suivant les cas ; d'où le regret de nous être conduits comme des êtres illogiques, dénués de raison ; en outre, l'erreur a eu des conséquences pratiques ; elle a fait tort à nos semblables. Ce dommage il nous faut le réparer dans la mesure du possible pour retrouver la ligne normale tracée par la raison.

Cette définition de l'obligation en montre les limites : l'obligation étant l'obligation au bien et le bien ce qui est conforme à nos sentiments désintéressés et généreux, nous ne sommes obligés que dans les limites de nos possibilités. Supposons un individu absolument dépourvu de sentiments généreux ; il est par cela même en dehors des conditions de la moralité et reste confiné dans l'animalité. Si l'absence totale est rare et constitue les monstres, en revanche l'inégalité est la règle. D'où il suit que les devoirs croissent selon qu'on a une capacité plus grande de les remplir et une intelligence plus nette de ce qu'ils sont ; il y a là une proportion qui s'établit d'elle-même et dont le sens commun convient ; à un individu borné, dominé par les besoins matériels et qui diffère peu de la brute on ne demande pas le dévouement, qui semble naturel chez un tempérament plus noble. D'autre part le degré de moralité des hommes ne saurait se mesurer du dehors ; il faudrait être situé au centre même de leur être psychologique pour le déterminer ; on donne en effet selon ses facultés ; comme le denier du pauvre a plus de valeur que celui du riche, le même acte peut être plus moral chez l'homme dont la générosité est médiocre que chez celui qui en a des sources abondantes.

Il s'en faut toutefois que notre capacité morale soit conditionnée définitivement par la façon dont la nature a constitué et modelé à l'origine chacun de nous. J'ai dit que l'intelligence était impuissante à créer en nous les sentiments généreux, lorsqu'ils manquent totalement ; il en est de même de la conscience morale ; nous avons beau nous représenter qu'il est raisonnable, qu'il est bien d'être courageux, ni l'évidence, ni le ferme propos ne parviennent à triompher d'une nature foncièrement lâche. Mais il n'y a que les anormaux, qui n'aient pas au moins les germes latents des sentiments généreux ; nous avons vu que l'intelligence, après en avoir constaté la noblesse, a des procédés pour les développer, les cultiver, les amener à pleine floraison ; elle est singulièrement aidée dans sa tâche, lorsqu'à ses lumières vient s'ajouter la conscience que cela est bien ; c'est alors que la volonté se met à l'œuvre ; elle fait passer dans la pratique ce qui n'était qu'un idéal entrevu ; ainsi nous devenons les artisans de notre moralité ; nous ne la créons pas de rien ; mais nous plions, nous utilisons les éléments qui nous sont donnés, rejetant les mauvais, préférant les bons et c'est par un travail opiniâtre, en captant des sources cachées, en augmentant leur débit, en les faisant couler au grand jour, que nous formons, que nous enrichissons, que nous assurons notre moralité. Socrate était le plus honnête homme du monde ; il convenait pourtant qu'au fond il se sentait plein de vices.

Alors même qu'en fait d'instincts généreux nous nous sentons mal partagés et à peu près stériles, la réflexion nous inspire le regret d'en être si mal pourvus, nous montre combien ils sont désirables et combien les effets en sont utiles; elle nous incite à produire ces effets; mais elle ne peut que plaider une cause; c'est dans la volonté morale qu'elle trouve l'auxiliaire décisif, maître des actes et capable de les réaliser; cette intervention est doublement précieuse : d'abord l'intelligence, qui est le jouet du paradoxe et de l'erreur, qui est malléable aux vues de l'intérêt, peut fort bien, en nous conseillant de nous envelopper des apparences de la générosité, ne se préoccuper que des avantages qui en découlent pour nous ; elle fait parfois de nous de faux honnêtes gens et des simulateurs usurpant dans l'estime publique une place qui ne leur est pas due; notre conduite est à l'abri de tout reproche, mais les motifs secrets sont inavouables; par exemple nous nous comportons au besoin comme si nous étions braves, mais c'est uniquement pour recueillir les fruits de la bravoure; la conscience morale ne connaît pas ces compromissions; lorsqu'elle répare les défaillances de la générosité naturelle, ce n'est point par hypocrisie, par égoïsme, par calcul machiavélique, mais par amour sincère du bien ; si elle obtient de nous que nous nous montrions courageux, sans l'être, l'acte sera volontaire au lieu d'être spontané, mais il n'en sera pas moins noble, moins désintéressé, moins exclusivement offert en don à nos semblables. Ensuite l'intelligence, tout en nous exhortant à manifester au dehors les effets d'une générosité que nous ne sentons pas intérieurement, n'a sur notre conduite qu'une prise faible et incertaine; son domaine propre est celui des considérations abstraites et des idées; il se peut fort bien que nous reconnaissions la justesse de ses conclusions et que nous ne les mettions en pratique que mollement et même point du tout. La voix de la conscience morale est autrement impérieuse; elle ne s'en tient pas aux discussions théoriques et à la constatation de ce qui est bien; elle exige des actes et leur donne une base solide; l'homme courageux par devoir le sera plus sûrement que celui qui ne l'est que parce qu'il se fait une raison; elle nous fait apparaître le courage comme une vertu, qu'elle impose l'obligation de pratiquer.

C'est dans le même sens qu'elle transfigure les sentiments généreux, là où ils sont en abondance et ne demandent qu'à s'exercer. L'intelligence les fortifie en mettant en lumière qu'ils sont beaux, utiles, raisonnables; la conscience, possédée de l'idée du bien, les marque du sceau moral, les soumet à la volonté, nous astreint à les rendre efficaces, nous donne pouvoir sur eux pour les diriger; elle les transforme en vertus. Comparons la générosité à la vertu. La générosité étant un élan de la nature est comme telle soumise aux mouvements, aux fluctuations du tempérament ; elle a ses heures d'épanchement sans mesure et ses moments de restriction, ses ferveurs et ses découragements ; elle ne s'appuie sur rien que sur elle-même ; elle est au vol et ne peut répondre de la lassitude de ses ailes. La vertu est plus sûre d'elle-même et plus constante ; elle repose sur l'assise fermement établie des principes ; elle résulte du parti pris mûrement réfléchi de les prendre pour guides ; elle chemine sur un sol, qui ne se dérobe pas sous ses pieds ; elle se dirige d'une allure régulière vers un but fixe et, pour qu'elle ait des défaillances, il faut un de ces cataclysmes foudroyants qui emportent l'être moral tout entier. En revanche la générosité spontanée possède une fraîcheur naïve, qui la pare d'un charme tout particulier ; elle ne calcule point, elle ne se méfie pas ; elle se présente à qui veut en jouir, comme une fleur qui prodigue au premier venu son éclat et son parfum. La conscience morale ne saurait avoir sur elle l'influence malfaisante de l'intelligence aidée d'une volonté pervertie, qui sournoisement l'attaque, lui fait honte d'elle-même, la dessèche au vent de l'égoïsme qu'elle installe sur ses débris. Elle n'éprouve pour elle que sympathie ; en elle elle reconnaît une sœur ardente et candide, qui lui ouvre la voie et facilite sa tâche. Pourtant la vertu, qui est le fruit de l'effort, de l'exigence et de la contrainte, qui ne la suit que de loin et avec peine, ne saurait prétendre à son aisance souriante et à sa grâce; la générosité est comme l'enfance de la vertu et celle-ci en est la virilité; elle est robuste, mais elle a parfois quelque chose de guindé; forcément austère, il lui arrive d'oublier d'être aimable, de se cantonner dans la raideur; elle prend sur elle-même de remplir son devoir et l'on sent ou que ce devoir lui coûte ou qu'elle éprouve une satisfaction fière, qui tient à distance les objets de ses bienfaits. Elle se dresse froide et grave, inspirant le respect, tandis que la générosité plus accueillante entraîne tous les cœurs après elle.

*
* *

A l'idée de vertu s'attache en morale celle de mérite c'est-à-dire de droit à une récompense, qui lui est connexe et qui est généralement considérée comme son complément légitime et nécessaire. La générosité étant d'instinct spontanée n'aspire à aucun salaire; lorsqu'elle se raisonne, c'est pour se démontrer qu'elle n'a pas tort d'être; elle ne réclame rien; si parfois on la récompense, c'est par gratitude, par pudeur de rester son obligé, pour reconnaître ses effets utiles; elle ne s'y attendait ni ne s'en réjouit. La vertu elle aussi est désintéressée; mais elle nécessite un effort; elle est l'œuvre de celui qui l'a acquise en réfléchissant qu'elle était bonne, en se la proposant comme un but, en appliquant sa volonté à la pratiquer et en exerçant sur lui-même une action sévère, un contrôle incessant ; quand il s'en est assuré la possession, qu'il calcule la peine prise, qu'il songe que le moindre relâchement lui est interdit, que sa vigilance doit toujours être sur le qui-vive, il s'attribue un mérite et il n'a pas tort, puisqu'il a délibérément gravi le chemin escarpé au lieu de descendre les sentiers fleuris. Reste à savoir de quelle nature est ce mérite ; on admet généralement que toute peine doit être rémunérée et cela est vrai quand il s'agit d'une peine dépensée pour autrui après convention conclue ; on réclame légitimement l'équivalent de l'avantage procuré ; mais ce n'est que par une conception superficielle, par une fausse analogie qu'on étend le principe à l'effort fait pour conquérir la vertu ; celui qui l'a instituée en lui, en disciplinant des éléments qui ne l'auraient pas produite d'eux-mêmes, a travaillé pour lui et ne saurait se tourner vers un tiers en lui ouvrant un compte qui ne le regarde pas ; s'il se juge digne d'une récompense, c'est à lui-même qu'il doit s'adresser ; cette récompense, il la trouvera dans la satisfaction de sa conscience ; le perfectionnement qu'il s'est imposé lui est payé par l'accroissement de sa valeur morale. On ne récompense pas celui qui augmente sa fortune. Que s'il prétend à un traitement de faveur, sous prétexte que l'homme vertueux est dans une société un facteur bienfaisant et précieux, on lui répondra qu'il ne l'est qu'à la condition d'être désintéressé et que la vertu n'est plus la vertu, lorsqu'elle n'est que l'expression de l'intérêt bien entendu et le calcul d'un profiteur. Ainsi la vertu a raison de revendiquer un mérite que la générosité ne comporte pas ; mais le seul bénéfice auquel ce mérite ait droit, ce sont les félicitations intimes et l'approbation de la raison.

*
* *

Le domaine de la générosité et celui de la morale ont des parties communes; ils ne se confondent point et ne se recouvrent pas exactement. Examinons dans le détail le rapport de l'idée de bien et d'obligation avec les sentiments désintéressés et généreux.

Le désintéressement professionnel peut reposer, soit sur une tendance naturelle, soit sur la réflexion qui le juge satisfaisant pour l'intelligence, soit sur la base de l'obligation. En s'ajoutant à l'instinct ces deux dernières influences le fortifient ; l'assentiment de l'intelligence le rend stable et conscient ; l'intervention de la volonté morale lui imprime le caractère de l'honnêteté. Il y a des métiers plus ou moins relevés; tous ont cela de commun qu'ils peuvent être exercés avec probité ; à ce point de vue les inégalités disparaissent ; le plus humble travailleur marche de pair avec les plus considérables; il est entré dans la catégorie d'élite, celle des honnêtes gens et a droit au respect ; peu importe que sa besogne soit infime; elle est un moyen pour lui de faire son devoir et son salut moral. Sa loyauté lui vaut non seulement la sympathie et la confiance de celui qui l'emploie, mais cette estime, qui va droit à la moralité, partout où on la rencontre et efface les rangs. Elle rayonne plus loin; les produits du travail sont destinés à satisfaire les besoins des hommes; l'ouvrier, qui ne trompe pas sur la qualité, remplit son devoir vis-à-vis d'inconnus ses semblables et témoigne ainsi d'une haute moralité. Enfin il est honnête envers lui-même; il s'est affranchi de la paresse, de la négligence, de l'égoïsme qui sont des vices; il n'a pas de reproches à se faire. L'honnêteté professionnelle n'est pas l'amour du métier, qui provient de ce qu'on le trouve conforme à ses aptitudes, à ses facultés et que par suite on s'y livre avec goût et qu'on le fait bien. Elle est une appropriation et une forme spéciale de la vertu.

La morale, qui est catégorique sur le cas de l'ouvrier, est fort embarrassée, quand on lui demande de déterminer jusqu'à quel point le désintéressement du savant et de l'artiste est obligatoire, d'énoncer là-dessus des principes fixes et des conclusions fermes; elle reconnaît que l'artisan a le droit de tirer profit de son travail; elle ne se croit donc pas autorisée à obliger le savant à livrer gratuitement ses découvertes, l'artiste ses chefs-d'œuvre, sans en tirer une juste rémunération; mais, pour l'artisan, il ne s'agit que d'un travail matériel, auquel s'ajoute une dose modérée d'intellectualisme; l'étude, les méditations, l'inspiration du savant et de l'artiste sont de telle nature, qu'elles ne se prêtent pas à une évaluation monnayée; elles sont comme l'écho d'un monde immatériel, où les besoins n'existeraient pas et où par suite le prix de l'argent s'évanouirait. D'autre part, les grandes découvertes scientifiques ont des résultats si prodigieux, les belles œuvres sont une révélation si sublime, que tout l'or de l'humanité ne suffirait point pour les payer. Il y a là des incertitudes et des impossibilités telles, que, si la morale réprouve sur un pareil terrain le mercantilisme et le trafic, elle ne peut marquer les limites strictes du devoir; elle hésite et préfère s'en remettre sur ces questions délicates à la générosité. Elle ne fait pas siennes les exigences du gros public, qui trouve tout naturel de jouir des trouvailles des esprits supérieurs sans bourse délier et laisse mourir de faim artistes et savants, comme s'il ne leur devait rien; mais elle condamnerait sévèrement ceux-ci, si, tenant dans leur main le vrai et le beau, ils menaçaient de ne l'ouvrir qu'à prix d'argent. Pour eux l'indécision de la morale à leur égard ne les préoccupe que médiocrement; tournant le dos à l'infime minorité des confrères rapaces, ils ne s'inquiètent pas des limites du devoir, parce qu'ils sont résolus à les dépasser. L'essor des sentiments généreux les emporte loin des considérations froides de moralité.

En ce qui concerne, dans la vie ordinaire, le maniement de l'argent, la morale réprouve la cupidité et l'avarice, elle enjoint de rendre à chacun son dû, de ne pas profiter de l'inadvertance et des erreurs; c'est là l'honnêteté ; la délicatesse est un raffinement, le scrupule en vertu duquel, par crainte de ne pas faire tout le bien, nous aimons mieux faire quelque chose de plus ; elle tient d'un côté à la morale et de l'autre touche à la générosité, qui, elle, sacrifie délibérément l'intérêt propre.

*
* *

L'amour et la morale ont entre eux des rapports, qui manquent souvent de cordialité ; il ne dépend pas d'elle de le faire naître, de l'alimenter, de le soutenir, quand il dépérit ; elle a des démêlés orageux avec lui, lorsqu'il s'agit de le circonscrire et de lui marquer des bornes. L'amour est une force aveugle, inconsciente, qui, comme toutes les forces naturelles, n'est ni le bien ni le mal, qui du bien ou du mal n'a pas la notion, qui ne sait pas qu'il est dans l'Univers autre chose qu'une ardeur des sens ou du cœur, mais tout simplement l'agent de la continuation de la race, auquel la nature a préparé des voies semées de fleurs. C'est à ce rôle austère qu'essaie de le plier la morale, en lui apprenant qu'il assume des devoirs envers celle qu'il a choisie, envers ceux qui lui devront le jour. La morale et l'amour ne sont pas des ennemis inconciliables, mais des puissances, qui doivent traiter sur pied d'égalité, en s'accommodant l'une à l'autre ; leur désaccord est un malentendu et un désastre. Lorsque l'amour se révolte dans sa fougue indomptable et, secouant toute loi, court les libres aventures, ou bien il finit par sombrer dans l'abjection ou bien il s'égare dans ces transports, dans ces excès de passion, il se débat dans ces drames, qui fournissent aux poètes leurs chants les plus exaltés et les plus troublants, mais qui bouleversent l'existence et qui tuent. Si la morale nie sa légitimité et prétend l'étouffer, elle éteint le feu sacré qui vivifie l'humanité, prive celle-ci de ses plus fortes émotions et l'ensevelit dans la glace de l'hypocrisie. Son rôle normal est d'organiser l'union des sexes, de manière que l'amour s'y épanouisse, y goûte des joies sans remords, prenne conscience qu'il est noble, utile, et bienfaisant. Le vœu de l'amour dans ses expansions les plus débordantes est d'être éternel et sincèrement il jure de l'être ; mais ce serment, livré à lui-même, il est incapable de le tenir et sacrifie le bonheur à des satisfactions passagères ; en lui imposant dans le mariage durable l'obligation de l'observer fidèlement, la morale lui assure ce bonheur ; l'éternité, à laquelle il aspire, elle en fait une réalité, en tant qu'elle est compatible avec la fragilité humaine, et, si elle l'astreint, ce n'est qu'à ce qu'il considère lui-même, lorsqu'il se donne tout entier, sans réserve, comme sa loi et son bien. C'est à l'intelligence de l'avertir de ne pas se donner à la légère et à tort. Il y a dans la famille une flamme plus précieuse que la flamme du foyer, celle de l'amour.

*
* *

L'amour des parents pour leurs enfants est trop naturel et trop enraciné pour chercher un appui en dehors de lui-même. Les manuels de philosophie contiennent un long chapitre, où on leur énumère leurs devoirs et cet exposé n'est pas inutile. L'amour n'est qu'une tendance ; il a besoin qu'on le guide, qu'on lui détaille sa tâche. C'est l'œuvre de l'intelligence réfléchie et, comme la dose d'intelligence et de réflexion individuelle est faible, il doit recourir à celles d'autrui, à l'expérience qui lui épargne les tâtonnements et l'éclaire. Il prend donc conscience de ses devoirs dans les traités de morale. Mais ces devoirs il les remplit de si grand cœur, d'une aisance si spontanée, qu'il se soucie peu d'apprendre qu'ils sont obligatoires et que cette considération lui paraît sans intérêt pratique. L'amour des parents ne devient une vertu, qu'en présence de l'ingratitude systématique et du vice incurable, lorsqu'il se sent à bout de forces et prêt à défaillir ; cette vertu n'est pas sans amertume, parce qu'elle usurpe une place qui n'est pas la sienne, qu'elle tient imparfaitement lieu de quelque chose qui s'en est allé et qu'on ne reverra plus ; elle est mélancolique, tempérée de regrets ; on s'y résigne faute de mieux et avec chagrin ; on a du mérite à la pratiquer et l'on voudrait n'avoir pas ce mérite. En outre l'amour n'a pas de bornes ; la vertu en a ; elle peut se heurter à d'autres, avec lesquelles elle entre en conflit ; on tremble qu'il n'apparaisse clairement un jour que sa mission est terminée.

*
* *

Avant d'envisager les rapports de la morale avec ceux des sentiments généreux, qui ont pour objet nos semblables, il convient de préciser ce que moralement nous devons à ces semblables. La réglementation philosophique a beaucoup exagéré nos obligations à leur égard, en marquant de ce caractère ce qui n'est que l'effet de la sympathie et de la générosité. Ces effets, nous sommes tenus à les produire, en vertu de la loi de notre nature, mais nous n'y sommes tenus qu'envers nous-mêmes et cela ne crée pas à autrui de droit sur nous ; nous faisons mal en nous y dérobant, mais c'est une question à régler avec notre conscience et dans laquelle nul n'est fondé à intervenir. Je me place à l'état sauvage, qui, à ce qu'il semble et théoriquement, a précédé l'institution des sociétés. Si, dans cet état, je rencontre un de mes semblables mourant de faim, je ne vois pas quel droit il aurait à me réclamer une part du fruit que je viens de cueillir ou du produit de ma chasse ; ce que je vois, c'est que je serais vil et méprisable en ne la lui offrant pas. On me dit qu'il est homme et que je suis homme; cela est certain ; mais je ne suis pas responsable de l'espèce ; à l'état naturel le seul droit de chacun, sauf les membres de la famille, est de subsister sans être violenté. Cela change avec l'état social, qui suppose des conventions, d'abord très lâches et très élémentaires, puis plus étroites et plus compliquées, primitivement tacites, ensuite formulées et précisées dans les lois. Le lien social crée le juste et l'injuste et le détermine, en s'appuyant sur l'idée du bien qui, elle, est innée et le précède. Comme nous nous associons pour en retirer des avantages, il est normal que ces avantages soient assurés à tous les membres de l'association ; autrement dit nous contractons envers nos co-associés des devoirs, qui leur donnent une prise, qui leur constituent des droits sur nous. Nous fondons des institutions, qui les protègent contre les attentats et les dommages, leur garantissent la sécurité, établissent un ordre, dans lequel ils puissent pourvoir à leurs besoins et développer librement leurs facultés ; nous leur reconnaissons un droit à l'aide effective, résultant de la cession partielle de ce qui nous est propre, aide qui ne s'adresse pas seulement aux faibles, aux infirmes, aux vieillards, mais même aux hommes faits, momentanément dans l'impossibilité de se suffire ; car le premier avantage qui doive résulter de l'association, c'est de pouvoir vivre. Mais tout cela ne nous impose qu'une contribution proportionnée aux besoins de l'œuvre sociale et c'est par l'intermédiaire de cette abstraction qu'est l'État, que nos semblables acquièrent des droits sur nous; ils n'ont recours contre nous que dans la mesure où nous sommes responsables des défectuosités du pacte social. Le minimum des droits de chacun sur la collectivité s'accroît par suite du perfectionnement accepté par tous de l'association ; les droits positifs de l'individu sur chaque individu pris isolément restent toujours limités à la part très réduite que celui-ci peut avoir dans les manquements de la collectivité. En revanche la générosité tend à se développer et s'émeut davantage, est prête à s'exercer d'une façon plus efficace, à mesure que se resserre la vie en commun. On s'intéresse plus à un concitoyen qu'à un étranger, à un habitant de son village qu'à un simple concitoyen, à un voisin qu'à un inconnu. Le lien social rapproche, rend l'indifférence moins excusable ; du moment que ceux qui souffrent font corps avec nous, de quelque façon que ce soit du reste, nous nous trouvons plus disposés à prendre sur nos ressources pour atténuer leur misère. L'état social est un puissant motif d'expansion pour la générosité. Quant à la morale, elle exerce sur elle une influence, indépendante de l'état social ou naturel, qui ne va pas pour nous sans douloureux sacrifices, mais qui est toute à l'avantage de nos semblables. Ces sentiments généreux, que nous développions dans l'allégresse comme des dons charmants de la nature, elle en fait pour nous l'origine de devoirs, que nous ne saurions négliger sans faute grave ; l'exercice du bien n'est plus un plaisir, c'est une loi, une charge. La conscience nous enjoint impérieusement de leur donner toujours et quoi qu'il nous en coûte leur plein et salutaire effet ; cela ne crée pas de droits à nos semblables sur nous ; mais cela les assure que nos bons sentiments ne seront pas stériles, que nous nous employerons à en accroître, à en stimuler l'activité et qu'ils en jouiront désormais non comme d'une faveur inespérée et de fortune, mais comme d'une rente solidement assise et sur laquelle ils peuvent compter.

*
* *

La bienveillance s'entend de deux façons : elle est une disposition de l'âme à faire du bien, quand l'occasion s'en présentera, et même à provoquer cette occasion ; en ce sens elle est obligatoire, comme une préparation nécessaire à l'action ; elle est aussi une manifestation par l'accueil de ce sentiment intime ; elle a dans ce cas quelque chose d'extérieur et de léger et ne se prête pas à être transformée en une grave vertu ; contrainte, elle perdrait de sa grâce. La serviabilité se prodigue d'habitude en menus bons offices abondants et rendus avec empressement ; elle prend un autre nom, quand il s'agit de choses importantes ; elle aussi éprouverait quelque embarras à se voir changée en vertu ; mettons donc que l'une et l'autre sont vis-à-vis de la moralité comme ces nymphes aimables, que la mythologie ancienne faisait figurer dans le cortège des grandes déesses.

*
* *

Avec la bonté nous entrons plus décidément dans le domaine de la morale. Sans doute elle est en grande partie affaire de tempérament ; il est des âmes douces, qui la distillent comme les abeilles le miel, et la morale se réjouit de les trouver si suaves ; d'autres, âpres et revêches, sont toutes en dureté et en épines. Elles ont une excuse, lorsqu'elles ont été déformées ou par des souffrances physiques ou par les rigueurs de la vie ; n'ayant jamais rencontré de pitié bienfaisante, elles ne sont pas pitoyables. Elles n'ont point de circonstance atténuante, quand l'attitude haineuse est chez elles gratuite. Quoi qu'il en soit, la raison essaie de les convertir à la bonté, dont elle leur montre les attraits et le charme ; la morale combat la méchanceté comme un vice et par l'idée du bien, par le remords, elle rétablit la bonté dans ses droits.

*
* *

Le dévouement n'est obligatoire que lorsqu'il s'exerce au profit des personnes envers qui nous avons des devoirs à remplir, nos enfants, des parents infirmes ou sans ressources, des amis, qui nous ont rendu service, des bienfaiteurs. Quand on le pratique par pure affection, pour satisfaire une sympathie, la morale y applaudit comme à toute manifestation généreuse; elle ne nous l'impose pas. Elle intervient pour nous astreindre à certaines précautions : avant de nous dévouer à quelqu'un, il faut examiner quel but il poursuit et si ce but est conforme au bien; le dévouement ne doit pas dégénérer en complicité et se mettre à la discrétion d'un scélérat; l'excuse même de l'ignorance en pareil cas n'est valable que si nous avons été circonvenus et trompés de telle façon, qu'en dépit de toute clairvoyance, l'erreur était fatale.

Le dévouement ne va pas sans esprit de sacrifice et peut être poussé très loin dans ce sens. Si l'on entend par là une disposition à faire profiter autrui de l'activité que nous pouvions employer à notre avantage, à lui céder une partie des commodités et des avantages matériels, qui sont notre propriété, il est la condition même du dévouement et la morale nous l'impose dans les cas où le dévouement est obligatoire, en nous laissant libres de le mesurer à notre guise, lorsque celui-ci est facultatif. Si on le définit la reconnaissance d'une supériorité et la subordination volontaire à cette supériorité, la raison nous a montré qu'il doit être contenu dans de justes limites et ne pas aller jusqu'à l'abdication totale de la personnalité ; en effet, exception faite des anormaux et des déséquilibrés, l'homme n'est jamais si dénué, qu'il soit raisonnable pour lui de se remettre comme un objet entre les mains d'autrui. Ce qui n'est pas logique n'est pas non plus moral, puisqu'alors nous cessons d'être responsables et de figurer sur la liste des êtres susceptibles de moralité, la moralité exigeant la maîtrise de soi. Mais, quand l'esprit de sacrifice est réglé par la considération réfléchie de ce qui nous manque et sagement ménagé, il est, dans notre effort vers la moralité, un élément salutaire et bienfaisant ; il fait contrepoids au désir de domination, d'empiètement sur nos semblables, à la prétention d'exagérer nos forces, notre valeur ; il réprime l'orgueil, la vanité, le contentement excessif de soi, les ambitions disproportionnées, nous fait toucher les bornes de notre capacité, sentir notre faiblesse et notre imperfection. Nous occupons un rang dans l'immense gradation des êtres ; à ne regarder que ceux qui sont au-dessous de nous, une folle présomption nous enivre ; tournons nos yeux vers les supériorités de toute nature, qui nous dépassent, et nous nous convaincrons de notre insuffisance ; il n'y a pas de moralité sans une humilité relative et sans modestie.

Jusqu'à quel point le dévouement à l'idée est-il obligatoire? Quand nous possédons la vérité, la morale nous enjoint de la répandre et c'est une des formes les plus pernicieuses de l'égoïsme que de la garder pour soi ; elle est l'aliment nécessaire de l'existence intellectuelle, plus précieuse que l'existence physique. Mais elle ne se révèle pas à nous par une grâce spéciale, qui nous illumine ; on la conquiert par l'effort. Le savant, qui la cherche, lui consacre ses veilles ; pour elle il abandonne la surveillance de ses intérêts ; il s'astreint à des travaux pénibles, prolongés et souvent il abrège sa vie. S'il aboutit à une découverte, la morale lui commande d'en faire don à l'humanité ; mais, si elle affirme ses droits sur le résultat, à quel titre lui imposerait-elle le labeur acharné, devant lequel il n'a pas reculé ? A quel titre lui interdirait-elle la vie facile du commun des hommes, pour le condamner au rude métier d'inventeur ? Elle reconnaît donc son impuissance et s'en remet à la générosité. C'est la générosité, qui exhorte le savant à ramasser toutes ses forces, à les diriger vers le vrai caché et à s'épuiser dans la lutte pour éclaircir le mystère. Sa conscience lui dira qu'il a fait le bien, mais un bien qui n'était pas exigible ; il a été libéral envers ses semblables. La question se présente sous un autre aspect, lorsqu'il s'agit non plus de vérités scientifiques à découvrir, mais de vérités humaines, encore contestées, méconnues dans la pratique, et qu'il faut prêcher ardemment, pour qu'elles produisent leur effet utile. Elles contrarient des intérêts, qui se croient légitimes, elles soulèvent des objections passionnées ; ceux qui les propagent se voient traités parfois de malfaiteurs et de criminels. Ils se dépouillent de tout pour elles ; ils les proclament avec une ferveur d'apôtres; au besoin ils leur rendent témoignage, jusqu'à accepter le martyre. Ici la morale hésite; elle nous engage à nous dévouer à la vérité, à ne pas craindre pour la défendre la persécution ; elle ne fixe pas le point précis, jusqu'où nous devons aller sous peine de manquer à sa loi ; elle reconnaît que le souci de nos intérêts, de nous-mêmes et des nôtres est légitime. Embarrassée pour résoudre le problème, elle se contente de régner sur les gens vertueux, qui sont proprement ses fidèles ; quant à l'élite rare des apôtres et des martyrs, elle les confie à la générosité, qui se sent la force de les conduire; ils ont dépassé la moralité parfaite et atteint l'état angélique, qui touche au divin.

*
* *

L'intelligence n'envisage qu'en tremblant l'immolation de soi dans l'amour de l'Infini. Si la morale proteste contre la dégénérescence par laquelle souvent le mysticisme, incapable de se soutenir sur les hauteurs, s'abîme dans un sensualisme grossier, elle n'a garde de dépouiller l'homme du sentiment de l'élan vers l'Infini. On peut repousser telle ou telle conception métaphysique. Il faudrait être singulièrement courbé sur la peine quotidienne et absorbé par elle pour ne pas se sentir environné de l'Incompréhensible, de l'Inconnu et profondément ému en face de lui. De quelque façon que la science explique la constitution de la matière et du monde visible, elle laisse intact le problème souverain, qui est celui de l'existence même de l'Univers et des êtres pensants. La moindre réflexion met l'homme le plus primitif en présence de l'insondable Infini. Vivre comme s'il n'était pas, nous rétrécir à l'ambiance immédiate, ce serait nous restreindre à une moralité incomplète et réduite. La morale ordonne de considérer l'Être infini et de lui rendre quelque chose en échange de ce que nous lui devons. Ce quelque chose est l'adoration, si l'on envisage sa grandeur, la reconnaissance, si l'on songe que nous dérivons de lui, l'épouvante, si l'on médite sur le mystère. Il y a de tout cela dans l'amour mystique, avec cette dominante que l'Infini ne lui apparaît pas comme hostile mais comme bienfaisant. Qui ne sentirait pas au fond de son cœur une parcelle de cette inquiétude et une espérance ne serait pas l'être qu'Ovide distingue des animaux rampants, en disant qu'il a le visage tourné vers le ciel pour le contempler.

*
* *

Une des assises de l'organisation de la vie en commun est l'institution de la bienfaisance subvenant aux difficultés matérielles, qui dans certains cas menacent l'existence même. Il semble que, par notre participation à cette institution, nous nous libérions de tout devoir personnel d'assistance. Mais elle comporte des lenteurs, des lacunes, des injustices ; notre devoir de charité n'est donc pas éteint et doit remédier à ses imperfections. En outre la bienfaisance bureaucratique est presque forcément impersonnelle et froide ; elle ne prend pas en considération ce qu'il y a de plus pénible dans la misère, qui est la souffrance de l'âme ; c'est à consoler le malheureux par la sympathie que la charité particulière s'emploie ; la misère se heurte souvent à l'indifférence et à l'hostilité de l'entourage, et c'est pourquoi elle couve des rancunes et des haines ; il faut que l'intérêt chaleureusement témoigné vienne panser la blessure et calmer la sensation angoissante de perdition dans l'isolement. Ainsi la charité individuelle conserve son rôle. J'ai déjà montré qu'elle doit s'exercer avec clairvoyance, distinguer les plus dignes, ne pas favoriser le vice ; à besoins égaux entre deux indigents, la cause de l'un est souvent bien meilleure que celle de l'autre devant la charité ; il est raisonnable de ne pas faire les parts égales et cela est en même temps moral. La morale est intéressée à ce que nous exerçions directement la charité, parce que sans cela l'instinct généreux qui nous y porte s'atrophie et se dessèche ; la contribution que nous apportons à la bienfaisance administrative finit par passer parmi les dépenses nécessaires de notre budget, que nous acquittons machinalement; rassurés vis-à-vis de notre conscience, nous ne sommes pas loin de la satisfaction impertinente du pharisien; ayant perdu le contact direct avec la souffrance humaine, on est porté à n'y point penser et on laisse s'endormir la sympathie qui nous porte vers elle. Enfin la charité ne se pratique pas sans nous imposer des privations immédiates et sensibles; elle se dresse en face de l'égoïsme, qui voudrait jouir; elle réagit contre lui par le retranchement de ce qui lui est cher, de ce qui lui est agréable, de ce qu'il voudrait garder; elle le fait donc reculer et travaille au perfectionnement de notre moralité.

*
* *

Quels rapports la morale a-t-elle avec le courage? Quand le danger ne menace que nous-mêmes, nous sommes évidemment libres d'y parer comme nous l'entendons. Pourtant nous avons vu que le meilleur moyen de nous y soustraire n'est pas de fuir toujours éperdûment devant lui, mais de préparer nos moyens de défense, de nous armer et souvent d'accepter la lutte, de ne compter qu'à moitié sur la prudence et d'envisager comme une forte chance de salut la résistance décidée; la morale est d'accord avec la clairvoyance; elle condamne comme elle la lâcheté, à un autre point de vue. L'action est la condition nécessaire de la moralité. En effet l'homme est destiné à agir; il ne vit pas à l'abri dans un refuge : il doit marquer sa place parmi les forces qui se disputent le monde, faire son œuvre avec ou contre elles ; c'est par l'activité volontaire qu'il se distingue de la masse inerte, qui reste immobile ou suit sa pente. Or toute activité comporte des risques ; plus elle acquiert d'énergie, moins elle a chance d'y succomber ; le mol abandon à la suprématie des choses, en faisant de nous des êtres flasques et sans résistance, ne nous expose pas seulement à être plus facilement supprimés, mais nous enlève toute valeur morale. Une moralité intense a pour condition l'accumulation dans tous les ressorts de l'être d'un courage toujours prêt.

Le plus méritoire est le courage dépensé pour autrui. A l'état de nature la générosité nous porte à venir au secours d'un de nos semblables aux prises avec un danger qui ne nous regarde pas et, pour peu que nous réfléchissions, nous sentons que c'est là une obligation envers nous-mêmes, mais qui ne crée pas à autrui un droit sur nous. A l'état social la collectivité prend des mesures pour garantir à tous les citoyens la sécurité et c'est là un engagement que nous contractons les uns envers les autres, mais en substituant à notre action individuelle celle d'un organisme spécialement constitué dans ce but. Seulement, comme la bienfaisance de la collectivité est boiteuse, sa vigilance, à un degré plus haut encore, se laisse prendre en défaut. Le gendarme n'est pas toujours là pour retenir le bras de l'assassin, qui s'ingénie traîtreusement à opérer hors de sa présence. L'incendie n'attend pas loyalement l'arrivée des pompiers pour déchaîner ses ravages et couper la retraite aux victimes. En pareil cas nous sommes dans une certaine mesure tenus vis-à-vis de l'intéressé à lui prêter l'aide, que lui doit la force publique et que celle-ci est momentanément incapable de lui assurer ; mais cette mesure est très faible; elle correspond en effet à la responsabilité, que nous avons personnellement dans l'imperfection de la sauvegarde administrative ; or cette responsabilité partagée entre tous est infinitésimale pour chacun ; elle ne saurait retomber tout entière sur le passant, que le hasard seul a rendu présent. Ajoutez qu'elle est autrement lourde que pour les défectuosités de la bienfaisance, puisqu'il s'agit de s'exposer à d'autres plaies que les plaies d'argent. Enfin l'intéressé sait bien que, même à l'état social, le risque de vie et de mort est personnel et que, si la collectivité a pris l'engagement formel d'y parer, l'exécution de cet engagement reste subordonnée aux moyens et aux possibilités. En de telles circonstances il n'a sur l'individu susceptible de le protéger qu'une prise partielle et un droit très restreint. Mais, ce qu'il n'est pas fondé à réclamer impérativement, l'instinct généreux le lui offre ; et ce n'est pas une offre facultative ; car la morale nous commande de faire agir l'instinct généreux et, s'il est absent, de le suppléer par un effort de la volonté et d'en produire les effets ;

il y a là quelque chose de bien à accomplir et le bien nous oblige. En nous soustrayant à cette obligation nous faisons piteuse figure, et notre conscience nous condamne.

L'état social nous impose le devoir militaire ; il n'est pas de simple parade ; il ne consiste pas seulement à se plier pendant quelques années au métier des armes, à la discipline, aux exercices de toute sorte, mais à faire le sacrifice de sa vie sur le champ de bataille. Il ne s'agit plus d'un devoir que nous sommes tenus envers notre conscience de remplir, mais d'un droit positif que nos semblables ont sur nous et qu'ils exercent dans toute sa plénitude. Au premier abord la chose semble extraordinaire. La société ayant pour but d'assurer à chacun de ses membres l'aménagement normal de l'existence, comment peut-elle exiger qu'ils renoncent en sa faveur à cette existence même? En fait, elle témoigne, dans l'exercice de ce droit, de quelque incertitude et d'un certain embarras. Comme pour les gardiens de la sécurité publique, qui acceptent leurs fonctions par un choix libre, elle a essayé de se dispenser d'y recourir en faisant appel aux volontaires, quitte à faire naître la bonne volonté par des moyens plus ou moins loyaux et plus ou moins coercitifs ; on n'y regardait pas de trop près, car il ne s'agissait que d'individus de la classe inférieure, envers qui la presse elle-même était permise. Certaines nations ont confié le soin de leur défense à des mercenaires. Chez nous, après la Révolution, on a institué le tirage au sort, c'est-à-dire qu'on s'en est remis au hasard du soin de désigner ceux des citoyens sur qui reposerait le salut de la patrie. Ce n'est que tout dernièrement, pour réaliser le principe d'égalité, qu'on a divisé le risque entre tous et inauguré le service obligatoire, ce qui était du reste le système des anciens Romains ; mais les choses sont plus fortes que les hommes et la chance du bon et du mauvais numéro n'a pas disparu ; c'est le hasard en effet ou tout au moins un ensemble de circonstances, dont nous ne sommes pas toujours les maîtres, qui fait que la guerre éclate à un certain moment et décime telles générations, tandis que les précédentes et les suivantes se trouvent épargnées. En somme, si excessif et si peu logique qu'il paraisse à première vue, le droit de la société de disposer de la vie de ses membres ne saurait être contesté ; du moment qu'elle est fondée et acceptée par le consentement de ceux qui la composent, il faut qu'elle subsiste. Or nous ne sommes pas encore sortis des violences de la barbarie ; si la brutalité est interdite entre individus, elle ne l'est pas entre nations ; chacune regarde sa voisine comme une incommodité, une menace, une proie possible ; l'état de guerre ne se manifeste que sporadiquement dans la réalité ; il existe toujours d'une façon latente. Tant que les nations ne seront pas devenues, ce qui n'est pas prochain, des provinces de l'humanité, il faut qu'elles se tiennent prêtes à soutenir le conflit éventuel, qui peut aboutir à l'anéantissement. Jadis il ne venait guère à personne l'idée de s'étonner de la rigueur du devoir militaire, puisque l'ennemi, en conquérant le sol, s'arrogeait le droit de chasser les habitants, de les dépouiller de leurs propriétés, de les réduire en esclavage ou, à son gré, de les massacrer, hommes, femmes, vieillards et enfants ; en défendant l'indépendance de son pays, on défendait sa propre vie et cela ne faisait qu'un ; l'inconvénient d'être passé au fil de l'épée était grave. C'est l'adoucissement des droits de la guerre, qui a fait naître l'antimilitarisme. Aujourd'hui qu'un conquérant, en s'emparant d'un pays, respecte les propriétés et la vie de ceux qui le peuplent, qu'il se borne à détruire la forme abstraite sous laquelle ils sont groupés, la nation, et à les agréger à une autre, d'aucuns se sont demandé, s'il n'était pas plus raisonnable de sauvegarder leur existence individuelle que de la sacrifier au corps national et de se résigner même à des conditions plus défavorables, à des lois plus oppressives que d'affronter la mort. Leur système s'accorde si merveilleusement avec la lâcheté, qu'ils n'échappent pas au soupçon de ne s'y rallier que pour la couvrir et la pratiquer à leur aise, l'homme aimant à voiler ses vices d'une excuse logique ; ils ne renoncent du reste à aucun des avantages que leur procure la nation, à laquelle ils appartiennent, et ne s'en désintéressent que lorsqu'il s'agit de payer de leur personne pour la défendre. Le premier antimilitariste fut un âne, l'âne du bon La Fontaine, qui s'inquiétait peu de tomber au pouvoir de l'ennemi et disait avec une placidité narquoise :

> Me fera-t-on porter double bât, double charge?

Mais ce n'était qu'un âne et il n'était question pour lui que de changer de maître. Il n'en est pas ainsi pour une nation libre, environnée de peuples encore soumis à la tutelle monarchiste, qui, en retombant sous le joug, consentirait à l'anéantissement d'un progrès séculaire. Quand on fait partie d'une nation, qui a par un effort constant et prolongé conquis son unité, qui a son caractère et sa culture formés de traditions mises en commun, qui n'est pas un assemblage factice, mais un organisme animé d'un même souffle, qui rayonne d'un passé triomphant, qui a derrière elle d'éclatants titres de gloire, dans l'avenir tant de nobles aspirations à réaliser, tant de services à rendre à l'idée, qui ne se sentirait tenu à verser son sang pour assurer la perpétuité de l'œuvre des hommes et des temps? Et comme c'est en France plus qu'ailleurs que tout cela se trouve réuni, où plus qu'en France le patriotisme sera-t-il de stricte obligation?

La résistance matérielle à la souffrance physique dépend en partie du tempérament; nous sommes plus ou moins sensibles à la douleur; le degré tolérable pour l'un ne l'est pas pour l'autre; la nature lutte contre les ravages du mal; elle en vient à bout ou elle y succombe. Toutefois le courage augmente la somme de résistance, dont nous sommes capables. Surtout il empêche que le bouleversement, qui atteint l'être physique, n'envahisse également l'être spirituel et il sauvegarde la liberté et la dignité de l'âme ; c'est à cela que la morale est intéressée, à savoir que nous ne devenions pas un animal saignant sous le couteau, une loque palpitante, que nous restions jusqu'au bout en possession de nos facultés et de la direction volontaire qui est la base de la moralité. Si, au lieu de nous abandonner dès le premier assaut, nous envisageons la douleur en face, nous ramassant pour le combat, il se peut malgré tout qu'elle réussisse à être la plus forte, mais nous aurons au moins obtenu que l'être moral dure autant que l'être physique et nous aurons perpétué son existence jusqu'à l'agonie finale, c'est-à-dire que nous aurons fait tout notre devoir. C'est là en outre un exercice de l'énergie, tout comme lorsqu'il y a lieu de repousser le danger extérieur, une occasion de la fortifier et de la durcir. Enfin, en conservant le calme lucide et la réflexion, nous tirons profit de la leçon que nous inflige cruellement l'inflexibilité des choses ; nous nous rendons compte que la douleur physique est une loi de nature, à laquelle nous ne pouvons échapper ; par suite nous nous formons à la vertu de la résignation et de la patience ; comme le cheval qu'on dompte subit une régularisation de ses forces, nous apprenons à nous maîtriser, à ne pas nous cabrer en de vains emportements ; nous constatons l'inutilité de la révolte contre ce qui est plus fort que nous ; une fois convaincus de la valeur de la patience, nous sommes prêts à l'appliquer ailleurs et nous avons enrichi notre être moral d'une vertu.

C'est un devoir de supporter la douleur physique ; c'en est un plus impérieux de ne pas se laisser abattre par les deuils et par les chagrins ; car cela dépend plus directement de notre volonté, puisque ce n'est pas au corps mais à l'âme qu'ils s'adressent. Il est plus grave d'y succomber, puisqu'en général la douleur physique est passagère et que nous sommes autorisés à hâter de tout notre pouvoir sa disparition ; les deuils sont sacrés ; il faut les conserver vivants dans nos cœurs et il y va de notre honneur de ne pas les laisser entamer par l'usure du temps. Ce qu'il ne faut pas leur permettre, pas plus qu'à la douleur physique, c'est de nous réduire par une sorte d'anéantissement à l'impuissance et de nous faire perdre notre rang dans la catégorie des êtres moraux. Si rude que soit le coup qui nous affecte, il ne nous dispense pas de nos devoirs et nous sommes tenus de rester debout pour les remplir. Il nous y achemine et nous y incite, pour peu qu'au lieu d'y voir une violence absurde, que nous subissons en frémissant, nous en tirions l'enseignement qu'il comporte. En effet il nous détourne du plaisir que nous poursuivons dans un but égoïste et léger et nous dispose au sérieux, à la gravité, avec lesquels il faut envisager la vie, qui n'est pas un jeu. Il nous rend plus sensibles aux maux de nos semblables ; la véritable compassion ne jaillit que d'un cœur qui a souffert ; comment s'associer sincèrement et profondément à la douleur, si on ne la connaît que vaguement et par ouï-dire ? Quand on l'a ressentie pour son propre compte, elle éveille en nous un écho plus vibrant et plus d'empressement à la soulager. Ainsi la douleur de l'âme supportée avec courage est le plus puissant destructeur de la frivolité qui s'oublie dans les plaisirs, de l'égoïsme qui se circonscrit dans son bonheur, de l'indifférence qui ferme les yeux à la misère ; elle est le promoteur le plus actif de la bonté et de la charité.

Nos semblables n'ont aucun droit à exiger de nous l'héroïsme ; ils en reçoivent des bienfaits, comme les plantes reçoivent la rosée du ciel. Est-ce à dire que le héros, emporté par l'ardeur de la générosité, illuminé par une raison supérieure, ne participe pas à cette pure jouissance que procure au plus humble d'entre nous le devoir accompli ? Il éprouve au contraire la plus haute satisfaction morale qui soit accessible à l'homme. Il conçoit l'idéal du courage et du dévouement ; il sent en lui la générosité nécessaire pour le réaliser et cette générosité même qui lui est dévolue par faveur spéciale lui impose l'obligation envers lui-même de le faire. Comme l'apôtre, comme le martyr, il a conscience d'atteindre à la forme la plus élevée du bien, celui qui dépasse le commun des hommes et n'est réservé qu'aux élus.

*
* *

De tous les sentiments généreux, celui du Beau semble le plus indépendant de la morale. Considérer les choses au point de vue esthétique, être saisi par l'aspect des belles formes, par l'éclat et l'harmonie des couleurs, se passionner pour les grandes actions, pour les hautes pensées exprimées en style magnifique est autre chose que s'acquitter régulièrement de son devoir. Absorbé dans ces contemplations qui l'enivrent, l'artiste parfois se soucie peu de la morale et se met au-dessus d'elle, en quoi il a tort; car il est homme et nul homme n'est fondé à se désintéresser du bien. En réalité, sans se confondre avec le sentiment du Bien, le sentiment du Beau n'en est pas aussi éloigné qu'il en a l'air et le côtoie d'une certaine façon. L'esthète qui se consacre à la poursuite, à l'intelligence, à la jouissance du Beau n'a pas de prétentions à la vertu; il se trouve pourtant dans un état d'esprit assez semblable à celui de l'homme qui se voue au bien. Préoccupé d'un idéal, il est au-dessus des calculs de l'intérêt; il s'applique à tout autre chose, qu'à se faire la part la plus large possible des avantages que les hommes se disputent furieusement. Il n'est pas leur bienfaiteur positif; mais il ne leur nuit point; il n'encombre pas la route, où se pressent leurs convoitises, et ce qu'il néglige de réclamer à la communauté vient en augmentation du profit de chacun. Il est exempt d'un certain nombre de vices, qui naissent du souci de l'intérêt personnel, la cupidité, l'avarice et par suite il en épargne à la société, en ce qui le concerne, les redoutables effets. L'habitude de l'admiration préserve des sentiments bas, qui en sont l'opposé, la jalousie, le dénigrement, ces formes de l'hostilité, qui font prédominer dans les rapports l'aigreur et la haine. On fréquente des sphères calmes et sereines ; ce n'est pas le domaine de la morale, mais celui de choses qui sont aussi nobles qu'elle. Le vulgaire des hommes part d'en bas pour gravir péniblement les degrés du bien ; l'esthète est sur un autre terrain, mais au même niveau ; il n'a donc pas à se hausser pour atteindre la moralité. Il est volontiers enthousiaste ; or, sans un certain enthousiasme, il n'y a pas de véritable vertu ; s'il fait défaut, on se cantonne dans un formalisme étroit, on pratique le bien par doit et avoir; là où il existe, il est une préparation à la moralité. Enfin lorsque le Bien sort des médiocrités de l'existence quotidienne, lorsqu'il prend son essor et monte vers les hauteurs, il devient une des formes du Beau ; on dit un beau dévouement, une belle action, un beau trait de courage. Il tombe alors directement sous les prises de l'esthète et devient un de ses sujets de méditation féconde. Celui qui est remué par la générosité des apôtres, des martyrs, des héros est plus près de les accepter comme modèles que celui qu'elle laisse froid ; il rend hommage aux effets grandioses de la vertu, alors même qu'il ne vient pas grossir les rangs des pratiquants et qu'il reste le rêveur solitaire ravi du spectacle ; s'il a le génie créateur, il la glorifie dans ses œuvres, l'exalte et la propose en but aux efforts des hommes.

Ici se présente le problème si souvent discuté de l'accord et des conflits de l'art et de la morale.

Entre l'art et la morale il n'y a pas d'incompatibilité ; l'art trouve dans l'illustration du Bien une inspiration très haute, très féconde et de cette inspiration ont jailli des chefs-d'œuvre. Au palais municipal de Sienne on admire ce qui reste des fresques, qui représentaient le bon et le mauvais gouvernement ; c'est devant ces grandes pages que se réunissaient les magistrats, qui étaient chargés des intérêts supérieurs du pays, qui avaient pour mission de faire régner la paix et la justice, de réprimer l'iniquité et la discorde ; pendant leurs délibérations, au moment de prendre les décisions suprêmes, ils avaient sous les yeux ces images parlantes, qui leur manifestaient sous une forme concrète, animée, les conséquences de leurs actes et les rappelaient impérieusement au devoir ; en étalant sur les murailles ces superbes leçons de moralité, l'art a rempli l'une des fonctions les plus élevées qui lui soient dévolues ; sans doute il eût pu rester médiocre ; le talent est la propriété de l'artiste ; mais ici il paraît avoir été stimulé, non déprimé par la tâche. Aux siècles et dans les pays où l'idéal de l'humanité était de faire son salut en se conformant aux préceptes de la religion chrétienne, les artistes ont avec une inlassable activité reproduit sur les parois des églises les scènes de l'Ancien et du Nouveau Testament et apporté à la connaissance des choses religieuses et au développement de la foi un aliment vivifiant. L'illettré, qui venait assister aux cérémonies du culte, embrassait d'un coup d'œil tout ce qui lui était nécessaire pour le comprendre, se sentait transporté au sein même de la religion, qui devenait pour lui une réalité et, lui apparaissant dans son histoire avec les personnages sacrés en action, le pénétrait tout entier et prenait possession de lui. Ces fresques, que nous contemplons aujourd'hui en dilettantes, ont été pour les générations précédentes une nourriture intellectuelle et morale et ont été faites pour cela. Et c'est tout en s'appliquant sans cesse de nouveau à traduire les récits de la Bible et de l'Évangile que l'art a progressé, qu'il est arrivé à la perfection, en suivant les voies qui lui sont propres. Il peut donc s'adapter aux plus hauts enseignements et, lorsqu'il instruit, lorsqu'il répond aux besoins de la conscience humaine, il prend dans le monde une importance, une signification, un éclat supérieurs ; c'est l'homme tout entier qu'il intéresse et qu'il domine.

Il en est de même de la littérature. Les drames de Corneille éveillaient chez les contemporains, éveillent encore chez nous, en nous montrant le sacrifice des attachements les plus légitimes au devoir, les aspirations les plus nobles et nous préparent à accepter les plus dures obligations. Parce qu'ils sont pleins non seulement de sentiments généreux, mais d'un idéal de moralité austère, cela ne les empêche pas d'être des chefs-d'œuvre. Si les morales en action sont souvent insignifiantes et plates, ce n'est point parce qu'elles sont des morales, mais parce que les bonnes intentions ne remplacent pas le génie et que l'auteur manquait des qualités nécessaires pour en faire des œuvres d'art.

Ainsi, loin d'être foncièrement en hostilité avec la morale, l'art, en s'accordant avec elle, atteint les sommets. Il ne lui est pourtant pas exactement rivé ; il n'en est pas solidaire ; il a d'autres domaines, où elle n'a rien à voir et où il ne resplendit pas moins. Les peintres de la Renaissance, tout en continuant les traditions d'art religieux léguées par leurs prédécesseurs, se sont efforcés de ressusciter la beauté antique et Botticelli n'avait aucune préoccupation morale, quand il représentait la naissance de Vénus ; il s'inspirait d'une poétique légende et lui imprimait la grâce un peu précieuse et la fraîcheur, qui étaient le caractère de son génie. Cosimo Tura, en ornant le palais Schifanoia à Ferrare de l'allégorie des douze mois, Francesco del Cossa, en retraçant la vie magnifique du duc Borso, ne songeaient pas à faire œuvre morale et ces scènes de l'existence de cour, ces personnages princiers reproduits au vif dans leurs costumes pittoresques, leurs occupations et leurs divertissements, dans le luxe, la pompe et l'apparat, n'évoquent chez nous aucune idée vertueuse. Les maîtres du xvie siècle Raphaël et Jules Romain renouvelaient sur les murs des palais de Rome et de Mantoue les grandes décorations payennes, les couvraient de somptueux cortèges mythologiques et n'avaient d'autre but que de rendre hommage à l'éternelle Beauté. Des provinces tout entières de l'art échappent ainsi à toute préoccupation morale, le paysage par exemple, celui de Poussin, superbement ordonné avec ses lignes architecturales, celui de Ruisdaël, où les torrents écument et où les hêtres dressent leurs troncs centenaires. L'énumération serait fastidieuse et la chose n'est pas moins évidente pour la littérature. Ce n'est pas pour édifier ses contemporains que Théocrite décrivait les luttes musicales et poétiques des bergers de Sicile et contait leurs amours. Quand nous nous enchantons de cette poésie d'une naïveté raffinée, nous y cherchons autre chose que la discussion de problèmes philosophiques et qu'un encouragement au bien.

L'art ne rencontre donc le Bien que lorsque dans ses manifestations celui-ci se confond avec le Beau; c'est le Beau et non le Bien qu'il poursuit et il peut se porter sur des sujets tout à fait étrangers au Bien, sans rien perdre de sa perfection. De là la théorie de l'art pour l'art, à savoir que l'art remplit sa fonction, pourvu qu'il soit excellent, et que le sujet choisi n'est qu'une matière indifférente; ce n'est pas ce sujet, qu'il convient d'envisager, mais la façon dont il est traité, la qualité esthétique de l'œuvre. Cette théorie paraît logique, et elle le serait en effet, si l'homme était capable de s'abstraire de lui-même, de se diviser en autant d'êtres qu'il a de facultés et, quand il se donne à l'émotion esthétique, d'oublier qu'il a en lui d'autres puissances, qui ne sommeillent pas complètement et qui, elles aussi, demandent à être satisfaites. Il s'applique avec toute sa complexité à l'œuvre d'art; celle-ci a nécessairement un sujet; il peut chercher à s'abstraire de ce sujet, à ne considérer que la maîtrise avec laquelle il est rendu; mais ce n'est qu'une abstraction presque impossible à réaliser. Je ne parle pas bien entendu des ignorants, qui ne s'intéressent qu'au sujet, n'étant pas en mesure d'apprécier autre chose; le connaisseur lui-même, à moins que par un ascétisme spécial il ne se soit entraîné à étouffer en lui tout ce qui n'est pas le sens du beau et qu'il y ait réussi, ne cesse pas d'être homme et par conséquent de se placer plus ou moins au point de vue total, qui est le point de vue humain. C'est pourquoi le chef-d'œuvre, qui renferme un grand enseignement moral, suscite l'admiration la plus haute et la plus passionnée, parce qu'il contente à la fois dans leur plénitude deux de nos instincts essentiels, celui du Beau et celui du Bien. Assurément ce serait méconnaître l'art et le restreindre, que de le réduire à l'expression du Bien et de l'y emprisonner; il a un horizon plus large et ses aises ailleurs. Mais, lorsqu'il s'en désintéresse, on est au moins en droit d'exiger qu'il traduise quelque chose d'important pour l'esprit. A égalité de mérite intrinsèque, c'est lorsqu'il représente l'idée la plus haute qu'il est digne de la plus haute admiration et son imperfection même peut être dans de certaines limites compensée par la valeur de l'idée. Le *Jugement dernier* de Michel-Ange, avec des qualités picturales médiocres, nous remue tout autrement que tel tableau hollandais exécuté avec une impeccable virtuosité. Il y a là une impression de terreur à la vue de tous ces colosses impitoyablement précipités par le geste punisseur du Christ et une énormité de conception qui égalent, autant que cela est possible, l'effroyable majesté de la catastrophe et frappent notre imagination, comme si nous en étions témoins. La coloration blonde d'une petite toile hollandaise, la finesse des tons, le charme de la lumière, la paix des intérieurs, la vérité caractéristique des types nous donnent une sensation d'art exquise, mais à propos d'une petite chose et par elle-même d'un mince intérêt. Ce n'est pas en vain qu'on parle du grand art; il existe et ce qui le constitue, c'est qu'il est fait des pensées sublimes qui hantent le cerveau et des sentiments nobles qui agitent le cœur. La considération de l'idée entre légitimement dans l'appréciation de l'art et vient en balance de ses mérites propres. C'est ce qui explique l'engouement du siècle, qui vient de finir, pour les primitifs italiens. Leur technique est imparfaite, leur science de la couleur souvent élémentaire, leurs personnages des effigies plates et non de véritables corps humains; mais, avec leurs moyens rudimentaires, ils s'appliquent d'une telle bonne foi, d'une sincérité si touchante à rendre la pureté, la douceur, l'innocence, que le charme agit sur nous et fait oublier la pauvreté de l'exécution. L'artiste déchoit en sacrifiant l'idée pour ne voir que le côté matériel de l'art et s'expose à des contresens choquants. Les Bolonais au XVIe siècle ont peint d'une façon supérieure, et le *Martyre de sainte Agnès* du Dominiquin est une des plus remarquables pages, qu'ils aient écrites. L'auteur a prêté à la sainte en extase la grâce délicieuse du visage de sa propre fille; le geste du bourreau est d'une énergie saisissante, le modelé d'une inégalable vérité; il y a là des corps, dont le volume, le relief, les muscles sont exprimés avec une maîtrise, dont, cent ans plus tôt, un peintre eût été incapable; et pourtant, tout en se donnant à soi-même les raisons d'admirer qui s'imposent jusqu'à l'évidence, on demeure presque froid, parce que l'artiste n'a produit qu'un morceau de bravoure, que l'attention se concentre justement sur le talent déployé et que le principal manque, c'est-à-dire le mysticisme, l'impression profonde d'une scène, où les tortures du corps ne font que rendre la liberté à une âme qui monte au ciel. Le Dominiquin s'est préoccupé surtout du côté matériel; l'art véritable va plus loin. Du reste, en adoptant comme principe l'éclectisme, en empruntant à chacune des écoles antérieures ce en quoi elle avait le mieux réussi, les Bolonais se condamnaient à ignorer le plus haut idéal, l'inspiration vivifiante, pour se réduire au perfectionnement des procédés. Notre art moderne a enrichi, amélioré d'une façon surprenante les moyens d'exécution; mais, s'il atteint comme en se jouant la virtuosité du morceau, on cherche dans les expositions le tableau, qui résulte d'une pensée, d'un sentiment, qui les communique au spectateur et c'est là un art très creux, tout en étant très savant. L'artiste, qui se circonscrit dans la théorie de l'art pour l'art, finit par tomber dans la pratique de l'art non point par, mais pour le métier. L'idée disparue, c'est un corps privé d'âme qui reste.

Ces réflexions nous amènent à envisager les cas où l'art et la morale se heurtent violemment, de front. L'art n'est pas immoral; il y a des artistes, qui le sont, en traitant des sujets licencieux. En pareil cas l'art peut conserver ses qualités inhérentes. J'ai vu jadis chez un antiquaire un vase grec de la meilleure époque et d'un sujet très-libre; la ligne des personnages était d'une admirable correction et le dessin du plus grand style. De même l'éloquence peut ne rien perdre de sa force persuasive en se prêtant à une mauvaise cause, la poésie de son prestige, de son attrait, de sa puissance émotive en s'égarant sur des objets et des sentiments coupables. Les artistes prétendent que l'art purifie, les penseurs rigoristes qu'il aggrave ; ils ont jusqu'à un certain point les uns et les autres raison, les seconds dans une mesure plus forte que les premiers ; si l'art parvient à concentrer notre attention sur le beau qu'il exprime, il la détourne d'autant de la vilenie du sujet ; mais aussi il prête son charme à des représentations qui, sans lui, seraient simplement repoussantes. La Justice, gardienne de la moralité publique, est souvent fort embarrassée, ayant à peser dans sa balance des quantités, qui ne sont pas équivalentes. Il n'y a pas d'inconvénient à ce qu'elle se montre sévère, l'art ayant d'assez vastes domaines pour qu'on lui interdise sans dommage les terrains trop scabreux.

Pour les arts plastiques le conflit est localisé dans la représentation du nu. Le corps humain dans sa forme et son organisme est une merveille ; c'est l'objet propre de la sculpture et l'un des motifs essentiels de la grande peinture. Etudié pour faire ressortir le beau principe qu'il contient, il n'éveille en nous que des sensations pures. Qui a jamais été tenté de pensées malsaines devant la Vénus de Milo ? Qui, devant le *David* de Michel-Ange, s'est choqué de se trouver en présence d'un homme nu ? On admire la conception de l'auteur réalisant dans ce géant, qui n'est pas un colosse, le type du jeune pâtre, dont les larges mains et les pieds épais disent l'existence rustique, mais dont les formes sveltes sont encore celles de l'adolescence et qui vaincra Goliath non par la force brutale, mais par l'adresse. Chez les Grecs l'œil dans la vie quotidienne se familiarisait avec le nu ; il était donc tout naturel de le reproduire. En outre la race était de proportions et de formes si nobles, qu'il fallait peu de chose pour l'idéaliser, qu'elle sollicitait cet effort chez l'artiste et l'assurait qu'il ne serait pas vain ; c'est cet idéal que celui-ci imprimait au marbre en le taillant et, quand il avait réussi, il ennoblissait d'autre façon le corps humain : il lui donnait le nom d'un des dieux de l'Olympe. En le dérobant au regard sous le vêtement ajusté, qu'on ne saurait quitter sans offenser la pudeur, la civilisation moderne a rendu la représentation du nu plus délicate. Toutefois l'art religieux trouvait dans la tradition biblique des personnages qui s'y prêtaient et il n'y avait point à s'étonner de la nudité d'un Christ en croix ou mort ou de celle d'un saint Sébastien. Restait la mythologie païenne et les dieux à forme humaine, qui permettaient de continuer l'étude du nu dans l'esprit où l'avaient conçue les anciens c'est-à-dire pour faire éclater la manifestation du beau. C'est la voie que suit encore de nos jours l'art académique, en s'inspirant des leçons du passé et en transfigurant des modèles parfois assez pauvres en Bacchus et en Apollons. L'école réaliste s'inspire des torses robustes et des bras puissants des travailleurs manuels pour glorifier la force de l'homme domptant la matière. Il n'y a rien dans tout cela qui offusque la décence et éveille les scrupules. Quant au nu féminin, les Grecs eux-mêmes en ont de bonne heure fait ressortir le caractère voluptueux ; Vénus était la mère des amours et des désirs. Les grands maîtres, qui, à la Renaissance, dévoilaient sur la toile les charmes des maîtresses de leurs protecteurs princiers n'avaient point pour but unique de faire apparaître dans sa splendeur la beauté. Les modernes savent bien que peu parmi leurs contemporains apportent dans la contemplation du nu l'unique souci d'admirer de belles lignes et un idéal chaste. Ils spéculent sur d'autres sentiments, qui leur vaudront un succès plus facile et plus vif : c'est le nu provoquant, le déshabillé galant, qui palpite sous leur pinceau libertin ; chez Fragonard le Beau ne se montre plus que sous ses diminutifs, le gracieux, le joli. C'est l'art corrupteur d'une société corrompue. La morale proteste et se couvre la face.

La littérature décrit plus souvent le vice que la vertu. Si elle le déguise sous des dehors aimables et séduisants, si elle y incite, elle joue simplement le rôle d'entremetteuse. Sa situation n'est guère plus honorable, lorsqu'après s'être plue à l'étaler dans des peintures suggestives elle l'accable à la fin et dans un dénouement postiche d'un châtiment, qui n'est qu'une formalité pure et qui ne répare pas le mal.

Prise en elle-même, jusqu'à quel point et dans quelles circonstances la représentation du vice est-elle immorale? C'est ce qu'il convient d'examiner. La prédilection de la littérature pour le vice ne se justifie pas uniquement par le fait que son but est de nous donner une image de la vie et que, dans la vie, le vice est plus fréquent que la vertu. Elle repose sur des raisons plus fortes ; les unes sont des raisons d'art : la vertu est calme ; il faut qu'elle soit poussée jusqu'au paroxysme, qu'elle éclate dans des conditions particulièrement violentes, pour qu'elle devienne émouvante et dramatique ; le vice est orageux ; il prend tous les tons, toutes les formes ; il fournit des effets plus variés, la lutte et le déchaînement des passions des péripéties plus tragiques. D'autres raisons sont des raisons humaines : pour beaucoup d'écrivains, le souci de faire œuvre d'art est secondaire ; ils veulent avant tout intéresser, grouper des lecteurs ; pour les attirer, il faut qu'ils leur parlent de ce qui les touche le plus vivement. Or on se forme à la vertu par la réflexion et l'effort intérieur, non par la lecture, et parfois plus on est austère dans ses principes et sa conduite, plus on est disposé à se permettre en prenant un livre quelque distraction. En outre nous avons les germes des vices ; lors même que nous sommes décidés à ne pas les laisser se développer en nous, une certaine curiosité nous porte à les connaître, à nous rendre compte de leurs effets ; c'est un spectacle qui nous paraît sans danger, puisque ce sont les autres qui y sont acteurs ; de plus nous imaginons qu'il peut être utile de s'instruire du mal, quand on pratique le bien. Ainsi une curiosité très éveillée nous prépare à prendre plaisir à la peinture du vice et c'est pour satisfaire cette curiosité que l'écrivain nous la présente, désireux avant tout de s'assurer le succès.

On comprend de quoi résulte l'immoralité d'une œuvre, d'une sorte de collaboration entre l'auteur et le public. L'auteur — je laisse de côté bien entendu celui qui ne s'occupe du vice qu'avec le ferme propos de le propager — étudie, analyse la passion, la fait vivre dans des personnages, en montre les transports et les ravages et écrit son œuvre, sans savoir dans quelles mains elle tombera ; elle tombe en effet dans des mains très diverses. Parmi les lecteurs, les uns n'y voient qu'une manifestation d'art et l'apprécient comme telle, sans qu'elle influe sur leur moralité, d'autres poussés par un désir pervers y vont chercher des informations précises sur ce qu'ils ne font que soupçonner, une excitation des tendances mauvaises qui grouillent en eux, et boivent le poison. Supposez un livre décrivant l'avarice : un lecteur absolument exempt de ce vice et foncièrement désintéressé en appréciera les qualités d'observation, de pensée et de style et n'y trouvera point d'autre plaisir ni de danger ; l'avare y recueillera des renseignements précieux et s'y fortifiera dans son penchant. Un drame représentant l'ivrognerie n'aura sur des spectateurs sobres nulle conséquence pernicieuse; un auditoire d'alcooliques y prendra des leçons d'intempérance. Les pièces, qui mettent en scène des crimes sensationnels, sont de nul effet sur les honnêtes gens ; elles peuvent servir à former de futurs assassins. Alors même que l'auteur n'a pas mis de parti pris l'immoralité dans son œuvre, elle peut faire naître ou précipiter la corruption ; il est responsable ; il ne l'est pourtant qu'à moitié, puisque celui qu'elle déprave y apporte adhésion et complicité.

On conçoit pourquoi l'amour tient dans la littérature une place prépondérante et forme l'ingrédient fondamental du roman contemporain, pâture courante du gros public. L'amour étant la loi universelle de l'humanité, l'écrivain, en s'en occupant, est sûr de vaincre l'indifférence et de forcer l'attention du grand nombre. Très rebattu, le sujet est toujours nouveau. Si on laisse de côté l'amour coupable, qui, étant un vice, rentre dans la catégorie précédente, il est facile de voir dans quels cas et pour qui le roman de passion peut être dangereux. L'amour dépeint comme une tendresse du cœur, comme une exaltation qui le bouleverse sera sans effet funeste sur l'homme mûr revenu de ses décevantes illusions et qui a retrouvé la sérénité. Il en est autrement des jeunes, agités de sentiments nouveaux et délicieux, qui se plaisent à en prendre conscience, qui cherchent des lumières sur ce qu'ils ignorent, une réponse à leurs mystérieuses aspirations, dont l'imagination s'enflamme et met tout en rapport avec eux-mêmes. La question d'art les laisse indifférents ; ils courent à la source qui les enivre et s'y désaltèrent.

C'est toujours par le mélange d'éléments étrangers au Beau, que l'immoralité se glisse dans l'art et en ternit la pureté ; mais ce mélange est forcé, puisque l'art ne saurait s'abstraire des choses humaines et qu'il y plonge profondément. Et cela impose au génie créateur un devoir strict ; il ne saurait oublier qu'il est homme et qu'il travaille pour des hommes ; il faut qu'il leur présente le Beau sous ses aspects les plus nobles, ceux qui commandent le respect, qui ne fournissent point d'aliment aux instincts sensuels et même les font reculer confus ; il faut qu'il se défende de toute tendance à les flatter en vue du succès et de connivence intéressée avec eux. C'est là du reste une obligation qui lui incombe, non parce qu'il est artiste, mais parce qu'il est homme ; elle ne crée pas un cas particulier pour lui, elle s'étend à tous tant que nous sommes et c'est simplement l'interdiction d'enfreindre la morale. Il en est une autre, qui s'adresse à la conscience de l'artiste, en tant qu'artiste : doué de facultés généreuses, dont il est le dépositaire privilégié, il sent bien que, si nul n'est en droit de lui en demander compte, il en est cependant comptable envers lui-même. L'ouvrier loue sa peine pour subvenir à ses besoins ; il laisse impunément reposer son bras, quand ils sont satisfaits. L'artiste capable de créer le Beau n'est pas libre de ne pas le produire. Virgile se proclamait le grand prêtre des Muses, dont il célébrait le culte avec une ardente dévotion. Ainsi tous les grands artistes se sentent astreints par une force supérieure, qui n'est au fond autre que leur conscience, à une tâche, qu'ils s'épuisent à remplir ; ils sont sans cesse prêts à recevoir l'inspiration qui les transfigure, ils donnent par le travail intérieur la forme à leurs rêves, ils portent en eux les chefs-d'œuvre, qui vont éclore. Comme les héros, les apôtres et les martyrs, en s'abandonnant à l'élan de leur générosité, ils savent qu'ils font le bien.

CONCLUSION

On peut s'enchanter en écrivant un roman, où l'on prête à des personnages imaginaires les sentiments les plus chevaleresques, les pensées les plus hautes, où on les pare de toutes les vertus, qui se traduisent en actions d'éclat. On a plaisir à vivre dans ce monde supérieur qu'on a créé avec toute l'énergie de son cerveau et tout l'enthousiasme de son cœur. Pourtant ce plaisir a des bornes, car il repose sur quelque chose de factice et de vain ; ces personnages n'ont qu'une existence fictive, celle que nous leur avons donnée ; ils ne respirent pas l'air du ciel ; ils sont les fils de nos songes ; ce sont des ombres chimériques et il leur manque la réalité. Bien autrement féconde en délices est la tâche plus facile et plus humble, qui consiste à chercher, parmi les hommes eux-mêmes qui nous entourent, les sentiments généreux, à les découvrir et à les mettre en lumière ; ils sont confondus avec d'autres éléments moins purs ; il faut les dégager des vilenies, qui les cachent et les oppriment ; ils ne resplendissent point partout et ne brillent que par éclairs ; mais, quand on a constaté leur présence, on se trouve en présence du métal précieux et la joie est immense de sentir qu'on n'a rien inventé et qu'ils existent. Les sentiments généreux sont l'âme même de l'humanité ; ils la soutiennent à la façon du souffle vital, pénètrent dans tous ses membres et les animent d'une prodigieuse énergie. Lorsqu'on pense à la générosité par une journée radieuse, quand le soleil flamboie, que les moissons sortent de terre, que les feuilles pullulent aux arbres, que les rivières coulent à pleins bords, que les oiseaux célèbrent à gorge déployée le bonheur de vivre, on la sent autour de soi sourdre, vibrer et bruire. La lumière est généreuse, qui se répand à l'infini dans l'espace, illumine et réchauffe la terre ; le fleuve est généreux, qui promène ses eaux bienfaisantes, abreuvant tout ce qui a soif; la sève est généreuse, qui circule dans les plantes et fait éclore les fleurs et les fruits ; l'homme est généreux, qui dépense sa peine et se courbe sur le sol, pour en tirer ce qui alimente et perpétue l'existence. La générosité, c'est la poussée même de la vie, qui monte, qui se répand, qui déborde, qui ne se mesure ni ne se limite ; c'est, dans la nature, l'activité, qui, éveillée par la chaleur du printemps, fait tressaillir jusqu'à la roche et couvre d'une végétation luxuriante la plaine et la montagne ; dans l'humanité, c'est l'élan qui porte l'homme vers ses semblables pour les traiter en frères, lui donne l'énergie pour affronter le péril, le dirige vers la recherche désintéressée du vrai, le rend avide de tous les progrès et le passionne pour l'idéal. Elle est la force qui crée, qui enrichit, qui propage, opposée au resserrement égoïste, qui stérilise et détruit.

Les poètes anciens, pour immortaliser les exploits légendaires de leurs héros, réclamaient cent bouches et cent voix ; il les faudrait pour chanter dignement l'hymne de la générosité ; il faudrait les audaces du lyrisme, la magnificence des images et l'impétuosité de la poésie. Et c'est un regret poignant, pour qui ose essayer d'en parler, de sentir l'inanité des mots et la faiblesse de l'hommage. Un autre plus vif encore, c'est que la générosité n'est pas un sujet d'amplification verbale, qu'il faut d'abord la réaliser en soi, que c'est là le tout, et qu'on se demande avec effroi, si on ne l'adore pas des lèvres plus que du cœur. Au moins, si infime que soit la parcelle qu'on en croie posséder, n'est-il pas inutile de proclamer son nom. Il convient d'y penser, d'en parler sans cesse, comme de la plus noble chose, dont puissent s'entretenir les hommes, pour la susciter là où elle n'a pas encore pris conscience d'elle-même, l'encourager là où elle est méconnue, la glorifier là où elle triomphe.

Peu importe du reste que l'égoïsme malfaisant s'acharne à lui opposer le paradoxe et l'ironie, à la traiter avec une condescendante pitié, à lui faire craindre d'être dupe ; ce n'est pas une de ces fleurs artificielles, qu'on produit en serre par un miracle d'industrie et que flétrirait la moindre intempérie ; elle a des racines profondes et des réserves de sève. A mesure que l'humanité s'élèvera au-dessus de l'animalité primitive, fera prédominer l'esprit sur la matière et se transformera, elle s'inspirera de plus en plus de la générosité et lui réservera une part plus large ; c'est le principe radio-actif qu'elle porte en elle ; grâce à lui la bestialité s'amoindrit, et l'homme approche peu à peu du but que lui a fixé la philosophie antique, la ressemblance avec le divin, ὁμοίωσις τῷ θεῷ.

TABLE DES MATIÈRES

CHAPITRE VI

CHAPITRE VII

ÉVREUX, IMPRIMERIE CH. HÉRISSEY, PAUL HÉRISSEY, SUCCr

BIBLIOTHÈQUE DE PHILOSOPHIE CONTEMPORAINE

Morale et moralité. *Essai sur l'intuition morale*, par P. Sollier. 1 vol. in-16 . . . . 2 fr. 50

La morale dans le drame, l'épopée et le roman, par L. Arréat. 3e édit. 1 vol. in-16 . . . . 2 fr. 50

L'expérience et l'invention en morale, par G. Aslan, docteur ès lettres. 1 vol. in-16 . . . . 2 fr. 50

La morale scientifique, par A. Bayet. 1 vol. in-16 . . . . . . 2 fr. 50

La morale de Kant, par A. Cresson, professeur au Lycée Saint-Louis, 2e édit. (*Couronné par l'Institut*). 1 vol. in-16. . . . . 2 fr. 50

L'organisation de la conscience morale. *Esquisse d'un art moral positif*, par J. Delvolvé, maître de conférences à l'Université de Montpellier. 1 vol. in-16. . . . . 2 fr. 50

Questions de philosophie morale et sociale, par Durand (de Gros). 1 vol. in-16. . . . . 2 fr. 50

Démocratie, patrie, humanité, par J. Girod, agrégé de philosophie. 1 vol. in-16. . . . . 2 fr. 50

Justice et liberté, par E. Goblot, professeur à l'Université de Lyon, 2e édit. 1 vol. in-16. . . . . 2 fr. 50

Le sentiment et la pensée, par G. Godfernaux, docteur ès lettres. 2e édit. 1 vol. in-16. . . . . 2 fr. 50

Problèmes d'esthétique et de morale, par C. R. C. Herckenrath. 1 vol. in-16. . . . . 2 fr. 50

Le fondement psychologique de la morale, par A. Joussain. 1 vol. in-16 . . . . 2 fr. 50

Obligation morale et idéalisme, par G. Lefèvre, professeur à l'Université de Lille. 1 vol. in-16. . . . . 2 fr. 50

L'emploi de la vie, par Sir John Lubbock. 8e édit. 1 vol. in-16. 2 fr. 50

Essai sur les éléments et l'évolution de la moralité, par M. Mauxion, professeur à l'Université de Poitiers. 1 vol. in-16 . . . . . . 2 fr. 50

La sensibilité individualiste, par G. Palante, agrégé de philosophie. 1 vol. in-16 . . . . 2 fr. 50

Le problème moral et la pensée contemporaine, par D. Parodi, professeur au Lycée Michelet. 1 vol. in-16. . . . . 2 fr. 50

Les caractères et l'éducation morale, par Queyrat. 4e édit., 1 vol. in-16 . . . . 2 fr. 50

L'idéal esthétique. *Philosophie de la beauté*, par Roussel-Despierres. 1 vol. in-16. . . . . 2 fr. 50

Le fondement de la morale, par A. Schopenhauer. Traduit par A. Burdeau. 6e édit. 1 vol. in-16 . . . . 2 fr. 50

Morale et éducation, par P. F. Thomas, docteur ès lettres, professeur au Lycée de Versailles. 3e édit. 1 vol. in-16. . . . . 2 fr. 50

Essai sur la sincérité, par G. Dromard. 1 vol. in-8 . . . . 5 fr.

La pensée humaine. *Ses formes, ses problèmes*, par H. Höffding, professeur à l'Université de Copenhague. Traduit par J. de Coussange. Avant-propos de E. Boutroux, de l'Institut. 1 vol. in-8 . . . 7 fr. 50

La morale de l'honneur, par L. Jeudon, professeur au Collège de Vannes. 1 vol. in-8 . . . . 5 fr.

La morale et l'intérêt dans les rapports individuels et internationaux, par J. Novicow. 1 vol. in-8. . . . . 5 fr.

L'idée de bien. *Essai sur le principe de l'art moral rationnel*, par A. Bayet. 1 vol. in-8. . . . . 3 fr. 75

Le sentiment du beau et le sentiment poétique, par Braunschwig, docteur ès lettres. 1 vol. in-8 . . . . 3 fr. 75

Du beau, par L. Bray. 1 vol. in-8. . . . . 5 fr.

Nature et moralité, par Ch. Chabot, professeur à l'Université de Lyon. 1 vol. in-8. . . . . 5 fr.

La morale de la raison théorique, par Cresson, docteur ès lettres, professeur au Lycée Saint-Louis. 1 vol. in-8 . . . . 5 fr.

Le problème de la conscience, par D. Draghicesco, professeur à l'Université de Bucarest. 1 vol. in-8 . . . . 7 fr. 50

Le rôle moral de la bienfaisance, par Herbert Spencer. Traduit par Castelot et Martin Saint-Léon. 1 vol. in-8 . . . . 7 fr. 50

Les sentiments esthétiques, par Ch. Lalo, docteur ès lettres. 1 vol. in-8 . . . . 5 fr.

La morale et la science des mœurs, par L. Lévy-Bruhl, professeur à la Sorbonne. 4e édit. 1 vol. in-8. . . . . 5 fr.

De la solidarité morale, par H. Marion, professeur à la Sorbonne, 6e édit. 1 vol. in-8 . . . . 5 fr.

Les caractères, par Paulhan, correspondant de l'Institut. 3e édit., revue, 1 vol. in-8 . . . . 5 fr.

La personne humaine, par C. Piat, professeur à l'Institut catholique. (*Couronné par l'Institut*). 1 vol. in-8. . . . . 7 fr. 50

Les inclinations. *Leur rôle dans la psychologie des sentiments*, par G. Revault d'Allonnes, docteur ès lettres, agrégé de philosophie. 1 vol. in-8. . . . . 3 fr. 75

De l'idéal, par A. Ricardou, docteur ès lettres. (*Couronné par l'Institut*). 1 vol. in-8 . . . . 5 fr.

Hors du scepticisme. **Liberté et beauté**, par Fr. Roussel-Despierres. 1 vol. in-8. . . . . 7 fr. 50

Philosophie de l'effort, par A. Sabatier, professeur à l'Université de Montpellier. 2e édit. 1 vol. in-8 . . . . 7 fr. 50

L'éducation des sentiments, par P. F. Thomas, docteur ès lettres, professeur au Lycée de Versailles. (*Couronné par l'Institut*). 5e édit. 1 vol. in-8. . . . . 5 fr.

Vers le positivisme absolu par l'idéalisme, par É. Weber. 1 vol. in-8 . . . . 7 fr. 50

L'honneur *Sentiment et principe moral*, par E. Terraillon, docteur ès lettres, professeur au Lycée de Carcassonne. 1 vol. in-8 . . . 5 fr.

FÉLIX ALCAN et R. LISBONNE, ÉDITEURS

PHILOSOPHIE — HISTOIRE

CATALOGUE

DES

Livres de Fonds

OUVRAGES PARUS EN 1910 et 1911 : Voir pages 2, 6, 18, 26, 28, 29 et 30.

On peut se procurer tous les ouvrages qui se trouvent dans ce Catalogue par l'intermédiaire des libraires de France et de l'Étranger.

On peut également les recevoir franco par la poste, sans augmentation des prix désignés, en joignant à la demande des TIMBRES-POSTE FRANÇAIS *ou un* MANDAT *sur Paris.*

108, BOULEVARD SAINT-GERMAIN 108
PARIS, 6e

JANVIER 1912

Essai sur la sincérité, p. [illegible] DROMARD. 1 vol. in-8 . . . . 5 fr.

La pensée humaine. [illegible] *ses problèmes*, par H. HÖFFDING, professeur à l'Université [illegible] enhague. Traduit par J. de COUSSANGE. Avant-propos de E. BOU[illegible], de l'Institut. 1 vol. in-8 . . . 7 fr. 50

La morale de l'honneur, p[illegible] L. JEUDON, professeur au Collège de Vannes. 1 vol. in-8 . . . . 5 fr.

La morale et l'intérêt dans les rapports individuels et internationaux, par J. NOVICOW. 1 vol. in-8. . . . . 5 fr.

L'idée de bien. *Essai sur le principe de l'art moral rationnel*, par A. BAYET. 1 vol. in-8. . . . . 3 fr. 75

Le sentiment du beau et le sentiment poétique, par BRAUNSCHWIG, docteur ès lettres. 1 vol. in-8 . . . . 3 fr. 75

Du beau, par L. BRAY. 1 vol. in-8. . . . . 5 fr.

Nature et moralité, par Ch. CHABOT, professeur à l'Université de Lyon. 1 vol. in-8. . . . . 5 fr.

La morale de la raison théorique, par CRESSON, docteur ès lettres, professeur au Lycée Saint-Louis. 1 vol. in-8 . . . . 5 fr.

Le problème de la conscience, par D. DRAGHICESCO, professeur à l'Université de Bucarest. 1 vol. in-8 . . . . 7 fr. 50

Le rôle moral de la bienfaisance, par HERBERT SPENCER. Traduit par CASTELOT et MARTIN SAINT-LÉON. 1 vol. in 8 . . . . 7 fr. 50

Les sentiments esthétiques, par Ch. LALO, docteur ès lettres. 1 vol. in-8 . . . . 5 fr.

La morale et la science des mœurs, par L. LÉVY-BRUHL, professeur à la Sorbonne. 4e édit. 1 vol. in-8. . . . . 5 fr.

De la solidarité morale, par H. MARION, professeur à la Sorbonne, 6e édit. 1 vol. in-8 . . . . 5 fr.

Les caractères, par PAULHAN, correspondant de l'Institut. 3e édit., revue. 1 vol. in-8 . . . . 5 fr.

La personne humaine, par C. PIAT, professeur à l'Institut catholique. (*Couronné par l'Institut*). 1 vol. in-8. . . . . 7 fr. 50

Les inclinations. *Leur rôle dans la psychologie des sentiments*, par G. REVAULT D'ALLONNES, docteur ès lettres, agrégé de philosophie. 1 vol. in-8. . . . . 3 fr. 75

De l'idéal, par A. RICARDOU, docteur ès lettres. (*Couronné par l'Institut*). 1 vol. in-8 . . . . 5 fr.

Hors du scepticisme. **Liberté et beauté**, par Fr. ROUSSEL-DESPIERRES. 1 vol. in-8. . . . . 7 fr. 50

Philosophie de l'effort, par A. SABATIER, professeur à l'Université de Montpellier. 2e édit. 1 vol. in-8 . . . . 7 fr. 50

L'éducation des sentiments, par P. F. THOMAS, docteur ès lettres, professeur au Lycée de Versailles. (*Couronné par l'Institut*). 5e édit. 1 vol. in-8. . . . . 5 fr.

Vers le positivisme absolu par l'idéalisme, par L. WEBER. 1 vol. in-8 . . . . 7 fr. 50

L'honneur. *Sentiment et principe moral*, par E. TERRAILLON, docteur ès lettres, professeur au Lycée de Carcassonne. 1 vol. in-8 . . . 5 fr.

FÉLIX ALCAN ET R. LISBONNE, ÉDITEURS

PHILOSOPHIE — HISTOIRE

CATALOGUE

DES

Livres de Fonds

OUVRAGES PARUS EN 1910 et 1911 : Voir pages 2, 6, 18, 26, 28, 29 et 30.

On peut se procurer tous les ouvrages qui se trouvent dans ce Catalogue par l'intermédiaire des libraires de France et de l'Étranger.

On peut également les recevoir franco *par la poste, sans augmentation des prix désignés, en joignant à la demande des* TIMBRES-POSTE FRANÇAIS *ou un* MANDAT *sur Paris.*

108, BOULEVARD SAINT-GERMAIN 108

PARIS, 6e

JANVIER 1912

VOLUMES IN-16 A 2 FR. 50

BAYET (A.). **La Morale scientifique.** 2e édit. 1906.
BEAUSSIRE, de l'Institut. * **Antécédents de l'hégélianisme dans la philosophie française.**
BERGSON (H.), de l'Institut, professeur au Collège de France. * **Le Rire.** Essai sur la signification du comique. 7e édit. 1911.
BINET (A.), directeur du laboratoire de psychologie physiologique de la Sorbonne. **La Psychologie du raisonnement,** expériences par l'hypnotisme. 5e édit. 1911.
BLONDEL (H.). **Les Approximations de la vérité.** 1900.
BOS (C.), docteur en philosophie. * **Psychologie de la croyance.** 2e édit. 1905.
— * **Pessimisme, Féminisme, Moralisme.** 1907.
BOUCHER (M.). **L'Hyperespace, le temps, la matière et l'énergie.** 2e édit. 1905.
BOUGLÉ (C.), chargé de cours à la Sorbonne. **Les Sciences sociales en Allemagne.** 2e édit. 1902.
— * **Qu'est-ce que la Sociologie?** 2e édit. 1910.
BOURDEAU (J.). **Les Maîtres de la pensée contemporaine.** 6e édit. 1910.
— **Socialistes et sociologues.** 2e édit. 1907.
— **Pragmatisme et modernisme.** 1909.
BOUTROUX, de l'Institut. * **De la Contingence des lois de la nature.** 6e édit. 1908.
BRUNSCHVICG, maître de conférences à la Sorbonne. * **Introduction à la vie de l'esprit.** 2e édit. 1906.
— * **L'Idéalisme contemporain.** 1905.
COIGNET (C.). **L'Évolution du protestantisme français au XIXe siècle.** 1907
COMPAYRÉ (G.), de l'Institut. * **L'Adolescence.** *Étude de psychologie et de pédagogie.* 2e éd.
COSTE (Ad.). **Dieu et l'âme.** 2e édit. précédée d'une préface par R. WORMS. 1903.
CRAMAUSSEL (Ed.), docteur ès lettres. * **Le premier Éveil intellectuel de l'enfant.** 1909. 2e éd.
CRESSON (A.), prof. au lycée St-Louis. **La Morale de Kant.** 2e édit. (*Couronné par l'Institut*).
— **Le Malaise de la pensée philosophique.** 1905.
— * **Les Bases de la philosophie naturaliste.** 1907.
DANVILLE (Gaston). **Psychologie de l'amour.** 5e édit. 1910.
DAURIAC (L.). **La Psychologie dans l'Opéra français** (Auber, Rossini, Meyerbeer).
DELVOLVE (J.), maître de conférences à l'Univ. de Montpellier. * **L'Organisation de la conscience morale.** *Esquisse d'un art moral positif.* 1906.
— * **Rationalisme et tradition.** 1909.
DROMARD (G.). **Les Mensonges de la Vie intérieure.** 1909.
DUGAS, docteur ès lettres. * **Le Psittacisme et la pensée symbolique.** 1896.
— **La Timidité.** 5e édit. augmentée. 1910.
— **Psychologie du rire.** 2e édit. 1910.
— **L'Absolu.** 1904.
DUGUIT (L.), prof. à la Faculté de droit de Bordeaux. **Le Droit social, le droit individuel et la transformation de l'État.** 2e édition, 1911.
DUMAS (G.), professeur adjoint à la Sorbonne. * **Le Sourire,** avec 10 figures. 1906.
DUNAN, docteur ès lettres. **La Théorie psychologique de l'Espace.**
DUPRAT (G.-L.), docteur ès lettres. **Les Causes sociales de la Folie.** 1900.
— **Le Mensonge.** *Étude psychologique.* 2e édit. revue. 1909.
DURAND (de Gros). * **Questions de philosophie morale et sociale.** 1902.
DURKHEIM (Émile), professeur à la Sorbonne. * **Les Règles de la méthode sociologique.** 6e édit. 1912.
EICHTHAL (E. D'), de l'Institut. **Pages sociales.** 1909.
ENCAUSSE (Papus). **L'Occultisme et le spiritualisme.** 3e édit. 1911.
ESPINAS (A.), de l'Institut. * **La Philosophie expérimentale en Italie.**
FAIVRE (E.). **De la Variabilité des espèces.**
FÉRÉ (Dr Ch.). **Sensation et Mouvement.** Étude de psycho-mécanique, avec fig. 2e éd.
— **Dégénérescence et Criminalité,** avec figures. 4e édit. 1907.
FERRI (E.). * **Les Criminels dans l'Art et la Littérature.** 3e édit. 1908.
FIERENS-GEVAERT. **Essai sur l'Art contemporain.** 2e éd. 1903. (*Cour. par l'Acad. franç.*)
— **La Tristesse contemporaine,** 5e édit. 1908. (*Couronné par l'Institut.*)
— * **Psychologie d'une ville.** *Essai sur Bruges.* 3e édit. 1908.
— **Nouveaux Essais sur l'Art contemporain.** 1903.
FLEURY (Maurice de), de l'Académie de médecine. **L'Ame du criminel.** 2e édit. 1907.
FONSEGRIVE, professeur au lycée Buffon. **La Causalité efficiente.** 1893.
FOUILLÉE (A.), de l'Institut. **La propriété sociale et la démocratie.** 4e édit. 1909.
FOURNIÈRE (E.). **Essai sur l'individualisme.** 2e édit. 1908.
GAUCKLER. **Le Beau et son histoire.**
GELEY (Dr G.). * **L'être subconscient.** 3e édit. 1911.
GIROD (J.), agrégé de philosophie. * **Démocratie, patrie, humanité.** 1909.
GOBLOT (E.), professeur à l'Université de Lyon. **Justice et liberté.** 2e éd. 1907.
GODFERNAUX (G.), docteur ès lettres. **Le Sentiment et la Pensée.** 2e éd. 1906.
GRASSET (J.), professeur à la Faculté de Médecine de Montpellier. **Les Limites de la biologie.** 6e édit. 1909. Préface de Paul BOURGET, de l'Académie française.
GREEF (de), prof. à l'Univ. nouv. de Bruxelles. **Les Lois sociologiques.** 4e édit. revue. 1908.
GUYAU. * **La Genèse de l'idée de temps.** 2e édit. 1902.

VOLUMES IN-16 A 2 FR. 50

HARTMANN (E. de). **La Religion de l'avenir.** 7e édit. 1903.
— **Le Darwinisme, ce qu'il y a de vrai et de faux dans cette doctrine.** 9e édit.
HERBERT SPENCER. * **Classification des sciences.** 9e édit. 1909.
— **L'Individu contre l'État.** 8e édit. 1908.
HERCKENRATH (C.-R.-C.). **Problèmes d'Esthétique et de Morale.** 1897.
JAELL (Mme). **L'Intelligence et le rythme dans les mouvements artistiques.**
JAMES (W.). **La Théorie de l'émotion,** préface de G. DUMAS. 3e édit. 1910.
JANET (Paul), de l'Institut. * **La Philosophie de Lamennais.**
JANKELEVITCH (Dr). * **Nature et Société.** *Essai d'une application du point de vue finaliste aux phénomènes sociaux.* 1906.
JOUSSAIN (A.). **Le Fondement psychologique de la morale.** 1909.
LACHELIER (J.), de l'Institut. **Du fondement de l'induction,** 6e édit. 1911.
— * **Études sur le syllogisme,** suivies de l'observation de Platner et d'une note sur le « Philèbe ». 1907.
LAISANT (C.). **L'Éducation fondée sur la science.** Préface de A. NAQUET. 3e éd. 1911.
LAMPÉRIÈRE (Mme A.). * **Le Rôle social de la femme,** son éducation. 1898.
LANDRY (A.), docteur ès lettres. **La Responsabilité pénale.** 1902.
LANGE, professeur à l'Université de Copenhague. * **Les Émotions,** étude psycho-physiologique, traduit par G. Dumas. 4e édit. 1911.
LAPIE (P.), recteur de l'Académie de Toulouse. **La Justice par l'État.** 1899.
LAUGEL (Auguste). **L'Optique et les Arts.**
LE BON (Dr Gustave). * **Lois psychologiques de l'évolution des peuples.** 10e édit. 1911.
— * **Psychologie des foules.** 16e édit. 1911.
LE DANTEC (F.), chargé du cours de biologie générale à la Sorbonne. **Le Déterminisme biologique et la Personnalité consciente.** 3e édit. 1908.
— * **L'Individualité et l'Erreur individualiste.** 3e édit. 1911.
— * **Lamarckiens et Darwiniens.** 3e édit. 1908.
LEFÈVRE (G.), professeur à l'Univ. de Lille. **Obligation morale et idéalisme.** 1895.
LIARD, de l'Inst., vice-recteur de l'Acad. de Paris. * **Les Logiciens anglais contemp.** 5e éd.
— **Des Définitions géométriques et des définitions empiriques.** 3e édit.
LICHTENBERGER (Henri), professeur-adjoint à la Sorbonne. * **La Philosophie de Nietzsche,** 12e édit. 1911.
— * **Friedrich Nietzsche. Aphorismes et fragments choisis.** 5e édit. 1911.
LODGE (Sir Olivier). * **La Vie et la Matière.** Trad. J. MAXWELL. 2e édit. 1909.
LUBBOCK (Sir John). * **Le Bonheur de vivre.** 2 volumes. 11e édit. 1909.
— * **L'Emploi de la vie.** 8e éd. 1911.
LYON (Georges), recteur de l'Académie de Lille. * **La Philosophie de Hobbes.**
MARGUERY (E.). **L'Œuvre d'art et l'évolution.** 2e édit. 1905.
MAUXION (M.), prof. à l'Univ. de Poitiers. * **L'Éducation par l'instruction.** *Herbart.*
— * **Essai sur les éléments et l'évolution de la moralité.** 1904.
MILHAUD (G.), professeur à la Sorbonne. * **Le Rationnel.** 1898.
— * **Essai sur les conditions et les limites de la Certitude logique.** 3e édit. 1912.
MOSSO, prof. à l'Univ. de Turin. * **La Peur.** Étude psycho-physiologique (avec figures). 4e édit. revue. 1908.
— * **La Fatigue intellectuelle et physique.** Trad. Langlois. 6e édit. 1908.
MURISIER (E.). * **Les Maladies du sentiment religieux.** 3e édit. 1909.
NAVILLE (A.), prof. à l'Univ. de Genève. **Nouvelle Classification des sciences.** 2e édit. 1901.
NORDAU (Max). **Paradoxes psychologiques,** Trad. Dietrich. 7e édit. 1911.
— **Paradoxes sociologiques.** Trad. Dietrich. 6e édit. 1910.
— * **Psycho-physiologie du Génie et du Talent,** trad. Dietrich. 5e édit. 1911.
NOVICOW (J.). **L'Avenir de la Race blanche.** 2e édit. 1903.
OSSIP-LOURIÉ, docteur ès lettres, professeur à l'Université nouvelle de Bruxelles. **Pensées de Tolstoï.** 3e édit. 1910.
— * **Nouvelles Pensées de Tolstoï.** 1903.
— * **La Philosophie de Tolstoï.** 3e édit. 1908.
— * **La Philosophie sociale dans le théâtre d'Ibsen.** 2e édit. 1910.
— **Le Bonheur et l'Intelligence.** 1904.
— **Croyance religieuse et croyance intellectuelle.** 1908.
PALANTE (G.), agrégé de philosophie. **Précis de sociologie.** 4e édit. 1909.
— * **La Sensibilité individualiste.** 1909.
PARODI (D.), professeur au lycée Michelet. **Le Problème moral et la pensée contemporaine.** 1909.
PAULHAN (Fr.), correspondant de l'Institut. **Les Phénomènes affectifs et les lois de leur apparition.** 2e éd. 1901.
— * **Psychologie de l'invention.** 2e édit. 1911.
— * **Analystes et esprits synthétiques.** 1903.
— * **La Fonction de la mémoire et le souvenir affectif.** 1904.
— **La Morale de l'ironie.** 1909.
PHILIPPE (J.). * **L'Image mentale,** avec fig. 1903.

VOLUMES IN-16 A 2 FR. 50

PHILIPPE (Dr J.) et PAUL-BONCOUR (Dr G.). **Les Anomalies mentales chez les écoliers.** (*Ouvrage couronné par l'Institut.*) 2e éd. 1907.
PILLON (F.), lauréat de l'Institut. * **La Philosophie de Ch. Secrétan.** 1898.
PIOGER (Dr Julien). **Le Monde physique**, essai de conception expérimentale. 1893.
PROAL (Louis), conseiller à la Cour d'appel de Paris. **L'Éducation et le suicide des enfants.** Étude psychologique et sociologique. 1907.
QUEYRAT, prof. de l'Univ. * **L'Imagination et ses variétés chez l'enfant.** 4e édition, 1908.
— * **L'Abstraction**, son rôle dans l'éducation intellectuelle. 2e édit. revue. 1907.
— * **Les Caractères et l'éducation morale.** 4e éd. 1911.
— * **La Logique chez l'enfant et sa culture.** 1e édition, revue. 1911.
— * **Les Jeux des enfants.** 3e édit. 1911.
(*Les six volumes ci-dessus ont été récompensés par l'Institut.*)
RAGEOT (G.), agrégé de philosophie. **Les Savants et la philosophie.** 1907.
REGNAUD (P.), professeur à l'Université de Lyon. **Logique évolutionniste.** 1897.
— **Comment naissent les mythes.** 1897.
RENARD (Georges), prof. au Collège de France. **Le Régime socialiste**, 6e éd. 1907.
RÉVILLE (A.). **Histoire du Dogme de la Divinité de Jésus-Christ.** 4e édit. 1907.
REY (A.), chargé de cours à l'Université de Dijon. * **L'Energétique et le Mécanisme.** 1907.
RIBOT (Th.), de l'Institut, professeur honoraire au Collège de France, directeur de la *Revue philosophique*. **La Philosophie de Schopenhauer.** 12e édition.
— * **Les Maladies de la mémoire.** 22e édit. 1911.
— * **Les Maladies de la volonté.** 26e édit. 1910.
— * **Les Maladies de la personnalité.** 15e édit. 1911.
— * **La Psychologie de l'attention.** 11e édit. 1910.
— **Problèmes de psychologie affective.** 1909.
RICHARD (G.), professeur à l'Univ. de Bordeaux. * **Socialisme et Science sociale.** 3e édit.
RICHET (Ch.), prof. à l'Univ. de Paris. **Essai de psychologie générale.** 8e édit. 1910.
ROBERTY (E. de). **L'Agnosticisme.** Essai sur quelques théories pessimistes de la connaissance. 3e édit. 1893.
— **La Recherche de l'Unité.** 1893.
— **Le Psychisme social.** 1896.
— **Les Fondements de l'Éthique.** 1898.
— **Constitution de l'Éthique.** 1901.
— **Frédéric Nietzsche.** 3e édit. 1903.
ROEHRICH (E.). * **L'attention spontanée et volontaire.** Son fonctionnement, ses lois, son emploi dans la vie pratique. (*Récompensé par l'Institut.*) 1907.
ROGUES DE FURSAC (J.). **Un Mouvement mystique contemporain.** Le réveil religieux au Pays de Galles (1904-1905). 1907.
ROISEL. **De la Substance.**
— **L'Idée spiritualiste.** 2e édit. 1901.
ROUSSEL-DESPIERRES. **L'Idéal esthétique.** *Philosophie de la Beauté.* 1904.
RZEWUSKI (S.). **L'Optimisme de Schopenhauer.** 1908.
SCHOPENHAUER. * **Le Fondement de la morale.** Trad. par A. Burdeau. 10e édit.
— * **Le Libre Arbitre.** Trad. par M. Salomon Reinach, de l'Institut. 11e édit. 1909.
— **Pensées et Fragments**, avec intr. par M. J. Bourdeau. 25e édit. 1911.
— * **Écrivains et Style.** Traduct. Dietrich. 2e édit. 1908. (*Parerga et Paralipomena*).
— * **Sur la Religion.** Traduct. Dietrich. 2e édit. 1908. id.
— * **Philosophie et Philosophes.** Trad. Dietrich, 1907. id.
— * **Ethique, droit et politique.** 1908. Traduct. Dietrich. id.
— **Métaphysique et esthétique.** Traduction Aug. Dietrich. 1909. id.
SOLLIER (Dr P.). **Les Phénomènes d'autoscopie**, avec fig. 1903.
— * **Essai critique et théorique sur l'Association en psychologie.** 1907.
SOURIAU (P.), professeur à l'Université de Nancy. * **La Rêverie esthétique.** 1906.
STUART MILL. * **Auguste Comte et la Philosophie positive.** 8e édit. 1907.
— * **L'Utilitarisme.** 7e édit. 1911.
— **Correspondance inédite avec Gust. d'Eichthal** (1828-1842) — (1864-1871).
SULLY PRUDHOMME, de l'Académie française. * **Psychologie du libre arbitre** suivie de *Définitions fondamentales des idées les plus générales et des idées les plus abstraites.* 2e éd.
— et Ch. RICHET. **Le Problème des causes finales.** 4e édit. 1907.
SWIFT. **L'Éternel Conflit.** 1907.
TANON (L.). * **L'Évolution du Droit et la Conscience sociale.** 3e édit. revue, 1911.
TARDE, de l'Institut. **La Criminalité comparée.** 7e édit. 1910.
— * **Les Transformations du Droit.** 7e édit. 1912.
— * **Les Lois sociales.** 6e édit. 1910.
TAUSSAT (J.). **Le Monisme et l'Animisme.** 1908.
THAMIN (R.), recteur de l'Acad. de Bordeaux. * **Éducation et Positivisme.** 3e édit. 1910.
THOMAS (P. Félix), docteur ès lettres. * **La Suggestion**, son rôle dans l'éducation. 4e édit. 1907.
— * **Morale et Éducation**, 3e édit. 1911.
WUNDT. **Hypnotisme et Suggestion.** Étude critique. Trad. Keller. 5e édit. 1910.
ZELLER. **Christian Baur et l'École de Tubingue.** Trad. Ritter.
ZIEGLER. **La Question sociale est une Question morale**, trad. Palante. 4e édit. 1911.

BIBLIOTHÈQUE DE PHILOSOPHIE CONTEMPORAINE

VOLUMES IN-8, BROCHÉS

à 3 fr. 75, 5 fr., 7 fr. 50, 10 fr., 12 fr. 50 et 15 fr.

Ouvrages parus en 1910 et 1911 :

BASCH (V.), chargé de cours à la Sorbonne. ***La Poétique de Schiller.** *Essai d'esthétique littéraire.* 2e édition revue. 1911 .... 7 fr. 50

BERR (H.), directeur de la *Revue synthèse historique.* **La Synthèse en histoire.** *Essai critique et théorique.* 1911 .... 5 fr.

BERTHELOT (R.), membre de l'Académie de Belgique. **Un Romantisme utilitaire.** *Étude sur le mouvement pragmatiste. Le pragmatisme chez Nietzsche et chez Poincaré.* 1911 .... 7 fr. 50

BROCHARD (V.), de l'Institut. **Études de philosophie ancienne et de philosophie moderne.** Recueillies et précédées d'une introduction, par V. DELBOS, de l'Institut, professeur à la Sorbonne. 1912 .... 10 fr.

BRUGEILLES (R.), juge suppléant au tribunal civil de Bordeaux. **Le droit et la sociologie.** 1910 .... 3 fr. 75

CELLÉRIER (L.) * **Esquisse d'une science pédagogique.** *Les faits et les lois de l'éducation. (Récompensé par l'Institut.)* 1910 .... 7 fr. 50

CROCE (B.). **La Philosophie de la pratique.** *Économie et esthétique.* Traduit par H. BURIOT et le Dr JANKÉLÉVITCH. 1911 .... 7 fr. 50

DARBON (A.), docteur ès lettres. **L'Explication mécanique et le nominalisme.** 1910. 3 fr. 75

DAVID (Alexandra), professeur à l'Université nouvelle de Bruxelles. **Le Modernisme bouddhiste et le bouddhisme du bouddha.** 1911 .... 5 fr.

DROMARD (G.). * **Essai sur la sincérité.** 1910 .... 5 fr.

DUBOIS (J.), docteur en philosophie. **Le Problème pédagogique.** *Essai sur la position du problème et la recherche de ses solutions.* 1910 .... 7 fr. 50

DUGAS (L.), docteur ès lettres. **L'Éducation du caractère.** 1912 .... 5 fr.

DUPRÉ (Dr E.) et NATHAN (Dr M.). **Le langage musical.** *Étude médico-psychologique.* Préface de CH. MALHERBE, bibliothécaire de l'Opéra. 1911 .... 3 fr. 75

DURKHEIM (E), professeur à la Sorbonne. **L'Année sociologique.** TOME XI (1906-1909). 1910 .... 15 fr.

EUCKEN (R), professeur à l'Université d'Iéna. ***Les grands Courants de la pensée contemporaine.** Trad. H. BURIOT et G.-H. LUQUET. Avant-propos de *E. Boutroux*, de l'Institut. 1910 .... 10 fr.

FOUILLÉE (A.), de l'Institut. * **La Démocratie politique et sociale en France.** 2e édition. 1910 .... 3 fr. 75

— * **La Pensée et les nouvelles écoles anti-intellectualistes.** 2e édit. 1911 .... 7 fr. 50

GOURD (J.-J.). **Philosophie de la Religion.** Préface de E. BOUTROUX, de l'Institut. 1910 .... 5 fr.

HAMELIN (O.), chargé de Cours à la Sorbonne. * **Le Système de Descartes**, publié par L. ROBIN, chargé de Cours à l'Université de Caen. Préface de E. DURKHEIM, professeur à la Sorbonne. 1910 .... 7 fr. 50

HOFFDING (H.), prof. à l'Univ. de Copenhague. **La Pensée humaine,** *Ses formes, ses problèmes.* Trad. par J. DE COUSSANGE. Avant-propos de E. BOUTROUX, de l'Institut. 1911. 7 fr. 50

JEUDON (L.), professeur au collège de Vannes. **La Morale de l'honneur.** 1911 .... 5 fr.

MÉNARD (A.), docteur ès lettres. **Analyse et critique des principes de la psychologie de W. James.** 1910 .... 7 fr. 50

MENDOUSSE (P.), docteur ès lettres, professeur au lycée de Digne. * **L'Âme de l'adolescent.** 2e édit. 1911 .... 5 fr.

MORTON PRINCE, professeur de pathologie du système nerveux à l'École de médecine de « Tufts collège. ». **La Dissociation d'une personnalité.** *Étude biographique de psychologie pathologie.* Traduit par R. RAY et J. RAY. 1911 .... 10 fr.

NOVICOW (J.). **La Morale et l'intérêt dans les rapports individuels et internationaux** 1912 .... 5 fr.

PILLON (F.), lauréat de l'Institut. **L'Année philosophique** *21e année, 1910* .... 5 fr.

RAUH (F.), professeur-adjoint à la Sorbonne. **Études de morale,** recueillies et publiées par H. DAUDIN, M. DAVID, G. DAVY, H. FRANCK, R. HERTZ, G. HUBERT, J. LAPORTE, R. LE SENNE, H. WALLON. 1911 .... 10 fr.

RÉMOND (A.), professeur à l'Université de Toulouse et P. VOIVENEL. **Le Génie littéraire.** 1912 .... 5 fr.

ROEHRICH (E.). * **Philosophie de l'éducation.** *Essai de pédagogie générale. (Récompensé par l'Institut).* 1910 .... 5 fr.

SEGOND (J.), docteur ès lettres. * **La Prière.** *Essai de psychologie religieuse.* **1910.** 7 fr. 50

TASSY (E.). **Le Travail d'idéation.** *Hypothèses sur les réactions centrales dans les phénomènes mentaux.* 1911 .... 5 fr.

URTIN (H.), avocat, docteur ès lettres. **L'Action criminelle.** *Étude de philosophie pratique.* 1911 .... 5 fr.

VOLUMES IN-8

Précédemment publiés :

ADAM, recteur de l'Académie de Nancy. * **La Philosophie en France** (première moitié du XIXe siècle)........ 7 fr. 50
ARREAT. * **Psychologie du Peintre**........ 5 fr.
AUBRY (Dr P.). **La Contagion du Meurtre.** 3e édit. 1896........ 5 fr.
BAIN (Alex.). **La Logique inductive et déductive.** Trad. Compayré. 5e édit. 2 vol.... 20 fr.
BALDWIN (Mark), professeur à l'Université de Princeton (États-Unis). **Le Développement mental chez l'Enfant et dans la Race.** Trad. Nourry. 1897........ 7 fr. 50
BARDOUX (J.). * **Essai d'une Psychologie de l'Angleterre contemporaine.** *Les crises belliqueuses.* (*Couronné par l'Académie française*). 1906........ 7 fr. 50
— **Essai d'une Psychologie de l'Angleterre contemporaine.** *Les crises politiques. Protectionnisme et Radicalisme.* 1907........ 5 fr.
BARTHÉLEMY-SAINT-HILAIRE, de l'Institut. **La Philosophie dans ses Rapports avec les Sciences et la Religion**........ 5 fr.
BARZELOTTI, prof. à l'Univ. de Rome. * **La Philosophie de H. Taine.** 1900........ 7 fr. 50
BAYET (A.). **L'Idée de Bien.** Essai sur le principe de l'art moral rationnel. 1908.. 3 fr. 75
BAZAILLAS (A.), docteur ès lettres, prof. au lycée Condorcet. * **La Vie personnelle.** 1905. 5 fr.
— **Musique et Inconscience.** *Introduction à la psychologie de l'inconscient.* 1907.... 5 fr.
BELOT (G.), insp. de l'Académie de Paris. **Études de Morale positive.** (*Récompensé par l'Institut.*) 1907........ 7 fr. 50
BERGSON (H.), de l'Institut. * **Matière et Mémoire.** 7e édit. 1911........ 5 fr.
— **Essai sur les données immédiates de la conscience.** 9e édit. 1911........ 3 fr. 75
— * **L'Évolution créatrice.** 9e édit. 1912........ 7 fr. 50
BERTHELOT (R.), membre de l'Academie de Belgique. * **Évolutionnisme et Platonisme.** 1908........ 5 fr.
BERTRAND, prof. à l'Université de Lyon. * **L'Enseignement intégral.** 1898........ 5 fr.
— **Les Études dans la démocratie.** 1900........ 5 fr.
BINET (A.). * **Les Révélations de l'écriture**, avec 67 grav........ 5 fr.
BLOCH (L.), docteur ès lettres, agrégé de philos. * **La Philosophie de Newton.** 1908. 10 fr.
BOEX-BOREL (J.-H. Rosny aîné). **Le Pluralisme.** 1909........ 5 fr.
BOIRAC (Émile), recteur de l'Académie de Dijon. * **L'Idée du Phénomène**........ 5 fr.
— * **La Psychologie inconnue.** Introduction et contribution à l'étude expérimentale des sciences psychiques. 1908........ 5 fr.
BOUGLÉ, chargé de cours à la Sorbonne. * **Les Idées égalitaires.** 2e édit. 1908... 3 fr. 75
— **Essais sur le Régime des Castes.** (*Travaux de l'*Année sociologique *publiés sous la direction de M. Émile Durkheim*). 1908........ 5 fr.
BOURDEAU (L.). **Le Problème de la mort.** 4e édit. 1904........ 5 fr.
— **Le Problème de la vie.** 1901........ 7 fr. 50
BOURDON, prof. à l'Univ. de Rennes. * **L'Expression des émotions**........ 7 fr. 50
BOUTROUX (E.), de l'Institut. **Études d'histoire de la philosophie.** 3e édit. 1908. 7 fr. 50
BRAUNSCHVIG, docteur ès lettres. **Le Sentiment du beau et le sentiment poétique.** 1904........ 3 fr. 75
BRAY (L.). **Du Beau.** 1902........ 5 fr.
BROCHARD (V.), de l'Institut. **De l'Erreur.** 2e édit. 1897........ 5 fr.
BRUNSCHVICG (E.), maître de conférences à la Sorbonne. **La Modalité du jugement.** 5 fr.
— * **Spinoza.** 2e édit. 1906........ 3 fr. 75
CARRAU (Ludovic), prof. à la Sorbonne. **Philosophie religieuse en Angleterre**........ 5 fr.
CHABOT (Ch.), prof. à l'Univ. de Lyon. * **Nature et Moralité.** 1897........ 5 fr.
CHIDE (A.), agrégé de philosophie. * **Le Mobilisme moderne.** 1908........ 5 fr.
CLAY (R.). * **L'Alternative,** *Contribution à la Psychologie.* 2e édit........ 10 fr.
COLLINS (Howard). * **La Philosophie de Herbert Spencer.** 5e édit. 1911........ 10 fr.
COSENTINI (F.). **La Sociologie génétique.** *Pensée et vie sociale préhist.* 1905... 3 fr. 75
COSTE (Ad.). **Les Principes d'une sociologie objective**........ 3 fr. 75
— **L'Expérience des peuples et les prévisions qu'elle autorise.** 1900........ 10 fr.
COUTURAT (L.). **Les Principes des Mathématiques.** 1905........ 5 fr.
CRÉPIEUX-JAMIN. **L'Écriture et le Caractère.** 5e édit. 1909........ 7 fr. 50
CRESSON, docteur ès lettres, prof. au lycée St-Louis. **La Morale de la raison théorique.** 1903........ 5 fr.
CYON (E. DE). **Dieu et Science.** 1909........ 7 fr. 50
DAURIAC (L.). * **Essai sur l'esprit musical.** 1904........ 5 fr.
DELACROIX (H.), maître de conf. à la Sorbonne. * **Études d'Histoire et de Psychologie du Mysticisme.** Les grands mystiques chrétiens. 1908........ 10 fr.
DE LA GRASSERIE (R.), lauréat de l'Institut. **Psychologie des religions.** 1899........ 5 fr.
DELBOS (V.), membre de l'Institut, professeur adjoint à la Sorbonne. **La Philosophie pratique de Kant.** 1905. (Ouvrage couronné par l'Académie française)........ 12 fr. 50
DELVAILLE (J.), agr. de philosophie. * **La Vie sociale et l'éducation.** 1907. (Récompensé par l'Institut)........ 3 fr. 75
DELVOLVE (J.), maître de conf. à l'Univ. de Montpellier. * **Religion, critique et philosophie positive chez Pierre Bayle.** 1906........ 7 fr. 50
DRAGHICESCO (D.), prof. à l'Université de Bucarest. **L'Individu dans le déterminisme social**........ 7 fr. 50
— * **Le Problème de la conscience.** 1907........ 3 fr. 75

VOLUMES IN-8

DUGAS (L.), docteur ès lettres. * **Le Problème de l'Éducation.** *Essai de solution par la critique des doctrines pédagogiques.* 2e édition revue, 1911. .... 5 fr.

DUMAS (G.), professeur adjoint à la Sorbonne. **Psychologie de deux messies positivistes.** *Saint-Simon et Auguste Comte.* 1905........ 5 fr.

DUPRAT (G.-L.), docteur ès lettres. **L'Instabilité mentale.** 1899........ 5 fr.

DUPROIX (P.), doyen de la Faculté des lettres de Genève. **Kant et Fichte et le problème de l'éducation.** 2e édit. (Cour. par l'Acad. franç.)........ 5 fr.

DURAND (de Gros). **Aperçus de Taxinomie générale.** 1898........ 5 fr.

— **Nouvelles Recherches sur l'esthétique et la morale.** 1899........ 5 fr.

— **Variétés philosophiques.** 2e édit. revue et augmentée. 1900........ 5 fr.

DURKHEIM (E.), prof. à la Sorbonne. * **De la division du travail social.** 3e édit. 1911 7 fr. 50

— **Le Suicide,** *étude sociologique.* 2e édit. 1912........ 7 fr. 50

— * **L'Année sociologique** : 11 volumes parus.

1re Année (1896-1897). — Durkheim : La prohibition de l'inceste et ses origines. — G. Simmel : Comment les formes sociales se maintiennent. — *Analyses* des travaux de sociologie publiés du 1er juillet 1896 au 30 juin 1897........ 10 fr.

2e Année (1897-1898). — Durkheim : De la définition des phénomènes religieux. — Hubert et Mauss : La nature et la fonction du sacrifice. — *Analyses*........ 10 fr.

3e Année (1898-1899). — Ratzel : Le sol, la société, l'État. — Richard : Les crises sociales et la criminalité. — Steinmetz : Classif. des types sociaux. — *Analyses.* 10 fr.

4e Année (1899-1900). — Bouglé : Remarques sur le régime des castes. — Durkheim : Deux lois de l'évolution pénale. — Charmont : Notes sur les causes d'extinction de la propriété corporative. — *Analyses*........ 10 fr.

5e Année (1900-1901). — F. Simiand : Remarques sur les variations du prix du charbon au xixe siècle. — Durkheim : Sur le Totémisme. — *Analyses*........ 10 fr

6e Année (1901-1902). — Durkheim et Mauss : De quelques formes primitives de classification. Contribution à l'étude des représentations collectives. — Bouglé : Les théorie récentes sur la division du travail. — *Analyses*........ 12 fr. 50

7e Année (1902-1903). — Hubert et Mauss : Théorie générale de la magie. — *Analyses.* 12 fr. 50

8e Année (1903-1904). — H. Bourgin : La boucherie à Paris au xixe siècle. — E. Durkheim : L'organisation matrimoniale australienne. — *Analyses*........ 12 fr. 50

9e Année (1904-1905). — H. Meillet : Comment les noms changent de sens. — Mauss et Beuchat : Les variations saisonnières des sociétés eskimos. — *Analyses* ... 12 fr. 50

10e année (1905-1906). — P. Huvelin : Magie et droit individuel. — R. Hertz : Contribution à une étude sur la représentation collective de la mort. — C. Bouglé : Note sur le droit et la caste en Inde. — *Analyses*........ 12 fr. 50

Tome XI. — (1906-1909)........ 15 fr.

DWELSHAUVERS, prof. à l'Université de Bruxelles. * **La Synthèse mentale.** 1908... 5 fr.

EBBINGHAUS (H.), prof. à l'Université de Halle. **Précis de psychologie.** Trad. de l'allemand par G. Raphael. 2e éd. revue par G. d'Allonnes, 1912........ 5 fr.

EGGER (V.), professeur à la Sorbonne. **La Parole intérieure.** 2e édit. 1904........ 5 fr.

ENRIQUES (F.). * **Les Problèmes de la Science et la Logique.** Trad. J. Dubois. 1908........ 3 fr. 75

ESPINAS (A.), de l'Institut. * **La Philosophie sociale du XVIIIe siècle et la Révolution française.** 1898........ 7 fr. 50

EVELLIN (F.), de l'Institut. **La Raison pure et les antinomies.** Essai critique sur la philosophie kantienne. (*Couronné par l'Institut.*) 1907........ 5 fr.

FERRERO (G.). **Les Lois psychologiques du symbolisme.** 1895........ 5 fr.

FERRI (Enrico). **La Sociologie criminelle.** Traduction L. Terrier. 1905........ 10 fr.

FERRI (Louis). **La Psychologie de l'association,** depuis Hobbes........ 7 fr. 50

FINOT (J.). **Le Préjugé des races.** 3e édit. 1908. (Recompensé par l'Institut)........ 7 fr. 50

— **La Philosophie de la longévité.** 12e édit. refondue. 1908........ 5 fr.

FONSEGRIVE, prof. au lycée Buffon. * **Essai sur le libre arbitre.** 2e édit. 1895........ 10 fr.

FOUCAULT, professeur à l'Univ. de Montpellier. **La Psychophysique.** 1901........ 7 fr. 50

— * **Le Rêve.** 1906........ 5 fr.

FOUILLÉE (Alf.), de l'Institut. * **La Liberté et le Déterminisme.** 5e édit........ 7 fr. 50

— **Critique des systèmes de morale contemporains.** 6e édit. 1912........ 7 fr. 50

— * **La Morale, l'Art, la Religion,** d'après Guyau. 7e édit. augmentée........ 3 fr. 75

— **L'Avenir de la Métaphysique fondée sur l'expérience.** 2e édit........ 5 fr.

— * **L'Évolutionnisme des idées-forces.** 4e édit........ 7 fr. 50

— * **La Psychologie des idées-forces.** 2 [illegible]........ 15 fr.

— * **Tempérament et caractère.** 3e édit........ 7 fr. 50

— **Le Mouvement positiviste et la concep[illegible] sociologique du monde.** 2e édit........ 7 fr. 50

— **Le Mouvement idéaliste et la réaction contre la science positive.** 2e édit........ 7 fr. 50

— * **Psychologie du peuple français.** 4e édit........ 7 fr. 50

— * **La France au point de vue moral.** 5e édit........ 7 fr. 50

— * **Esquisse psychologique des peuples européens.** 4e édit........ 10 fr.

— * **Nietzsche et l'immoralisme.** 2e édit........ 5 fr.

— * **Le Moralisme de Kant et l'amoralisme contemporain.** 1907........ 7 fr. 50

— * **Les Éléments sociologiques de la morale.** 1905........ 7 fr. 50

— * **Morale des idées-forces.** 2e édit. 1908........ 7 fr. 50

— **Le Socialisme et la sociologie réformiste.** 2e édit. 1909........ 7 fr. 50

VOLUMES IN-8

FOURNIÈRE (E.). * **Les Théories socialistes au XIXe siècle.** 1904 .... 7 fr. 50
FULLIQUET. **Essai sur l'Obligation morale.** 1898 .... 7 fr. 50
GAROFALO, prof. à l'Univ. de Naples. **La Criminologie.** 5e édit. refondue .... 7 fr. 50
— **La Superstition socialiste.** 1895 .... 5 fr.
GÉRARD-VARET, recteur de l'Univ. de Rennes. **L'Ignorance et l'Irréflexion.** 1899. 5 fr.
GLEY (Dr E.), professeur au Collège de France. **Études de psychologie physiologique et pathologique**, avec fig. 1903 .... 5 fr.
GORY (G.). **L'Immanence de la raison dans la connaissance sensible** .... 5 fr.
GRASSET (J.), prof. à l'Univ. de Montpellier. **Demi-fous et demi-responsables.** 2e éd. 5 fr.
— **Introduction physiologique à l'Étude de la Philosophie.** *Conférences sur la physiologie du système nerveux de l'homme.* 2e édition 1910. Avec figures. 1908 .... 5 fr.
GREEF (de), prof. à l'Univ. nouvelle de Bruxelles. **Le Transformisme social** .... 7 fr. 50
— **La Sociologie économique.** 1904 .... 3 fr. 75
GROOS (K.), professeur à l'Université de Bâle. * **Les Jeux des animaux.** 1902 .... 7 fr. 50
GURNEY, MYERS et PODMORE. **Les Hallucinations télépathiques.** 4e édit .... 7 fr. 50
GUYAU (M.). * **La Morale anglaise contemporaine.** 6e éd. 1911. (*Cour. par l'Institut.*) 7 fr. 50
— **Les Problèmes de l'esthétique contemporaine.** 7e édit. 1911 .... 5 fr.
— **Esquisse d'une morale sans obligation ni sanction.** 9e édit .... 5 fr.
— **L'Irréligion de l'Avenir**, étude de sociologie. 13e édit .... 7 fr. 50
— * **L'Art au point de vue sociologique.** 9e édit. 1912 .... 7 fr. 50
— * **Éducation et Hérédité**, étude sociologique. 11e édit. 1911 .... 5 fr.
HALEVY (Elie), doct. ès lettres. **Formation du radicalisme philosoph.**, 3 v. chacun. 7 fr. 50
HAMELIN (O.), chargé de cours à la Sorbonne. * **Les Éléments principaux de la Représentation.** 1907 .... 7 fr. 50
HANNEQUIN, prof. à l'Univ. de Lyon. **L'hypothèse des atomes.** 2e édit. 1899 .... 7 fr. 50
— * **Études d'Histoire des Sciences et d'Histoire de la Philosophie**, préface de R. THAMIN, introduction de M. Grosjean. 2 vol. 1908. (*Couronné par l'Institut.*) .... 15 fr.
HARTENBERG (Dr Paul). **Les Timides et la Timidité.** 3e édit. 1910 .... 5 fr.
— * **Physionomie et Caractère.** *Essai de physiognomonie scientifique.* 2e édit. 1911 .... 5 fr.
HÉBERT (Marcel). **L'Évolution de la foi catholique.** 1905 .... 5 fr.
— * **Le Divin.** *Expériences et hypothèses, étude psychologique.* 1907 .... 5 fr.
HÉMON (C.), agrégé de philosophie. * **La Philosophie de Sully Prudhomme.** Préface de Sully Prudhomme. 1907 .... 7 fr. 50
HERBERT SPENCER. * **Les premiers Principes.** Traduct. Cazelles. 11e édit. 1907 .... 10 fr.
— * **Principes de biologie.** Traduct. Cazelles. 6e édit. 1910. 2 vol .... 20 fr.
— * **Principes de psychologie.** Trad. par MM. Ribot et Espinas. 2 vol .... 20 fr.
— * **Principes de sociologie.** 5 vol. : Tome I. *Données de la sociologie.* 10 fr. — Tome II. *Inductions de la sociologie. Relations domestiques.* 7 fr. 50. — Tome III. *Institutions cérémonielles et politiques.* 15 fr. — Tome IV. *Institutions ecclésiastiques.* 3 fr. 75. — Tome V. *Institutions professionnelles.* 7 fr. 50.
— **Essais sur le progrès.** Trad. A. Burdeau. 5e édit .... 7 fr. 50
— **Essais de politique.** Trad. A. Burdeau. 4e éd .... 7 fr. 50
— **Essais scientifiques.** Trad. A. Burdeau. 3e édit .... 7 fr. 50
— * **De l'Éducation physique, intellectuelle et morale.** 13e édit .... 5 fr.
— **Justice.** Trad. Castelot .... 7 fr. 50
— **Le Rôle moral de la bienfaisance.** Trad. Castelot et Martin St-Léon .... 7 fr. 50
— **La Morale des différents peuples.** Trad. Castelot et Martin St-Léon .... 7 fr. 50
— **Problèmes de morale et de sociologie.** Trad. H. de Varigny .... 7 fr. 50
— * **Une Autobiographie.** Trad. et adaptation par H. de Varigny .... 10 fr.
HERMANT (P.) et VAN DE WAELE (A.). * **Les principales Théories de la logique contemporaine.** (Récompensé par l'Institut.) 1909 .... 5 fr.
HIRTH (G.). * **Physiologie de l'Art.** Trad. et introd. par L. Arréat .... 5 fr.
HOFFDING, prof. à l'Univ. de Copenhague. **Esquisse d'une psychologie fondée sur l'expérience.** Trad. L. Poitevin. Préf. de Pierre Janet. 4e édit. 1909 .... 7 fr. 50
— * **Histoire de la Philosophie moderne.** Préf. de V. Delbos. 2e éd. 1908. 2 vol. chac. 10 fr.
— **Philosophes contemporains.** Trad. Tremesaygues. 2e édit. revue. 1908 .... 3 fr. 75
— * **Philosophie de la Religion.** 1908. Trad. Schlegel .... 7 fr. 50
HUBERT (H.) et MAUSS (M.), directeurs adjoints à l'École pratique des Hautes-Études. **Mélanges d'histoire des religions.** (*Travaux de l'Année sociologique publiés sous la direction de M. Emile Durkheim*). 1909 .... 5 fr.
IOTEYKO et STEFANOWSKA (Drs). * **Psycho-Physiologie de la Douleur.** 1908. (*Couronné par l'Institut.*) .... 5 fr.
ISAMBERT (G.). **Les Idées socialistes en France** (1815-1848). 1905 .... 7 fr. 50
IZOULET, prof. au Collège de France. **La Cité moderne.** 7e édition. 1908 .... 10 fr.
JACOBY (Dr P.). **Études sur la sélection chez l'homme.** 2e édition. 1904 .... 10 fr.
JANET (Paul), de l'Institut. * **Œuvres philosophiques de Leibniz.** 2e édit. 2 vol .... 20 fr.
JANET (Pierre), prof. au Collège de France. * **L'Automatisme psychologique.** 6e éd. 7 fr. 50
JASTROW (J.), prof. à l'Univ. de Wisconsin. **La Subconscience**, trad. E. Philippi, préface de P. Janet. 1908 .... 7 fr. 50
JAURÈS (J.), docteur ès lettres. **De la Réalité du monde sensible.** 2e édit. 1902 .... 7 fr. 50

VOLUMES IN-8

KARPPE (S.), docteur ès lettres. **Essais de critique d'histoire et de philosophie**.. 3 fr. 75
KEIM (A.), docteur ès lettres. * **Helvétius**, *sa vie, son œuvre*. 1907 .... 10 fr.
LACOMBE (P.). **Psychologie des individus et des sociétés chez Taine**. 1906...... 7 fr. 50
LALANDE (A.), professeur-adjoint à la Sorbonne. * **La Dissolution opposée à l'évolution, dans les sciences physiques et morales**. 1899............................ 7 fr. 50
LALO (Ch.), docteur ès lettres. * **Esthétique musicale scientifique**. 1908............ 5 fr.
— * **L'Esthétique expérimentale contemporaine**. 1908............................ 3 fr. 75
— **Les Sentiments esthétiques**. 1909.. 5 fr.
LANDRY (A.), docteur ès lettres. * **Principes de morale rationnelle**. 1906........... 5 fr.
LANESSAN (J.-L. de). * **La Morale des religions**. 1905 .... 10 fr.
— * **La Morale naturelle**. 1908.. 7 fr. 50
LAPIE (P.), recteur à l'Univ. de Toulouse. **Logique de la volonté**. 1902........... 7 fr. 50
LAUVRIÈRE, docteur ès lettres, prof. au lycée Louis-le-Grand. **Edgar Poë**. *Sa vie et son œuvre*. 1904.. 10 fr.
LAVELEYE (de). * **De la Propriété et de ses formes primitives**. 5e édit............ 10 fr.
— * **Le Gouvernement dans la démocratie**. 2 vol. 3e édit. 1896...................... 15 fr.
LEBLOND (M.-A.). * **L'Idéal du XIXe siècle**. 1909.................................... 5 fr.
LE BON (Dr Gustave). * **Psychologie du socialisme**. 7e éd. revue. 1912............ 7 fr. 50
LECHALAS (G.). * **Études esthétiques**. 1902.. 5 fr.
— **Étude sur l'espace et le temps**. 2e édit. revue et augmentée. 1909.............. 5 fr.
LECHARTIER (G.). **David Hume, moraliste et sociologue**. 1900 .... 5 fr.
LECLÈRE (A.), prof. à l'Univ. de Berne. **Essai critique sur le droit d'affirmer**....... 5 fr.
LE DANTEC, chargé de cours à la Sorbonne. * **L'Unité dans l'être vivant**. 1902... 7 fr. 50
— * **Les Limites du connaissable**, *la vie et les phénomènes naturels*. 3e édit. 1908. 3 fr. 75
LÉON (Xavier). * **La Philosophie de Fichte**. Préf. de E. Boutroux. 1902. (Cour. par l'Institut)... 10 fr.
LEROY (E. Bernard). **Le Langage**. *Sa fonction normale et pathologique*. 1905....... 5 fr.
LÉVY (A.). professeur à l'Univ. de Nancy. **La Philosophie de Feuerbach**. 1904..... 10 fr.
LÉVY-BRUHL (L.), professeur à la Sorbonne, * **La Philosophie de Jacobi**. 1894.... 5 fr.
— * **Lettres de J.-S. Mill à Auguste Comte**, avec *les réponses de Comte et une introduction*. 1899.. 10 fr.
— * **La Philosophie d'Auguste Comte**. 2e édit. 1905................................ 7 fr. 50
— * **La Morale et la Science des mœurs**. 4e édit. 1910.............................. 5 fr.
— **Les Fonctions mentales dans les sociétés inférieures** (*Travaux de l'Année sociologique publiés sous la direction de M. Émile Durkheim*). 1909.................... 7 fr. 50
LIARD, de l'Institut, vice-recteur de l'Acad. de Paris. * **Descartes**. 3e éd. 1911 ...... 5 fr.
— * **La Science positive et la Métaphysique**. 5e édit.................................. 7 fr. 50
LICHTENBERGER (H.), professeur adjoint à la Sorbonne. * **Richard Wagner, poète et penseur**. 5e édit [illegible] 1911. (Couronné par l'Académie française)................ 10 fr.
— **Henri Heine** [illegible] .... 3 fr. 75
LOMBROSO (Cé[illegible]) [illegible] **criminel**. 2e éd., 2 vol. et atlas. 1895............ 30 fr.
— **Le Crime**. *Caus*[illegible]. 2e édit... 10 fr.
— **L'Homme de gé**[illegible] planches. 4e édit. 1909.................................. 10 fr.
— et FERRERO. **La** [illegible] **criminelle et la prostituée**.......................... 15 fr.
— et LASCHI. **Le Crime politique et les Révolutions**. 2 vol.......................... 15 fr.
LUBAC (E.), agr. de philos. * **Psychologie rationnelle**. Préf. de H. BERGSON. 1904.. 3 fr. 75
LUQUET (G.-H.), agrégé de philosophie * **Idées générales de psychologie**. 1906.... 5 fr.
LYON (G.), recteur de l'Acad. de Lille. * **L'Idéalisme en Angleterre au XVIIIe siècle**. 7 fr. 50
— * **Enseignement et religion**. Études philosophiques .... 3 fr. 75
MALAPERT (P.), docteur ès lettres, prof. au lycée Louis-le-Grand. * **Les Éléments du caractère et leurs lois de combinaison**. 2e édit. 1906.................................. 5 fr.
MARION (H.), prof. à la Sorbonne. * **De la Solidarité morale**. 6e édit. 1907.......... 5 fr.
MARTIN (Fr.). * **La Perception extérieure et la Science positive**. 1894............... 5 fr.
MATAGRIN (Amédée). **La Psychologie sociale de Gabriel Tarde**. 1909................ 5 fr.
MAXWELL (J.). **Les Phénomènes psychiques**. Préf. du Pr Ch. RICHET. 4e édit. 1909. 5 fr.
MEYERSON (E.). **Identité et Réalité**. 1908. .... 7 fr. 50
MULLER (Max), prof. à l'Univ. d'Oxford. * **Nouvelles études de mythologie**. 1898. 12 fr. 50
MYERS. **La Personnalité humaine**. Trad. Jankélévitch. 3e édit. 1910............... 7 fr. 50
NAVILLE (ERNEST). * **La Logique de l'hypothèse**. 2e édit............................ 5 fr.
— * **La Définition de la philosophie**. 1894.. 5 fr.
— **Le Libre Arbitre**. 2e édit. 1898... 5 fr.
— **Les Philosophies négatives**. 1899... 5 fr.
— **Les Systèmes de philosophie ou les philosophies affirmatives**. 1909.............. 7 fr. 50
NAYRAC (J.-P.). * **Physiologie et Psychologie de l'attention**. Préface de Th. Ribot. (*Récompensé par l'Institut.*) 1906. .... 3 fr. 75
NORDAU (Max). * **Dégénérescence**. 7e éd. 1909. 2 vol. Tome I. 7 fr. 50. Tome II.. 10 fr.
— **Les Mensonges conventionnels de notre civilisation**. 10e édit. 1908. .... 5 fr.
— * **Vus du dehors**. *Essais de critique sur quelques auteurs français contemp*. 1903. 5 fr.
— **Le Sens de l'histoire**. Trad. JANKELEVITCH. 1909................................ 7 fr. 50

VOLUMES IN-8

NOVICOW (J.). **Les Luttes entre Sociétés humaines.** 3e édit. 1904 .... 10 fr.
— * **Les Gaspillages des sociétés modernes.** 2e édit. 1899 .... 5 fr.
— * **La Justice et l'expansion de la vie.** *Essai sur le bonheur des sociétés.* 1905 .. 7 fr. 50
— **La critique du Darwinisme social.** 1909 .... 7 fr. 50
OLDENBERG, prof. à l'Univ. de Kiel. * **Le Bouddha.** Trad. par P. Foucher, chargé de cours à la Sorbonne. Préf. de Sylvain Lévi, prof. au Collège de France. 2e édit. 1903 .. 7 fr. 50
— * **La Religion du Véda.** Traduit par V. Henry, professeur à la Sorbonne. 1903 ... 10 fr.
OSSIP-LOURIÉ. **La Philosophie russe contemporaine.** 2e édit. 1905 .... 5 fr.
— * **La Psychologie des romanciers russes au XIXe siècle.** 1905 .... 7 fr. 50
OUVRÉ (H.). * **Les Formes littéraires de la pensée grecque** (*Cour. par l'Acad. franç.*). 10 fr.
PALANTE (G.), agrégé de philosophie. **Combat pour l'individu.** 1904 .... 3 fr. 75
PAULHAN, correspondant de l'Institut. * **Les Caractères.** 3e édit. revue. 1909 .... 5 fr.
— **Les Mensonges du caractère.** 1905 .... 5 fr.
— **Le Mensonge de l'Art.** 1907 .... 5 fr.
PAYOT (J.), recteur de l'Académie d'Aix. **La Croyance.** 3e édit. 1911 .... 5 fr.
— * **L'Éducation de la volonté.** 36e édit. 1911 .... 5 fr.
PERÈS (Jean), professeur au lycée de Caen. * **L'Art et le Réel.** 1898 .... 3 fr. 75
PÉREZ (Bernard). **Les Trois premières années de l'enfant.** 7e édit. 1911 .... 5 fr.
— **L'Enfant de trois à sept ans.** 4e édit. 1907 .... 5 fr.
— **L'Éducation morale dès le berceau.** 4e édit. 1901 .... 5 fr.
— * **L'Éducation intellectuelle dès le berceau.** 2e édit. 1901 .... 5 fr.
PIAT (C.), prof. à l'Inst. cathol. **La Personne humaine.** 1898. (*Cour. par l'Institut*)... 7 fr. 50
— * **Destinée de l'homme.** 2e édit. revue 1912 .... 5 fr.
— **La Morale du bonheur.** 1909 .... 5 fr.
PICAVET (E.), chargé de cours à la Sorbonne. * **Les Idéologues** (*Cour. par l'Ac. franç.*). 10 fr.
PIDERIT. **La Mimique et la Physiognomonie.** Trad. de l'allem. par M. Girot .... 5 fr.
PILLON (F.), lauréat de l'Institut. * **L'Année philosophique** (*Couronné par l'Institut.*) 1890 à 1910. 21 vol. Chacun (1893 et 1894 épuisés) .... 5 fr.
PIOGER (Dr J.). **La Vie et la pensée.** 1893 .... 5 fr.
— **La Vie sociale, la morale et le progrès.** 1894 .... 5 fr.
PRAT (L.), doct. ès lettres. **Le Caractère empirique et la personne.** 1906 .... 7 fr. 50
PREYER, prof. à l'Université de Berlin. **Éléments de physiologie** .... 5 fr.
PROAL, conseiller à la Cour de Paris. * **La Criminalité politique.** 2e éd. 1908 .... 5 fr.
— * **Le Crime et la Peine.** 4e édit. (*Couronné par l'Institut.*). 1911 .... 10 fr.
— **Le Crime et le Suicide passionnels.** 1900. (*Cour. par l'Acad. franç.*) .... 10 fr.
RAGEOT (G.). * **Le Succès.** *Auteurs et Public.* 1906 .... 3 fr. 75
RAUH (F.), prof. adjoint à la Sorbonne. * **De la Méthode dans la psychologie des sentiments.** (*Couronné par l'Institut*). 1899 .... 5 fr.
— * **L'Expérience morale.** 2e édition revue. 1909 (*Récompensé par l'Institut*) ..... 3 fr. 75
RÉCEJAC, docteur ès lettres. **Les Fondements de la Connaissance mystique.** 1897 .... 5 fr.
RENARD (G.), prof au Collège de France. * **La Méthode scient. de l'histoire littéraire.** 10 fr.
RENOUVIER (Ch.), de l'Institut. * **Les Dilemmes de la métaphysique pure.** 1901 .... 5 fr.
— * **Histoire et solution des problèmes métaphysiques.** 1901 .... 7 fr. 50
— **Le Personnalisme**, avec une étude sur la *perception externe et la force*. 1903 ... 10 fr.
— * **Critique de la doctrine de Kant.** 1906 .... 7 fr. 50
— * **Science de la Morale.** Nouv. édit. 2 vol. 1908 .... 15 fr.
REVAULT D'ALLONNES (G.), docteur ès lettres, agrégé de philosophie. **Psychologie d'une religion.** *Guillaume Monod (1800-1896)*. 1908 .... 5 fr.
— * **Les Inclinations.** Leur rôle dans la psychologie des sentiments. 1908 .... 3 fr. 75
REY (A.), chargé de cours à l'Université de Dijon. * **La Théorie de la physique chez les physiciens contemporains.** 1907 .... 7 fr. 50
RIBERY, doct. ès lettres. **Essai de classification naturelle des caractères.** 1903. 3 fr. 75
RIBOT (Th.), de l'Institut. * **L'Hérédité psychologique.** 9e édit. 1910 .... 7 fr. 50
— * **La Psychologie anglaise contemporaine.** 3e édit. 1907 .... 7 fr. 50
— * **La Psychologie allemande contemporaine.** 7e édit. 1909 .... 7 fr. 50
— **La Psychologie des sentiments.** 8e édit. 1911 .... 7 fr. 50
— **L'Évolution des idées générales.** 3e édit. 1909 .... 5 fr.
— * **Essai sur l'Imagination créatrice.** 3e édit. 1908 .... 5 fr.
— * **La logique des sentiments.** 3e édit. 1908 .... 3 fr. 75
— * **Essai sur les passions.** 3e édit. 1910 .... 3 fr. 75
RICARDOU (A.), docteur ès lettres. * **De l'Idéal.** (*Couronné par l'Institut*) .... 5 fr.
RICHARD (G.), professeur de sociologie à l'Univ. de Bordeaux. * **L'Idée d'évolution dans la nature et dans l'histoire.** 1903. (*Couronné par l'Institut*) .... 7 fr. 50
RIEMANN (H.), prof. à l'Univ. de Leipzig. * **Les Éléments de l'Esthétique musicale.** 1906. 5 fr.
RIGNANO (E.). **La Transmissibilité des caractères acquis.** 1908 .... 5 fr.
RIVAUD (A.), chargé de cours à l'Université de Poitiers. **Les Notions d'essence et d'existence dans la philosophie de Spinoza.** 1906 .... 3 fr. 75
ROBERTY (E. de). **L'Ancienne et la Nouvelle Philosophie** .... 7 fr. 50
— * **La Philosophie du siècle** (positivisme, criticisme, évolutionnisme) .... 5 fr.
— * **Nouveau Programme de sociologie.** 1904 .... 5 fr.
— * **Sociologie de l'Action.** 1908 .... 7 fr. 50

VOLUMES IN-8

RODRIGUES (G.), docteur ès lettres, agrégé de philosophie. **Le Problème de l'action.** 3 fr. 75
ROMANES. * **L'Évolution mentale chez l'homme**........ 7 fr. 50
ROUSSEL-DESPIERRES (Fr.). * *Hors du scepticisme.* **Liberté et beauté.** 1907... 7 fr. 50
RUSSELL * **La Philosophie de Leibniz.** Trad. J. Ray. Préf. de M. Lévy-Bruhl. 1908. 3 fr. 75
RUYSSEN (Th.), prof. à l'Univ. de Bordeaux. * **L'Évolution psychologique du jugement.** 5 fr.
SABATIER (A.), prof. à l'Univ. de Montpellier. **Philosophie de l'effort.** 2e édit. 1908. 7 fr. 50
SAIGEY (E.). * **Les Sciences au XVIIIe siècle.** La Physique de Voltaire........ 5 fr.
SAINT-PAUL (Dr G.). * **Le Langage intérieur et les paraphasies.** 1904........ 5 fr.
SANZ Y ESCARTIN. **L'Individu et la Réforme sociale.** Trad. Dietrich........ 7 fr. 50
SCHILLER (F.), professeur à Corpus Christi college (Université d'Oxford). * **Études sur l'humanisme.** Trad. Dr S. Jankelevitch. 1909........ 10 fr.
SCHINZ (A.), professeur à l'Université de Bryn Mawr (Pensylvanie). **Anti-pragmatisme.** *Examen des droits respectifs de l'aristocratie intellectuelle et de la démocratie sociale.* 5 fr.
SCHOPENHAUER. **Aphorismes sur la sagesse dans la vie.** Trad. Cantacuzène. 9e éd. 5 fr.
— * **Le Monde comme volonté et comme représentation.** 5e édit. 3 vol., chac.... 7 fr. 50
SÉAILLES (G.), professeur à la Sorbonne. **Essai sur le génie dans l'art.** 4e édit. 1911. 5 fr.
— * **La Philosophie de Ch. Renouvier.** *Introduction au néo-criticisme.* 1905...... 7 fr. 50
SIGHELE (Scipio). **La Foule criminelle.** 2e édit. 1901........ 5 fr.
SOLLIER (Dr P.). **Le Problème de la mémoire.** 1900........ 3 fr. 75
— **Psychologie de l'idiot et de l'imbécile**, avec 12 pl. hors texte. 2e édit. 1902...... 5 fr.
— **Le Mécanisme des émotions.** 1905........ 5 fr.
— **Le Doute.** *Étude de psychologie affective.* 1909........ 7 fr. 50
SOURIAU (Paul), professeur à l'Univ. de Nancy. **L'Esthétique du mouvement**....... 5 fr.
— * **La Beauté rationnelle.** 1904........ 10 fr.
— **La Suggestion dans l'art.** 2e édit. 1909........ 5 fr.
STAPFER (P.). * **Questions esthétiques et religieuses.** 1906........ 3 fr. 75
STEIN (L.), prof. à l'Univ. de Berne. * **La Question sociale au point de vue philosophique** 1900........ 10 fr.
STUART MILL. * **Mes Mémoires.** Histoire de ma vie et de mes idées. 5e éd....... 5 fr.
— * **Système de Logique déductive et inductive**, 6e édit. 1909. 2 vol........ 20 fr.
— * **Essais sur la Religion.** 4e édit 1901........ 5 fr.
— **Lettres inédites à Aug. Comte et réponses d'Aug. Comte.** 1899........ 10 fr.
SULLY (James). **Le Pessimisme.** Trad. Bertrand. 2e édit........ 7 fr. 50
— * **Essai sur le rire.** Trad. Léon Terrier. 1904........ 7 fr. 50
SULLY PRUDHOMME, de l'Acad. franç. **La vraie Religion selon Pascal.** 1905.. 7 fr. 50
— **Le Lien social** publié par C. Hémon........ 3 fr. 75
TARDE (G.), de l'Institut. * **La Logique sociale.** 3e édit. 1901........ 7 fr. 50
— * **Les Lois de l'imitation.** 6e édit. 1911........ 7 fr. 50
— **L'Opposition universelle.** *Essai d'une théorie des contraires.* 1897........ 7 fr. 50
— * **L'Opinion et la Foule.** 3e édit. 1910........ 5 fr.
TARDIEU (E.) * **L'Ennui.** *Étude psychologique.* 1903........ 5 fr.
THOMAS (P.-F.), docteur ès lettres. * **Pierre Leroux, sa philosophie.** 1904........ 5 fr.
— * **L'Éducation des sentiments.** (*Couronné par l'Institut*) 5e édit. 1910........ 5 fr.
TISSERAND (P.), docteur ès lettres, professeur au lycée Charlemagne. * **L'Anthropologie de Maine de Biran.** 1909........ 10 fr.
UDINE (Jean d'). **L'Art et le geste.** 1909........ 5 fr.
VACHEROT (Et.), de l'Institut. * **Essais de philosophie critique**........ 7 fr. 50
— **La Religion**........ 7 fr. 50
WAYNBAUM (Dr I.). **La Physionomie humaine.** 1907........ 5 fr.
WEBER (L.). * **Vers le Positivisme absolu par l'idéalisme.** 1903........ 7 fr. 50

BIBLIOTHÈQUE DE PHILOSOPHIE CONTEMPORAINE

TRAVAUX DE L'ANNÉE SOCIOLOGIQUE

Publiés sous la direction de M. Émile DURKHEIM

ANNÉE SOCIOLOGIQUE, 11 volumes parus, voir détail page 8.
BOUGLÉ (C.), chargé de cours à la Sorbonne. **Essais sur le régime des Castes.** 1 vol. in-8. 1908........ 5 fr.
HUBERT (H.) et MAUSS (M.), directeurs adjoints à l'École des Hautes-Études. **Mélanges d'histoire des religions.** 1 vol. in-8. 1909........ 5 fr.
LÉVY-BRUHL (L.), professeur à la Sorbonne. **Les Fonctions mentales dans les sociétés inférieures.** 1 vol. in-8. 1910........ 7 fr. 50

COLLECTION HISTORIQUE DES GRANDS PHILOSOPHES

PHILOSOPHIE ANCIENNE

ARISTOTE. **La Poétique d'Aristote**, par A. HATZFELD et M. DUFOUR. 1 vol. in-8, 1900.................................. 6 fr.

— **Physique, II**, trad. et commentaire, par O. HAMELIN, chargé de cours à la Sorbonne. 1 vol. in-8.................. 3 fr.

— **Aristote et l'idéalisme platonicien** par CH. WERNER, docteur ès lettres. 1910. 1 vol. in-8...................... 7 fr. 50

— **La Morale d'Aristote**, par Mme JULES FAVRE, née VELTEN, 1 vol. in-18. 3 fr. 50

— **Éthique à Nicomaque. Livre II.** Trad. de P. D'HÉROUVILLE et H. VERNE. Introd. et notes de P. D'HÉROUVILLE. 1910. Brochure in-8........................... 1 fr. 80

ÉPICURE. * **La Morale d'Épicure**, par M. GUYAU. 1 vol. in-8, 5e édit...... 7 fr. 50

MARC-AURÈLE. **Les Pensées de Marc-Aurèle.** Trad. A.-P. LEMERCIER, doyen de l'Univ. de Caen. 1909. 1 vol. in-16. 3 fr. 50

PLATON. **La Théorie platonicienne des Sciences**, par ÉLIE HALÉVY. In-8. 1895. 5 fr.

— **Œuvres**, traduction VICTOR COUSIN revue par J. BARTHÉLEMY-SAINT-HILAIRE : *Socrate et Platon ou le Platonisme — Eutyphron — Apologie de Socrate — Criton — Phédon*. 1 v. in-8. 1896. 7 fr. 50

— **La définition de l'être et la nature des idées dans le Sophiste de Platon**, par A. DIÈS, docteur ès lettres, 1 vol. in-8 1909 .... 4 fr.

SOCRATE. * **Philosophie de Socrate**, par A. FOUILLÉE, de l'Institut. 2 vol. in-8. 16 fr.

— **Le Procès de Socrate**, par G. SOREL. 1 vol. in-8.................... 3 fr. 50

— **La morale de Socrate**, par Mme JULES FAVRE, née VELTEN, 1 vol. in-18. 3 fr. 50

STRATON DE LAMPSAQUE. * **La Physique de Straton de Lampsaque**, par G. RODIER, prof. à la Sorbonne. 1 vol. in-8.... 3 fr.

BÉNARD. **La Philosophie ancienne**, ses systèmes. 1 vol. in-8............ 9 fr.

DIÈS (A.), docteur ès lettres. **Le Cycle mystique.** *La divinité. Origine et fin des existences individuelles dans la philosophie antésocratique*. 1909. 1 vol. in-8.. 4 fr.

FABRE (Joseph). **La Pensée antique.** *De Moïse à Marc-Aurèle*. 3e édit..... 5 fr.

— * **La Pensée chrétienne.** *Des Évangiles à l'Imitation de J.-C.* 1 vol. in-8..... 9 fr.

GOMPERZ. **Les Penseurs de la Grèce.** Trad. REYMOND. (*Trad. cour. par l'Académie française.*)

I. * *La philosophie antésocratique*. 1 vol. gr. in-8, 2e édit.................. 10 fr.

II. * *Athènes, Socrate et les Socratiques, Platon*. 1 vol. gr. in-8, 2e édit.... 12 fr.

III. * *L'ancienne académie. Aristote et ses successeurs : Théophraste et Straton de Lampsaque*. 1910. 1 vol. gr. in-8. 10 fr.

GUYOT (H.), docteur ès lettres. **L'Infinité divine** *depuis Philon le Juif jusqu'à Plotin*. In-8. 1906................ 5 fr.

LAFONTAINE (A.). **Le Plaisir**, *d'après Platon et Aristote*. 1 vol. in-8..... 6 fr.

MILHAUD (G.), prof. à la Sorbonne. * **Les philosophes géomètres de la Grèce.** In-8, 1900 (*Couronné par l'Institut*). 6 fr.

— **Études sur la pensée scientifique chez les Grecs et chez les modernes.** 1906. 1 vol. in-16.......................... 3 fr.

— **Nouvelles études sur l'histoire de la pensée scientifique.** 1911. 1 vol. in-8 (*Couronné par l'Académie française*).. 5 fr.

OUVRÉ (H.). **Les formes littéraires de la pensée grecque.** 1 vol. in-8. (*Cour. par l'Ac. franç.*)............................. 10 fr.

RIVAUD (A.), professeur à l'Université de Poitiers. **Le Problème du devenir et la notion de la matière**, *des origines jusqu'à Théophraste*. (*Couronné par l'Académie française.*) In-8, 1906. 10 fr.

ROBIN (L.), professeur à l'Université de Caen. **La Théorie platonicienne des idées et des nombres d'après Aristote.** Étude historique et critique. In-8. (*Récomp. par l'Institut.*)....... 12 fr. 50

— **La théorie platonicienne de l'Amour.** 1 vol. in-8...................... 3 fr. 75

(Ces deux volumes ont été couronnés par l'Institut et par l'Association pour l'encouragement des Études grecques.)

TANNERY (Paul). **Pour la Science hellène.** 1 vol. in-8...................... 7 fr. 50

PHILOSOPHIES MÉDIÉVALE ET MODERNE

* DESCARTES, par L. LIARD, de l'Institut, 2e édit. 1 vol. in-8................ 5 fr.

— **Essai sur l'Esthétique de Descartes**, par E. KRANTZ, prof. à l'Univ. de Nancy. 1 vol. in-8.......................... 6 fr.

— **Descartes, directeur spirituel**, par V. de SWARTE. In-16 avec planches. (*Cour. par l'Institut.*).................... 4 fr. 50

— **Le système de Descartes**, par O. HAMELIN. Publié par *L. Robin*. Préface de *E. Durkheim*. 1911. 1 vol. in-8.. 7 fr. 50

ÉRASME. **Stultitiæ laus des Erasmi Rot. declamatio.** Publié et annoté par J.-B. Kan, avec fig. de Holbein. 1 vol. in-8. 6 fr. 75

GASSENDI. **La Philosophie de Gassendi**, par P.-F. THOMAS. 1 vol. in-8...... 6 fr.

LEIBNIZ. * **Œuvres philosophiques.** pub. par P. JANET. 2 vol. in-8........ 20 fr.

— * **La logique de Leibniz.** par L. COUTURAT. 1 vol. in-8........................ 12 fr.

— **Opusc. et fragm. inédits de Leibniz**, par L. COUTURAT. 1 vol. in-8............ 25 fr.

— * **Leibniz et l'organisation religieuse de la Terre**, *d'après des documents inédits*, par JEAN BARUZI. 1 vol. in-8 (*Couronné par l'Académie française.*)...... 10 fr.

— **La Philosophie de Leibniz**, par B. RUSSELL, trad. par M. Ray, préface de M. Lévy-Bruhl. 1 vol. in-8. (*Cour. par l'Acad. franç.*)................. 3 fr. 75

— **Discours de la métaphysique**, introduction et notes par H. LESTIENNE. 1 vol. in-8.............................. 2 fr.

— **Leibniz historien.** *Essai sur l'activité et la méthode historique de Leibniz*, par L. DAVILLÉ, docteur ès lettres. 1 vol. in-8 1909 .... 12 fr.

MALEBRANCHE. * **La Philosophie de Malebranche**, par OLLÉ-LAPRUNE, de l'Institut. 2 vol. in-8......................... 16 fr.

PASCAL. **Le Scepticisme de Pascal**, par DROZ, professeur à l'Université de Besançon. 1 vol. in-8.......................... 6 fr.

ROSCELIN. **Roscelin philosophe et théologien**, d'après la légende et d'après l'histoire, sa place dans l'histoire générale et comparée des philosophies médiévales, par F. PICAVET, chargé de cours à la Sorbonne. 1911. 1 vol. gr. in-8................ 4 fr.

ROUSSEAU (J.-J.). * **Du Contrat social**, avec les versions primitives; introduction par Edmond Dreyfus-Brisac. Grand in-8. 12 fr.

SAINT-THOMAS-D'AQUIN. **L'Intellectualisme de Saint Thomas**, par P. ROUSSELOT, docteur ès lettres. 1908. 1 vol. in-8.. 6 fr.

— **Thesaurus philosophiæ thomisticæ** seu selecti textus philosophici ex sancti Thomæ aquinatis operibus deprompti et secundum ordinem in scholis hodie usurpatum dispositi, par G. BULLIAT, docteur en théologie et en droit canon. 1 vol. gr. in-8. 6 fr. 50

— **L'Idée de l'État dans Saint Thomas d'Aquin**, par J. ZEILLER. 1 v. in-8. 3 fr. 50

SPINOZA. **Benedicti de Spinosa opera**, quotquot reperta sunt. Édition J. VAN VLOTEN et J.-P.-N. LAND. 3 vol. in-18, cartonnés ... 18 fr.

— **Ethica ordine geometrico demonstrata**, édition J. Van Vloten et J.-P.-N. Land. 1 vol. gr. in-8 ... 4 fr. 30

— **Sa Philosophie**, par L. BRUNSCHVICG, maître de conférences à la Sorbonne. 2e édit. 1 vol. in-8. ... 3 fr. 75

VOLTAIRE. **Les Sciences au XVIIIe siècle.** Voltaire physicien, par EM. SAIGEY. 1 vol. in-8 ... 5 fr.

DAMIRON. **Mémoires pour servir à l'Histoire de la Philosophie au XVIIIe siècle.** 3 vol. in-18 ... 15 fr.

DELVAILLE (J.), docteur ès lettres. **Essai sur l'histoire de l'idée de progrès jusqu'à la fin du XVIIIe siècle.** 1911. 1 vol. in-8. 12 fr.

FABRE (JOSEPH). * **L'Imitation de Jésus-Christ.** Trad. nouvelle avec préface. 1 vol. in-8. 1907 ... 7 fr.

— * **La Pensée moderne.** *De Luther à Leibniz.* 1 vol. in-8. 1908 ... 8 fr.

— **Les Pères de la Révolution.** *De Bayle à Condorcet.* 1 vol. in-8. 1909 ... 10 fr.

FIGARD (L.), docteur ès lettres. **Un Médecin philosophe au XVIe siècle.** *La psychologie de Jean Fernel.* 1 vol. in-8. 1903 ... 7 fr. 50

PICAVET, chargé de cours à la Sorbonne. **Histoire générale et comparée des philosophies médiévales.** In-8. 2e éd. ... 7 fr. 50

WULF (M. DE). **Histoire de la philosophie médiévale.** 2e éd. 1 vol. in-8 ... 10 fr.

— **Introduction à la Philosophie néo-scolastique.** 1904. 1 vol. gr. in-8 ... 5 fr.

PHILOSOPHIE ANGLAISE

BERKELEY. **Œuvres choisies.** *Nouvelle théorie de la vision. Dialogues d'Hylas et de Philonoüs.* Trad. par MM. Beaulavon et Parodi. 1 vol. in-8 ... 5 fr.

— **Le Journal philosophique de Berkeley.** (*Commonplace Book*). Étude et traduction par R. GOURG, docteur ès lettres. 1 vol. gr. in-8 ... 4 fr.

GODWIN. **William Godwin (1756-1836).** Sa vie, ses œuvres principales. *La « Justice politique »*, par R. GOURG, docteur ès lettres. 1 vol. in-8 ... 6 fr.

HOBBES. **La Philosophie de Hobbes**, par G. LYON, recteur de l'Académie de Lille. 1 vol. in-16 ... 2 fr. 50

LOCKE. * **La Philosophie générale de John Locke**, par H. OLLION, docteur ès lettres. 1909. 1 vol. in-8 ... 7 fr. 50

NEWTON. **La Philosophie de Newton**, par L. BLOCH, docteur ès lettres. 1908. 1 vol. in-8 ... 10 fr.

DUGALD-STEWART. * **Philosophie de l'esprit humain.** 3 vol. in-12 ... 9 fr.

LYON (G.), recteur de l'Académie de Lille. * **L'Idéalisme en Angleterre au XVIIIe siècle.** 1 vol. in-8 ... 7 fr. 50

PHILOSOPHIE ALLEMANDE

BÉGUELIN. **Nicolas de Béguelin (1714-1789).** Fragment de l'histoire des idées philosophiques en Allemagne dans la seconde moitié du XVIIIe siècle, par P. DUMONT. 1 vol. gr. in-8 ... 4 fr.

FEUERBACH. **Sa Philosophie**, par A. LÉVY, prof. à l'Univ. de Nancy. 1 vol. in-8. 10 fr.

HEGEL. * **Logique.** 2 vol. in-8 ... 14 fr.

— * **Philosophie de la Nature.** 3 v. in-8. 25 fr.

— * **Philosophie de l'Esprit.** 2 vol. in-8 ... 18 fr.

— * **Philosophie de la Religion.** 2 vol. 20 fr.

— **La Poétique.** 2 vol. in-8 ... 12 fr.

— **Esthétique.** 2 vol. in-8 ... 16 fr.

— **Antécédents de l'Hégélianisme dans la philosophie française**, par E. BEAUSSIRE. 1 vol. in-18 ... 2 fr. 50

— **Introduction à la Philosophie de Hegel**, par VÉRA. 1 vol. in-8 ... 6 fr. 50

— * **La Logique de Hegel**, par Eug. NOËL. 1 vol. in-8 ... 3 fr.

HERBART. * **Principales Œuvres pédagogiques**, trad. Pinloche. In-8 ... 7 fr. 50

— **La Métaphysique de Herbart et la critique de Kant**, par M. MAUXION, prof. à l'Univ. de Poitiers. 1 vol. in-8. 7 fr. 50

— **L'Éducation par l'Instruction** *et Herbart*, par *le même*. 2e éd. 1 v. in-16. 1906. 2 fr. 50

JACOBI. **Sa Philosophie**, par L. LÉVY-BRUHL. 1 vol. in-8 ... 5 fr.

KANT. **Critique de la Raison pratique**, trad., introd. et notes, par M. Picavet, 3e édit. 1 vol. in-8 ... 6 fr.

— * **Critique de la Raison pure**, traduction par MM. Pacaud et Tremesaygues. 2e éd., in-8 ... 12 fr.

— **Éclaircissements sur la Critique de la Raison pure**, trad. Tissot. 1 vol. in-8. 6 fr.

— **Doctrine de la Vertu**, traduction Barni. 1 vol. in-8 ... 8 fr.

— * **Mélanges de Logique**, traduction Tissot, 1 vol. in-8 ... 6 fr.

— * **Essai sur l'Esthétique de Kant**, par V. BASCH. 1 vol. in-8 ... 10 fr.

— **Sa Morale**, par A. CRESSON. 2e édit., 1 vol. in-16 ... 2 fr. 50

— **Sa Philosophie pratique**, par V. DELBOS, membre de l'Institut. 1 vol. in-8. 12 fr. 50

— **L'Idée ou Critique du Kantisme**, par C. PIAT. 2e édit. 1 vol. in-8 ... 6 fr.

KANT et FICHTE et le **Problème de l'Éducation**, par Paul DUPROIX. 1 vol. in-8. 1896 ... 5 fr.

KNUTZEN. * **Martin Knutzen.** *La Critique de l'Harmonie préétablie*, par VAN BIÉMA, docteur ès lettres. 1908. 1 vol. in-8. 3 fr.

SCHELLING. **Bruno**, ou du Principe divin. 1 vol. in-8 ... 3 fr. 50

SCHILLER. Sa Poétique, par V. Basch, chargé de cours à la Sorbonne. 2e édit. revue. 1911. 1 vol. in-8.......... 7 fr. 50
SCHLEIERMACHER. Sa philosophie religieuse, par E. Cramaussel, doct. ès lettres, agrégé de phil. 1 vol. in-8. 1909... 5 fr.
SCHOPENHAUER (A.). Le Monde comme Volonté et comme Représentation. Trad. par A. Burdeau, 5e édit., 3 volumes in-8. Chaque volume............... 7 fr. 50
— **Essai sur le Libre Arbitre.** Trad. et introd. par Salomon Reinach. 11e édition. 1 vol. in-16................... 2 fr. 50
— **Le Fondement de la Morale.** Trad. par A. Burdeau. 10e édit. 1 vol. in-16. 2 fr. 50
— **Pensées et Fragments.** *Vie et Correspondance. — Les Douleurs du Monde. — L'Amour. — La Mort. — L'Art et la Morale.* Traduit par J. Bourdeau, 23e édition. 1 vol. in-16............... 2 fr. 50

Parerga et Paralipomena.

— **Aphorismes sur la Sagesse dans la Vie.** Traduit par M. Cantacuzène. 9e édit. 1 vol. in-8............................. 5 fr.
— **Ecrivains et Style.** Trad., introd. et notes par A. Dietrich. 1 vol. in-16, 2e éd. 2 fr. 50
— **Sur la Religion.** Trad., introd. et notes de A. Dietrich. 1 vol. in-16, 2e édit. 2 fr. 50

SCHOPENHAUER. (Suite des *Parerga et Paralipomena.*)
— **Philosophie et Philosophes.** Trad., introd. et notes par A. Dietrich. 1 v. in-16. 2 fr. 50
— **Ethique, Droit et Politique.** Tr[illegible] introd. et notes par A. Dietrich. 1 v. in-[illegible] 2 fr. 50
— **Métaphysique et Esthétique.** Trad., introd. et notes par A. Dietrich. 1 v. in-16. 2 fr. 50
— **Philosophie et science de la nature.** Trad., introd. et notes par A. Dietrich. 1 v. in-16............ 2 fr. 50
— **La Philosophie de Schopenhauer**, par Th. Ribot, 12e éd., 1 vol. in-16. 2 fr. 50
— **L'Optimisme de Schopenhauer.** *Etude sur Schopenhauer*, par S. Rzewuski. 1 vol. in-16............ 2 fr. 50
STRAUSS (David-Frédéric). Sa vie et son œuvre, par A. Lévy, prof. de littérature allemande à l'Université de Nancy. 1 vol. in-8. 1910........................ 5 fr.
DELACROIX (H.), maître de conférences à la Sorbonne. **Essai sur le Mysticisme spéculatif en Allemagne au XIVe siècle**, 1 vol. in-8. 1900.................. 5 fr.
VAN BIEMA (E.), docteur ès lettres, agrégé de philosophie. * **L'Espace et le Temps chez Leibniz et chez Kant.** 1908. 1 vol. in-8. 6 fr.

LES GRANDS PHILOSOPHES

Publiés sous la direction de M. C. PIAT

Agrégé de philosophie, docteur ès lettres, professeur à l'Institut catholique de Paris.

Liste des volumes par ordre d'apparition.

* **Kant**, par M. Ruyssen, professeur à l'Université de Bordeaux. 2e édition. 1 vol. in-8. (*Couronné par l'Institut.*).................... 7 fr. 50
* **Socrate**, par C. Piat. 1 vol. in-8.................... 5 fr.
* **Avicenne**, par le baron Carra de Vaux. 1 vol. in-8.................... 5 fr.
* **Saint Augustin**, par Jules Martin. 2e édition. 1 vol. in-8.................... 7 fr. 50
* **Malebranche**, par Henri Joly, de l'Institut. 1 vol. in-8.................... 5 fr.
* **Pascal**, par A. Hatzfeld. 1 vol. in-8.................... 5 fr.
* **Saint Anselme**, par le Cte Domet de Vorges. 1 vol. in-8.................... 5 fr.
Spinoza, par P.-L. Couchoud, agrégé de l'Université. 1 vol. in-8. (*Couronné par l'Académie française.*).................... 5 fr.
Aristote, par C. Piat. 1 vol. in-8.................... 5 fr.
Gazali, par le baron Carra de Vaux. 1 vol. in-8. (*Couronné par l'Académie française.*) 5 fr.
* **Maine de Biran**, par Marius Couailhac. 1 vol. in-8. (*Récompensé par l'Institut.*) 7 fr. 50
* **Platon**, par C. Piat. 1 vol. in-8.................... 7 fr. 50
Montaigne, par F. Strowski, professeur à l'Université de Bordeaux. 1 vol. in-8...... 6 fr.
Philon, par Jules Martin. 1 vol. in-8.................... 5 fr.
Rosmini, par J. Palhoriès, docteur ès lettres. 1 vol. in-8.................... 7 fr. 50
* **Saint Thomas d'Aquin**, par A. D. Sertillanges, professeur à l'Institut catholique de Paris. 2 volumes in-8 (*Couronné par l'Institut.*).................... 12 fr.
* **Epicure**, par E. Joyau, professeur à l'Université de Clermont-Ferrand. 1 vol. in-8. 5 fr.
Chrysippe, par E. Bréhier, maître de conférences à l'Université de Rennes. 1 vol. in-8 (*Récompensé par l'Institut*).................... 5 fr.
* **Schopenhauer**, par Th. Ruyssen. 1 vol. in-8.................... 7 fr. 50
Maimonide, par L.-G. Lévy, doct. ès lettres, rabbin de l'union libérale israélite. 1 vol. in-8. 5 fr.

LES MAITRES DE LA MUSIQUE

Études d'Histoire et d'Esthétique, publiées sous la direction de **M. JEAN CHANTAVOINE**

Chaque volume in-8 écu de 250 pages environ.................... 3 fr. 50

Collection honorée d'une souscription du Ministère des Beaux-Arts.

Viennent de paraître :

L'Art grégorien, par Amédée Gastoué (2e éd.).
Lully, par Lionel de la Laurencie.
* **Haendel**, par Romain Rolland (3e édit.).
Liszt, par Jean Chantavoine (2e édit.).

Précédemment parus :

* **Gluck**, par Julien Tiersot.
Wagner, par Henri Lichtenberger (3e édit.).
Trouvères et Troubadours, par Pierre Aubry (2e édit.).
* **Haydn**, par Michel Brenet (2e édit.).
* **Rameau**, par Louis Laloy (2e édit.).
* **Moussorgsky**, p. M.-D. Calvocoressi (2e éd.)
* **J.-S. Bach**, par André Pirro (3e édit.).
* **César Franck**, par Vincent d'Indy (5e édit.).
* **Palestrina**, par Michel Brenet (3e édit.).
* **Beethoven**, par Jean Chantavoine (6e édit.).
* **Mendelssohn**, par C. Bellaigue (3e édit.).
* **Smetana**, par William Ritter.
* **Gounod**, par C. Bellaigue (2e édit.).

BIBLIOTHÈQUE GÉNÉRALE

DES

SCIENCES SOCIALES

Secrét. de la Rédaction : DICK MAY, Secrét. général de l'École des Hautes-Études Sociales.

Chaque volume in-8 de 300 pages environ, cartonné à l'anglaise............ 6 fr.

LISTE PAR ORDRE D'APPARITION

1. **L'Individualisation de la peine**, par R. SALEILLES, professeur à la Faculté de droit de l'Université de Paris, 2e édit. mise au point par G. MORIN, docteur en droit.
2. **L'Idéalisme social**, par Eug. FOURNIÈRE, prof. au Conservatoire des Arts et Métiers. 2e éd.
3. * **Ouvriers du temps passé** (XVe et XVIe siècles), par H. HAUSER, professeur à l'Université de Dijon. 3e édit.
4. * **Les Transformations du pouvoir**, par G. TARDE, de l'Institut. 2e édit.
5. * **Morale sociale**, par MM. G. BELOT, MARCEL BERNÈS, BRUNSCHVICG, F. BUISSON, DARLU, DAURIAC, DELBET, CH. GIDE, M. KOVALEVSKY, MALAPERT, le R. P. MAUMUS, DE ROBERTY, G. SOREL, le Pasteur WAGNER. Préf. d'E. Boutroux, de l'Institut. 2e éd.
6. * **Les Enquêtes**, pratique et théorie, par P. DU MAROUSSEM. (*Couronné par l'Institut.*)
7. * **Questions de Morale**, par MM. BELOT, BERNÈS, F. BUISSON, A. CROISET, DARLU, DELBOS, FOURNIÈRE, MALAPERT, MOCH, PARODI, G. SOREL. 2e édit.
8. **Le Développement du catholicisme social** depuis l'encyclique *Rerum novarum*, par Max TURMANN, professeur à la Faculté de droit de l'Université de Fribourg. 2e édit.
9. **Le Socialisme sans doctrine.** *La Question ouvrière et la Question agraire en Australie et en Nouvelle-Zélande*, par Albert MÉTIN, député, agrégé de l'Université, 2e édit.
10. * **Assistance sociale.** *Pauvres et Mendiants*, par Paul STRAUSS, sénateur.
11. * **L'Éducation morale dans l'Université**, par MM. LÉVY-BRUHL, DARLU, M. BERNÈS, KORTZ, CLAIRIN, ROCAFORT, BIOCHE, Ph. GIDEL, MALAPERT, BELOT.
12. * **La Méthode historique appliquée aux sciences sociales**, par Charles SEIGNOBOS, professeur à la Sorbonne. 2e édit.
13. * **L'Hygiène sociale**, par E. DUCLAUX, de l'Institut, directeur de l'Institut Pasteur.
14. **Le Contrat de travail.** *Le rôle des syndicats professionnels*, par P. BUREAU, professeur à la Faculté libre de droit de Paris.
15. * **Essai d'une philosophie de la solidarité**, par MM. DARLU, RAUH, F. BUISSON, GIDE, X. LÉON, LA FONTAINE, LÉON BOURGEOIS, E. BOUTROUX. 2e édit.
16. * **L'Exode rural et le retour aux champs**, par E. VANDERVELDE. 2e édit.
17. * **L'Éducation de la démocratie**, par MM. E. LAVISSE, A. CROISET, Ch. SEIGNOBOS, P. MALAPERT, G. LANSON, J. HADAMARD. 2e édit.
18. * **La Lutte pour l'existence et l'évolution des sociétés**, par J.-L. de LANESSAN, député.
19. * **La Concurrence sociale et les devoirs sociaux**, par le MÊME.
20. * **L'Individualisme anarchiste. Max Stirner**, par V. BASCH, professeur à la Sorbonne.
21. * **La Démocratie devant la science**, par C. BOUGLÉ, chargé de cours à la Sorbonne. 2e édit. revue. (*Récompensé par l'Institut.*)
22. * **Les Applications sociales de la solidarité**, par MM. P. BUDIN, Ch. GIDE, H. MONOD, PAULET, ROBIN, SIEGFRIED, BROUARDEL. Préface de M. Léon Bourgeois, sénateur.
23. **La Paix et l'Enseignement pacifiste**, par MM. Fr. PASSY, CH. RICHET, d'ESTOURNELLES DE CONSTANT, E. BOURGEOIS, A. WEISS, H. LA FONTAINE, G. LYON.
24. * **Études sur la philosophie morale au XIXe siècle**, par MM. BELOT, DARLU, M. BERNÈS, A. LANDRY, GIDE, ROBERTY, ALLIER, H. LICHTENBERGER, L. BRUNSCHVICG.
25. * **Enseignement et Démocratie**, par MM. APPELL, J. BOITEL, A. CROISET, A. DEVINAT, Ch.-V. LANGLOIS, G. LANSON, A. MILLERAND, Ch. SEIGNOBOS.

26. * **Religions et Sociétés**, par MM. Th. REINACH, A. PUECH, R. ALLIER, A. LEROY-BEAULIEU, le baron CARRA DE VAUX, H. DREYFUS.

27. * **Essais socialistes.** *La religion, l'art, l'alcool*, par E. VANDERVELDE.

28. * **Le Surpeuplement et les habitations à bon marché**, par H. TUROT, conseiller municipal de Paris, et H. BELLAMY.

29. * **L'Individu, l'Association et l'État**, par E. FOURNIÈRE.

30. * **Les Trusts et les Syndicats de producteurs**, par J. CHASTIN, professeur au lycée Voltaire. (*Récompensé par l'Institut.*)

31. * **Le Droit de grève**, par MM. Ch. GIDE, H. BARTHÉLEMY, P. BUREAU, A. KEUFER, C. PERREAU, Ch. PICQUENARD, A.-E. SAYOUS, F. FAGNOT, E. VANDERVELDE.

32. * **Morales et Religions**, par R. ALLIER, G. BELOT, le Baron CARRA DE VAUX, F. CHALLAYE, A. CROISET, L. DORIZON, E. EHRHARDT, E. de FAYE, Ad. LODS, W. MONOD, A. PUECH.

33. **La Nation armée**, par MM. le Général BAZAINE-HAYTER, C. BOUGLÉ, E. BOURGEOIS, le Cne BOURGUET, E. BOUTROUX, A. CROISET, G. DEMENY, G. LANSON, L. PINEAU, le Cne POTEZ, F. RAUH.

34. * **La Criminalité dans l'adolescence.** *Causes et remèdes d'un mal social actuel*, par G.-L. DUPRAT, docteur ès lettres. (*Couronné par l'Institut.*)

35. * **Médecine et pédagogie**, par MM. le Dr ALBERT MATHIEU, le Dr GILLET, le Dr H. MÉRY, le Dr GRANJUX, P. MALAPERT, le Dr LUCIEN BUTTE, le Dr PIERRE RÉGNIER, le Dr L. DUFESTEL, le Dr LOUIS GUINON, le Dr NOBÉCOURT, L. BOUGIER. Préface de M. le Dr E. MOSNY, de l'Académie de Médecine.

36. * **La Lutte contre le crime**, par J.-L. DE LANESSAN, député.

37. **La Belgique et le Congo**, *Le passé, le présent, l'avenir*, par E. VANDERVELDE.

38. * **La Dépopulation de la France.** *Ses conséquences. Ses causes. Mesures à prendre pour la combattre*, par le Dr J. BERTILLON, chef des travaux statistiques de la Ville de Paris. (*Couronné par l'Institut.*)

39. * **L'Enseignement du français**, par H. BOURGIN, A. CROISET, P. CROUZET, M. LACABE-PLASTEIG, G. LANSON, CH. MAQUET, J. PRETTRE, G. RUDLER, A. WEIL (*École des Hautes-Études sociales*).

40. **La Séparation de l'Église et de l'État.** *Origines. Étapes. Bilan*, par J. DE NARFON.

PUBLICATIONS HISTORIQUES ILLUSTRÉES

* **DE SAINT-LOUIS A TRIPOLI, PAR LE LAC TCHAD**, par le lieutenant-colonel MONTEIL. 1 beau vol. in-8 colombier, précédé d'une préface de M. de Vogüé, de l'Académie française, illustrations de RIOU, 1895. (*Ouvrage couronné par l'Académie française, Prix Monthyon*), broché, 20 fr. — Relié amateur........................ 28 fr.

* **HISTOIRE ILLUSTRÉE DU SECOND EMPIRE**, par Taxile DELORD. 6 vol. in-8, avec 500 gravures. Chaque vol. broché........................ 8 fr.

MINISTRES ET HOMMES D'ÉTAT

H. WELSCHINGER, de l'Institut. — * **Bismarck.** 1 vol. in-16.................. 2 fr. 50

H. LÉONARDON. — * **Prim.** 1 vol. in-16.................. 2 fr. 50

M. COURCELLE. — * **Disraëli.** 1 vol. in-16.................. 2 fr. 50

M. COURANT. — **Okoubo.** 1 vol. in-16 avec un portrait.................. 2 fr. 50

A. VIALLATE. — **Chamberlain.** Préface de E. BOUTMY. 1 vol. in-16.................. 2 fr. 50

BIBLIOTHÈQUE DE PHILOLOGIE ET DE LITTÉRATURE MODERNES

Liste des volumes par ordre d'apparition :

SCHILLER (Études sur), par MM. SCHMIDT, FAUCONNET, ANDLER, XAVIER LÉON, SPENLÉ, BALDENSPERGER, DRESCH, TIBAL, EHRHARD, Mme TALAYRACH D'ECKARDT, H. LICHTENBERGER, A. LÉVY. 1 vol. in-8. 1906.................. 4 fr.

CHAUCER (G.). * **Les contes de Canterbury.** Traduction française avec une introduction et des notes. 1 vol. grand in-8. 1908.................. 12 fr.

MEYER (André). **Étude critique sur les relations d'Érasme et de Luther.** Préface de M. CH. ANDLER. 1 vol. in-8. 1909.................. 4 fr.

FRANÇOIS PONCET (A.). **Les affinités électives de Gœthe.** Préface de M. H. LICHTENBERGER. 1 vol. in-8. 1910.................. 5 fr.

BIANQUIS (G.), docteur ès lettres, agrégé d'allemand. **Caroline de Günderode (1780-1806)**, avec des lettres inédites. 1910. 1 vol. in-8.................. 10 fr.

LOISEAU (H.), professeur-adjoint à l'Univ. de Toulouse. **L'Évolution morale de Gœthe.** *Les années de libre formation, 1749-1794.* 1 vol. gr. in-8.................. 15 fr.

***

BIBLIOTHÈQUE D'HISTOIRE CONTEMPORAINE

Volumes in-16 brochés à 3 fr. 50. — Volumes in-8 brochés de divers prix.

Volumes parus en 1910 et 1911 :

ALBIN (P.). **Les grands Traités politiques.** *Recueil des principaux textes diplomatiques depuis 1815 jusqu'à nos jours.* Avec des commentaires et des notes. Préface de M. HERBETTE. 1910. 1 vol. in-8 .... 10 fr.

AUGIER (Ch.), inspecteur principal des douanes à Nice, et MARVAUD (A.), docteur en droit. **La Politique douanière de la France dans ses rapports avec celle des autres états.** Préface de L.-L. KLOTZ, ancien ministre des finances. 1911. 1 vol. in-8 .... 7 fr.

BUSSON (H.), FÈVRE (J.) et HAUSER (H.). ***Notre empire colonial.** 1 vol. in-8 avec 108 grav. et cartes dans le texte .... 5 fr.

CONARD (P.), docteur ès lettres. **Napoléon et la Catalogne (1808-1814).** Tome I. *La captivité de Barcelone.* (*Février 1808-Janvier 1810*). 1910. 1 vol. in-8 avec 1 carte hors texte. (Prix Peyrat, 1910) .... 10 fr.

DRIAULT (E.), agrégé d'histoire. **Austerlitz. La fin du Saint-Empire (1804-1806)** (*Napoléon et l'Europe*, II). 1912. 1 vol. in-8 .... 7 fr.

GUYOT (R.), docteur ès lettres, agrégé d'histoire. **Le Directoire et la paix de l'Europe** *des traités de Bâle à la deuxième coalition* (*1795-1799*). 1911. 1 vol. in-8 .... 15 fr.

HUBERT (L.), sénateur. **L'Effort allemand.** *L'Allemagne et la France au point de vue économique.* 1911. 1 vol. in-16 .... 3 fr. 50

LEBEGUE (E.), doct. ès lettres, agrégé d'histoire. ***Thouret (1746-1794).** *La vie et l'œuvre d'un constituant.* 1910. 1 vol. in-8 .... 7 fr.

LEGER (L.), de l'Institut, prof. au Collège de France. **La Renaissance tchèque au dix-neuvième siècle.** 1911. 1 vol. in-16 .... 3 fr. 50

MARVAUD (A.). **La Question sociale en Espagne.** 1910. 1 vol. in-8 .... 7 fr.

— **Le Portugal et ses colonies.** *Étude politique et économique.* 1912. 1 vol. in-8 .... 5 fr.

MOYSSET (H.). **L'Esprit public en Allemagne vingt ans après Bismarck.** 1911. 1 vol. in-8 .... 5 fr.

PAUL-LOUIS. **Le Syndicalisme contre l'État.** 1910. 1 vol. in-16 .... 3 fr. 50

PERNOT (M.). **La Politique de Pie X (1906-1910).** *Modernistes. Affaires de France. Catholiques d'Allemagne et d'Italie. Réformes romaines. La correspondance de Rome et de la France.* Préface de M. E. BOUTROUX, de l'Institut. 1910. 1 vol. in-16 .... 3 fr. 50

PIERRE-MARCEL (R.). **Essai politique sur Alexis de Tocqueville,** avec un grand nombre de documents inédits. 1910. 1 vol. in-8 (*Cour. par l'Acad. franç.*) .... 7 fr.

Questions actuelles de politique étrangère en Asie. *L'Asie ottomane. Les compétitions dans l'Asie centrale et les réactions indigènes. La transformation de la Chine. La politique et les aspirations du Japon. La France et la situation politique en Extrême-Orient,* par MM. le baron DE COURCEL, P. DESCHANEL, P. DOUMER, E. ETIENNE, le général LEBON, VICTOR BÉRARD, R. DE CAIX, M. REVON, JEAN RODES, Dr ROUIRE. 1910. 1 vol. in-16, avec 4 cartes hors texte .... 3 fr. 50

Questions actuelles de politique étrangère en Europe. *La politique anglaise. La politique allemande. La question d'Autriche-Hongrie. La question de Macédoine et des Balkans. La question russe,* par MM. F. CHARMES, A. LEROY-BEAULIEU, R. MILLET, A. RIBOT, A. VANDAL, R. DE CAIX, R. HENRY, G. LOUIS-JARAY, R. PINON, A. TARDIEU. Nouvelle édition refondue et mise à jour. 1911. 1 vol. in-16 avec 5 cartes hors texte .... 3 fr. 50

Questions actuelles de politique étrangère dans l'Amérique du Nord. *Le Canada et l'impérialisme britannique. Le canal de Panama. Le Mexique et son développement économique. Les États-Unis et la crise des partis. La doctrine de Monroë et le panaméricanisme,* par A. SIEGFRIED, P. DE ROUSIERS, DE PÉRIGNY, F. ROZ, A. TARDIEU. 1911. 1 vol. in-16, avec 5 cartes hors texte .... 3 fr. 50

RUVILLE (A. de), professeur à l'Université de Halle. ***La restauration de l'empire allemand.** *Le rôle de la Bavière.* Traduit de l'allemand par P. ALBIN, avec une introduction sur *les papiers de Cerçay et le secret des correspondances diplomatiques,* par J. REINACH, député. 1911. 1 vol. in-8 .... 7 fr.

La Vie politique dans les Deux Mondes. Publiée sous la direction de A. VIALLATE, et M. CAUDEL, professeur à l'École libre des Sciences politiques, avec la collaboration de professeurs et d'anciens élèves de l'École.
4e *année* (*1909-1910*). 1 fort vol. in-8 .... 10 fr.

Précédemment publiés :

EUROPE

DEBIDOUR (A.), professeur à la Sorbonne. ***Histoire diplomatique de l'Europe, de 1815 à 1878.** 2 vol. in-8. (*Ouvrage couronné par l'Institut.*) .... 18 fr.

DRIAULT (E.), agrégé d'histoire. ***Vue générale de l'histoire de la civilisation.** I. *Les origines.* II. *Les temps modernes.* 3e édition, revue, 1910. 2 vol. in-16 avec 218 gravures et 31 cartes. (*Récompensé par l'Institut.*) .... 7 fr.

DOELLINGER (I. DE). **La Papauté,** ses origines au moyen âge, son influence jusqu'en 1870. Traduit par A. Giraud-Teulon. 1904. 1 vol. in-8 .... 7 fr.

LÉMONON (E.). **L'Europe et la politique britannique (1882-1909).** Préface de M. Paul Deschanel, de l'Académie française. 1 vol. in-8 .... 10 fr.

SYBEL (H. DE). ***Histoire de l'Europe pendant la Révolution française,** traduit de l'allemand par Mlle Dosquet. Ouvrage complet en 6 vol. in-8 .... 42 fr.

TARDIEU (A.), secrétaire honoraire d'ambassade. **La Conférence d'Algésiras.** *Histoire diplomatique de la crise marocaine* (15 janvier-7 avril 1906). 3e édit., revue et augmentée d'un appendice sur *Le Maroc après la Conférence* (*1906-1909*). 1 vol. in-8. 1909 .... 10 fr.

— ***Questions diplomatiques de l'année 1904.** 1 vol. in-16. (*Ouvrage couronné par l'Académie française.*) 1905 .... 3 fr. 50

FRANCE

Révolution et Empire.

AULARD (A.), professeur à la Sorbonne. * **Le Culte de la Raison et le Culte de l'Être suprême**, étude historique (1793-1794). 3e édit. 1 vol. in-16 .... 3 fr. 50
— * **Études et leçons sur la Révolution française**. 6 vol. in-16. Chacun .... 3 fr. 50
BOITEAU (P.). **État de la France en 1789**. 2e édition. 1 vol. in-8 .... 10 fr.
BORNAREL (E.), docteur ès lettres. * **Cambon et la Révolution française**. 1 vol. in-8. 1906 .... 7 fr.
CAHEN (L.), docteur ès lettres, professeur au lycée Condorcet. * **Condorcet et la Révolution française**. 1 vol. in-8. (*Récompensé par l'Institut.*) .... 10 fr.
CARNOT (H.), sénateur. * **La Révolution française**, résumé historique. 1 vol. in-16. 3 fr. 50
DEBIDOUR (A.), professeur à la Sorbonne. * **Histoire des rapports de l'Église et de l'État en France (1789-1870)**. 1 fort vol. in-8. (*Couronné par l'Institut.*) 1898 .... 12 fr.
DRIAULT (E.), agrégé d'histoire. **La Politique orientale de Napoléon**. SÉBASTIANI et GARDANE (1806-1808). 1 vol. in-8. (*Récompensé par l'Institut.*). 1902 .... 7 fr.
— * **Napoléon en Italie (1800-1812)**. 1 vol. in-8. 1906 .... 10 fr.
— **La Politique extérieure du 1er Consul (1800-1803)**. (*Napoléon et l'Europe*, I.). 1 vol. in-8. 1909 (*Cour. par l'Acad. franç.*) .... 7 fr.
DUMOULIN (Maurice). * **Figures du temps passé**. 1 vol. in-16. 1906 .... 3 fr. 50
GOMEL (G.). **Les Causes financières de la Révolution française**. *Les ministères de Turgot et de Necker*. 1 vol. in-8 .... 8 fr.
— **Les Causes financières de la Révolution française**. *Les derniers Contrôleurs généraux*. 1 vol. in-8 .... 8 fr.
— **Histoire financière de l'Assemblée Constituante (1789-1791)**. 2 vol. in-8. 16 fr. — Tome I : (1789). 8 fr. Tome II : (1790-1791) .... 8 fr.
— **Histoire financière de la Législative et de la Convention**. 2 vol. in-8. 15 fr. — Tome I : (1792-1793). 7 fr. 50. Tome II : (1793-1795) .... 7 fr. 50
HARTMANN (Lieut.-Colonel). **Les officiers de l'armée royale et la Révolution**. 1 vol. in-8. 1909. (*Récompensé par l'Institut.*) .... 10 fr.
MATHIEZ (A.), prof. à l'Univ. de Besançon. * **La Théophilanthropie et le culte décadaire (1796-1801)**. 1 vol. in-8. 1903 .... 12 fr.
— * **Contributions à l'histoire religieuse de la Révolution française**. In-16. 1906 .... 3 fr. 50
MARCELLIN PELLET, ancien député. **Variétés révolutionnaires**. 3 vol. in-16, précédés d'une préface de A. Ranc. Chaque vol. séparément .... 3 fr. 50
MOLLIEN (Cte). **Mémoires d'un ministre du trésor public (1780-1815)**, publiés par M. Ch. Gomel. 3 vol. in-8 .... 15 fr.
SILVESTRE, professeur à l'École des Sciences politiques. **De Waterloo à Sainte-Hélène (20 juin-16 octobre 1815)**. 1 vol. in-16 .... 3 fr. 50
SPULLER (Eug.), ancien ministre de l'Instruction publique. **Hommes et choses de la Révolution**. 1 vol. in-18 .... 3 fr. 50
STOURM (R.), de l'Institut. **Les Finances de l'ancien régime et de la Révolution**. 2 vol. in-8 .... 16 fr.
— **Les finances du Consulat**. 1 vol. in-8 .... 7 fr. 50
THÉNARD (L.) et GUYOT (R.). * **Le Conventionnel Goujon (1766-1793)**. 1 vol. in-8. (*Récompensé par l'Institut.*) 1908 .... 5 fr.
VALLAUX (C.). * **Les Campagnes des armées françaises (1793-1815)**. 1 vol. in-16, avec 17 cartes dans le texte .... 3 fr. 50

Époque contemporaine.

BLANC (Louis). * **Histoire de Dix ans (1830-1840)**. 5 vol. in-8 .... 25 fr.
CHALLAYE (F.). **Le Congo Français**. *La question internationale du Congo*. In-8. 1909. 5 fr.
DEBIDOUR, professeur à la Sorbonne. * **Histoire des rapports de l'Église et de l'État en France (1789-1870)**. 2e édit. 1 fort vol. in-8. (*Couronné par l'Institut.*) .... 12 fr.
— * **L'Église catholique en France sous la troisième République (1870-1906)**. — I. (1870-1889), 1 vol. in-8. 1906. 7 fr. — II. (1889-1906). 1 vol. in-8. 1909 .... 10 fr.
DELORD (Taxile). * **Histoire du second Empire (1848-1870)**. 6 vol. in-8 .... 42 fr.
FÈVRE (J.), professeur à l'École normale de Dijon, et H. HAUSER, professeur à l'Université de Dijon. * **Régions et pays de France**. 1 vol. in-8, avec 147 gravures et cartes dans le texte. 1909 (*Récompensé par l'Institut*) .... 7 fr.
GAFFAREL (P.), professeur à l'Université d'Aix-Marseille. * **La politique coloniale en France (1789-1830)**. 1 vol. in-8. 1907 .... 7 fr.
— * **Les Colonies françaises**. 1 vol. in-8. 6e édition revue et augmentée .... 5 fr.
GAISMAN (A.). * **L'Œuvre de la France au Tonkin**. Préface de M. J.-L. de Lanessan. 1 vol. in-16 avec 4 cartes en couleurs. 1906 .... 3 fr. 50
HUBERT (L.), sénateur. * **L'Éveil d'un monde**. *L'œuvre de la France en Afrique Occidentale*. 1 vol. in-16. 1909 .... 3 fr. 50
LANESSAN (J.-L. de), député, ancien ministre. * **L'Indo-Chine française**. Étude économique, politique et administrative. 1 vol. in-8, avec 5 cartes en couleurs hors texte .... 15 fr.
— * **L'État et les Églises en France**. *Histoire de leurs rapports, des origines jusqu'à la Séparation*. 1 vol. in-16. 1906 .... 3 fr. 50
— * **Les Missions et leur protectorat**. 1 vol. in-16. 1907 .... 3 fr. 50
LAPIE (P.), recteur de l'Académie de Toulouse. **Les Civilisations tunisiennes** (Musulmans, Israélites, Européens). In-16. 1898 (*Couronné par l'Académie française.*) .... 3 fr. 50
LEBLOND (Marius-Ary). **La Société française sous la troisième République**. 1 vol. in-8. 1905 .... 5 fr.
NOEL (O.). **Histoire du commerce extérieur de la France depuis la Révolution**. 1 vol. in-8 .... 6 fr.
PIOLET (J.-B.). **La France hors de France**, notre émigration, sa nécessité, ses conditions, 1 vol. in-8. 1900 (*Couronné par l'Institut*) .... 10 fr.

SCHEFER (Ch.), professeur à l'École des sciences politiques. **La France moderne et le problème colonial (1815-1830).** 1 vol. in-8 ... 7 fr.
SPULLER (E.), ancien ministre de l'Instruction publique. * **Figures disparues**, portraits contemporains littéraires et politiques. 3 vol. in-16. Chacun ... 3 fr. 50
TARDIEU (A.), secrétaire honoraire d'ambassade. * **La France et les Alliances.** *La lutte pour l'équilibre*. 3e édition, refondue et complétée, 1910. 1 vol. in-16. (*Récompensé par l'Institut.*) ... 3 fr. 50
TCHERNOFF (J.). **Associations et Sociétés secrètes sous la deuxième République (1848-1851).** 1 vol. in-8. 1905 ... 7 fr.
VIGNON (L.), professeur à l'École coloniale. **La France dans l'Afrique du nord.** 2e édition. 1 vol. in-8. (*Récompensé par l'Institut.*) ... 7 fr.
— **L'Expansion de la France.** 1 vol. in-18. 3 fr. 50. — LE MÊME. Édition in-8 ... 7 fr.
WAHL, inspecteur général de l'Instruction publique, et A. BERNARD, professeur à la Sorbonne. * **L'Algérie.** 1 vol. in-8. 5e édit., 1908. (*Ouvrage couronné par l'Institut.*). 5 fr.
WEILL (G.), prof. adjoint à l'Univ. de Caen. **Le Parti républicain en France de 1814 à 1870.** 1 vol. in-8. 1900. (*Récompensé par l'Institut.*) ... 10 fr.
— * **Histoire du mouvement social en France (1852-1910).** 2e édition. 1 vol. in-8 ... 10 fr.
— **L'École saint-simonienne**, son histoire, son influence jusqu'à nos jours. In-16. 1896. 3 fr. 50
— **Histoire du catholicisme libéral en France (1828-1908).** 1 vol. in-16 ... 3 fr. 50
ZEVORT (E.), recteur de l'Académie de Caen. **Histoire de la troisième République :**
Tome I. * *La Présidence de M. Thiers*. 1 vol. in-8. 3e édit ... 7 fr.
Tome II. * *La Présidence du Maréchal*. 1 vol. in-8. 2e édit ... 7 fr.
Tome III. * *La Présidence de Jules Grévy*. 1 vol. in-8. 2e édit ... 7 fr.
Tome IV. *La Présidence de Sadi Carnot*. 1 vol. in-8 ... 7 fr.

ANGLETERRE

MANTOUX (P.), docteur ès lettres. **A travers l'Angleterre contemporaine.** *La guerre sud-africaine et l'opinion. L'organisation du parti ouvrier. L'évolution du Gouvernement et de l'État.* Préface de M. G. Monod, de l'Institut. 1 vol. in-16 ... 3 fr. 50
MÉTIN (Albert), député, prof. à l'École Coloniale. * **Le Socialisme en Angleterre.** 1 vol. in-16 ... 3 fr. 50

ALLEMAGNE

ANDLER (Ch.), prof. à la Sorbonne. * **Les Origines du socialisme d'État en Allemagne.** 2e édition, revue, 1911. 1 vol. in-8 ... 7 fr.
GUILLAND (A.), professeur d'histoire à l'École polytechnique suisse. * **L'Allemagne nouvelle et ses historiens.** 1 vol. in-8. 1899 ... 5 fr.
MATTER (P.), doct. en droit, substitut du procureur général de Paris. * **La Prusse et la Révolution de 1848.** 1 vol. in-16. 1903 ... 3 fr. 50
— * **Bismarck et son temps.** (*Couronné par l'Institut.*)
I. * *La préparation* (1815-1863). 1 vol. in-8. 1905 ... 10 fr.
II. * *L'action* (1863-1870). 1 vol. in-8. 1906 ... 10 fr.
III. * *Triomphe, splendeur et déclin* (1870-1898). 1 vol. in-8. 1908 ... 10 fr.
MILHAUD (E.), professeur à l'Université de Genève. * **La Démocratie socialiste allemande.** 1 vol. in-8. 1903 ... 10 fr.
SCHMIDT (Ch.), docteur ès lettres. **Le Grand-Duché de Berg (1806-1813).** 1905. 1 vol. in-8. 10 fr.
VERON (Eug.). * **Histoire de la Prusse**, depuis la mort de Frédéric II. In-16. 6e édit. 3 fr. 50
— * **Histoire de l'Allemagne**, depuis la bataille de Sadowa jusqu'à nos jours. 1 vol. in-16. 3e édit., mise au courant des événements par P. Bondois ... 3 fr. 50

AUTRICHE-HONGRIE

ASSELINE (L.). **Histoire de l'Autriche**, *depuis la mort de Marie-Thérèse jusqu'à nos jours*. 2e édit. 1 vol. in-18 avec une carte. 1881 ... 3 fr. 50
AUERBACH, professeur à l'Université de Nancy. * **Les Races et les nationalités en Autriche-Hongrie.** 1 vol. in-8. (2e éd., *sous presse*) ... 5 fr.
BOURLIER (J.). * **Les Tchèques et la Bohême contemporaine.** 1 vol. in-16 ... 3 fr. 50
JARAY (G.-Louis), auditeur au Conseil d'État. **La Question sociale et le socialisme en Hongrie.** 1 vol. in-8, avec 5 cartes hors texte. 1909. (*Récompensé par l'Institut.*) ... 7 fr.
MAILATH (Cte J. de). **La Hongrie rurale, sociale et politique.** Préface de M. René Henry. 1 vol. in-8. 1909 ... 5 fr.
RECOULY (R.). * **Le Pays magyar.** 1903. 1 vol. in-16 ... 3 fr. 50

POLOGNE

HANDELSMAN (M.). **Napoléon et la Pologne (1806-1807).** 1 vol. in-8 ... 5 fr.

ITALIE

BOLTON KING (M. A.). * **Histoire de l'unité italienne.** Histoire politique de l'Italie, de 1814 à 1871. Introd. de M. Yves Guyot. 2 vol. in-8 ... 15 fr.
COMBES DE LESTRADE (Vte). **La Sicile sous la maison de Savoie.** 1 vol. in-18. 3 fr. 50
GAFFAREL (P.), professeur à l'Université d'Aix-Marseille. * **Bonaparte et les Républiques italiennes (1796-1799).** 1895. 1 vol. in-8 ... 5 fr.
SORIN (Elie). * **Histoire de l'Italie**, depuis 1815 jusqu'à la mort de Victor-Emmanuel. 1 vol. in-16. 1888 ... 3 fr. 50

ESPAGNE

REYNALD (H.). * **Histoire de l'Espagne**, depuis la mort de Charles III. 1 vol. in-16. 3 fr. 50

ROUMANIE

DAMÉ (Fr.). * **Histoire de la Roumanie contemporaine**, depuis l'avènement des princes indigènes jusqu'à nos jours. 1 vol. in-8. 1900............ 7 fr.

SUÈDE

SCHEFER (C.). * **Bernadotte roi (1810-1818-1844)**. 1 vol. in-8. 1899............ 5 fr.

SUISSE

DAENDLIKER. * **Histoire du peuple suisse**. Trad. de l'allem. par Mme **Jules Favre** et précédé d'une Introduction de Jules Favre. 1 vol. in-8............ 5 fr.

GRÈCE, TURQUIE, ÉGYPTE

BÉRARD (V.), docteur ès lettres. **La Turquie et l'Hellénisme contemporain**. (*Ouvrage cour. par l'Acad. française.*). 1 vol. in-16. 6e édit. 1911............ 3 fr. 50

DRIAULT (E.), agrégé d'histoire. * **La Question d'Orient**, *depuis ses origines jusqu'à nos jours*, préface de G. Monod, de l'Institut. 1 vol. in-8. 5e édit. 1912 (*Récomp. par l'Institut.*). 7 fr.

MÉTIN (Albert), député, professeur à l'École coloniale. * **La Transformation de l'Égypte**. 1 vol. in-16. 1903 (Cour. par la Soc. de géogr. commerciale)............ 3 fr. 50

RODOCANACHI (E.). * **Bonaparte et les îles Ioniennes**. 1 vol. in-8............ 5 fr.

INDE

PIRIOU (E.), agrégé de l'Université. * **L'Inde contemporaine et le mouvement national**. 1905. 1 vol. in-16............ 3 fr. 50

CHINE, JAPON

ALLIER (R.). **Le Protestantisme au Japon** (1859-1907). 1 vol. in-16. 1908............ 3 fr. 50

CORDIER (H.), de l'Institut, professeur à l'École des langues orientales. * **Histoire des relations de la Chine avec les puissances occidentales** (1860-1902), avec cartes. 3 vol. in-8, chacun séparément............ 10 fr.

— * **L'Expédition de Chine de 1857-58**. Histoire diplomat. 1905. 1 vol. in-8............ 7 fr.

— * **L'Expédition de Chine de 1860**. Histoire diplomat. 1906. 1 vol. in-8............ 7 fr.

COURANT (M.), maître de conférences à l'Université de Lyon. **En Chine**. *Mœurs et Institutions. Hommes et Faits*. 1 vol. in-16............ 3 fr. 50

DRIAULT (E.), agrégé d'histoire. * **La Question d'Extrême-Orient**. 1 vol. in-8. 1907. 7 fr.

RODES (Jean). **La Chine nouvelle**. 1 vol. in-16. 1909............ 3 fr. 50

AMÉRIQUE

DEBERLE (Alf.). * **Histoire de l'Amérique du Sud**. 1 vol. in-16. 3e éd............ 3 fr. 50

STEVENS. **Les Sources de la Constitution des États-Unis**. 1 vol. in-8............ 7 fr. 50

VIALLATE (A.), professeur à l'École des Sciences politiques. **L'Industrie américaine**. 1 vol. in-8. 1908............ 10 fr.

QUESTIONS POLITIQUES ET SOCIALES

BARNI (Jules). * **Histoire des idées morales et politiques en France au XVIIIe siècle** 2 vol. in-16. Chaque volume............ 3 fr. 50

— * **Les Moralistes français au XVIIIe siècle**. 1 vol. in-16............ 3 fr. 50

LOUIS BLANC. **Discours politiques (1848-1881)**. 1 vol. in-8............ 7 fr. 50

BONET-MAURY. **La Liberté de conscience en France (1598-1905)**. 1 vol. in-8, 2e édit. 5 fr.

D'EICHTHAL (Eug.), de l'Institut. **Souveraineté du Peuple et Gouvernement**. 1 vol. in-16, 1895............ 3 fr. 50

DEPASSE (Hector), député. **Transformations sociales**. 1 vol. in-16. 1894............ 3 fr. 50

— **Du Travail et de ses conditions**. 1 vol. in-16. 1895............ 3 fr. 50

DESCHANEL (E.). * **Le Peuple et la Bourgeoisie**. 1 vol. in-8............ 5 fr.

DRIAULT (E.), agrégé d'histoire. * **Problèmes politiques et sociaux**. In-8. 2e éd. 1906. 7 fr.

— * **Le Monde actuel**. *Tableau politique et économique*. 1 vol. in-8. 1909............ 7 fr.

— et MONOD (G.). **Histoire politique et sociale (1815-1911)**. (*Évolution du monde moderne.*) 2e édition. 1 vol. in-16, avec gravures et cartes............ 5 fr.

GUYOT (Yves). **Sophismes socialistes et faits économiques**. 1 vol. in-16. 1908... 3 fr. 50

LICHTENBERGER (A.). * **Le Socialisme utopique**, *étude sur quelques précurseurs du Socialisme*. 1 vol. in-16. 1898............ 3 fr. 50

— * **Le Socialisme et la Révolution française**. 1 vol. in-8. 1898............ 5 fr.

MATTER (P.). **La Dissolution des Assemblées parlementaires**. 1 vol. in-8. 1898.... 5 fr.

NOVICOW. **La Politique internationale**. 1 vol. in-8............ 7 fr.

PAUL LOUIS. **L'Ouvrier devant l'État**. La législation ouvrière dans les deux mondes. In-8. 1904............ 7 fr.

— **Histoire du Mouvement syndical en France (1789-1910)**. 2e éd., 1 vol. in-16. 1911. 3 fr. 50

REINACH (Joseph), député. **Pages républicaines**. 1 vol. in-16............ 3 fr. 50

— * **La France et l'Italie devant l'Histoire**. 1 vol. in-8............ 5 fr.

Le Socialisme à l'étranger. *Angleterre, Allemagne, Autriche, Italie, Espagne, Hongrie, Russie, Japon, États-Unis*, par MM. J. BARDOUX, G. GIDEL, KINZO-GORAÏ, G. ISAMBERT, G. LOUIS-JARAY, A. MARVAUD, DA MOTTA DE SAN MIGUEL, P. QUENTIN-BAUCHART, M. REVON, A. TARDIEU. Préface de A. LEROY-BEAULIEU, de l'Institut, directeur de l'École des Sciences politiques, conclusion de J. BOURDEAU. 1 vol. in-16. 1909............ 3 fr. 50

SPULLER (E.). * **L'Éducation de la Démocratie**. 1 vol. in-16. 1892............ 3 fr. 50

— **L'Évolution politique et sociale de l'Église**. 1 vol. in-12. 1893............ 3 fr. 50

* **La Vie politique dans les Deux Mondes**. Publiée sous la direction de A. VIALLATE et M. CAUDEL, professeurs à l'École des Sciences politiques, avec la collaboration de professeurs et d'anciens élèves de l'École des Sciences politiques.
1re année, 1906-1907 à *4e année, 1909-1910*, chacune 1 fort vol. in-8............ 10 fr.

BIBLIOTHÈQUE DE LA FACULTÉ DES LETTRES DE L'UNIVERSITÉ DE PARIS

HISTOIRE ET LITTÉRATURE ANCIENNES

* **De l'Authenticité des Épigrammes de Simonide**, par M. le Professeur H. Hauvette. 1 vol. in-8 .... 5 fr.

De la Flexion dans Lucrèce, par M. le Professeur Cartault. 1 vol. in-8.......... 4 fr.

* **La Main-d'Œuvre industrielle dans l'ancienne Grèce**, par M. le Professeur P. Guiraud. 1 vol. in-8.......... 7 fr.

* **Recherches sur le Discours aux Grecs de Tatien**, suivies d'une *traduction française du discours*, avec notes, par A. Puech, professeur adjoint à la Sorbonne. 1 vol. in-8... 6 fr.

* **Les « Métamorphoses » d'Ovide et leurs modèles grecs**, par A. Lafaye, professeur adjoint à la Sorbonne. 1 vol. in-8.......... 8 fr. 50

* **Mélanges d'histoire ancienne**, par MM. G. Bloch, J. Carcopino et L. Gernet. 1 vol. in-8.......... 12 fr. 50

Le Dystique élégiaque chez Tibulle, Sulpicia, Lygdamus, par M. le professeur A. Cartault. 1 vol. in-8.......... 11 fr.

HISTOIRE ET LITTÉRATURE DU MOYEN AGE

* **Premiers Mélanges d'Histoire du Moyen Age**, par MM. le Professeur A. Luchaire, de l'Institut, Dupont-Ferrier et Poupardin. 1 vol. in-8.......... 3 fr. 50

Deuxièmes Mélanges d'Histoire du Moyen Age, par MM. le Professeur Luchaire, Halphen et Huckel. 1 vol. in-8.......... 6 fr.

Troisièmes Mélanges d'Histoire du Moyen Age, par MM. les Prof. Luchaire, Beyssier, Halphen et Cordey. 1 vol. in-8.......... 8 fr. 50

Quatrièmes Mélanges d'Histoire du Moyen Age, par MM. Jacquemin, Faral, Beyssier. 1 vol. in-8.......... 7 fr. 50

Cinquièmes Mélanges d'Histoire du Moyen Age, publiés sous la dir. de M. le Professeur A. Luchaire, par MM. Aubert, Carru, Dulong, Guébin, Huckel, Loirette, Lyon, Max Fazy, et Mlle Machkewitch. 1 vol. in-8.......... 5 fr.

* **Essai de Restitution des plus anciens Mémoriaux de la Chambre des Comptes de Paris**, par MM. J. Petit, Gavrilovitch, Maury et Téodoru, préface de M. le Professeur adjoint Ch.-V. Langlois. 1 vol. in-8.......... 9 fr.

Constantin V, empereur des Romains (740-775). *Étude d'histoire byzantine*, par A. Lombard, licencié ès lettres. Préf. de M. le Professeur Ch. Diehl, 1 vol. in-8.......... 6 fr.

Étude sur quelques Manuscrits de Rome et de Paris, par M. le Professeur A. Luchaire. 1 vol. in-8.......... 6 fr.

Les Archives de la Cour des Comptes, Aides et Finances de Montpellier, par L. Martin-Chabot, archiviste-paléographe. 1 vol. in-8.......... 8 fr.

Le Latin de Saint-Avit, évêque de Vienne (450?-526?), par M. le Professeur H. Goelzer avec la collaboration de A. Mey. 1 vol. in-8.......... 25 fr.

HISTOIRE ET LITTÉRATURE MODERNES ET CONTEMPORAINES

* **Le treize Vendémiaire an IV**, par Henry Zivy, agrégé d'histoire, 1 vol. in-8 ..... 4 fr.

* **Mélanges d'Histoire littéraire**, par MM. Freminet, Dupin et Des Cognets. Préface de M. le Professeur Lanson. 1 vol. in-8.......... 6 fr. 50

Le mouvement de 1314 et les chartes provinciales de 1315, par A. Artonne, archiviste-paléographe. 1 vol. gr. in-8.......... 7 fr. 50 (*Vient de paraître.*)

PHILOLOGIE ET LINGUISTIQUE

Le Dialecte alaman de Colmar (Haute-Alsace) en 1870, grammaire et lexique, par M. le Professeur Victor Henry. 1 vol. in-8.......... 8 fr.

* **Études linguistiques sur la Basse-Auvergne, phonétique historique du patois de Vinzelles (Puy-de-Dôme)**, par Albert Dauzat. Préface de M. le Professeur A. Thomas. 1 vol. in-8.......... 6 fr.

* **Antinomies linguistiques**, par M. le Professeur Victor Henry. 1 vol. in-8.......... 2 fr.

Mélanges d'Étymologie française, par M. le Professeur A. Thomas. 1 vol. in-8..... 7 fr.

* **A propos du Corpus Tibullianum.** *Un siècle de philologie latine classique*, par M. le Professeur A. Cartault. 1 vol. in-8.......... 18 fr.

Studies on lydgate's syntax in the temple of glas, par A. Courmont, 1 vol. in-8. 5 fr. (*Vient de paraître.*)

PHILOSOPHIE

L'Imagination et les Mathématiques selon Descartes, par P. Boutroux, prof. à l'Université de Nancy. 1 vol. in-8.......... 2 fr.

GÉOGRAPHIE

La Rivière Vincent-Pinzon. *Étude sur la cartographie de la Guyane*, par M. le Professeur Vidal de la Blache, de l'Institut. 1 vol. in-8.......... 6 fr.

PUBLICATIONS DIPLOMATIQUES

RECUEIL DES INSTRUCTIONS

DONNÉES AUX AMBASSADEURS ET MINISTRES DE FRANCE

Depuis les Traités de Westphalie jusqu'à la Révolution française.

Publié sous les auspices de la Commission des archives diplomatiques au Ministère des Affaires étrangères.

Beaux vol. in-8 raisin, imprimés sur papier de Hollande, avec introduction et notes.

I. — **AUTRICHE**, par M. Albert Sorel, de l'Académie française. 1 vol.. ... . *Épuisé.*
II. — **SUÈDE**, par M. A. Geffroy, de l'Institut. 1 vol.... .... 20 fr.
III. — **PORTUGAL**, par le Vicomte de Caix de Saint-Aymour. 1 vol................ 20 fr.
IV et V. — **POLOGNE**, par M. Louis Farges, chef de bureau aux Archives du Ministère des affaires étrangères. 2 vol........ 30 fr.
VI. — **ROME (1648-1687)** (tome I), par G. Hanotaux, de l'Académie française. 1 vol. 20 fr.
VII. — **BAVIÈRE, PALATINAT ET DEUX-PONTS**, par M. André Lebon. 1 vol......... 25 fr.
VIII et IX. — **RUSSIE**, par M. Alfred Rambaud, de l'Institut. 2 vol. Le 1er volume. 20 fr. Le second volume........ 25 fr.
X. — **NAPLES ET PARME**, par M. Joseph Reinach, député. 1 vol.................. 20 fr.
XI. — **ESPAGNE** (1649-1750) (tome I), par MM. Morel-Fatio, professeur au Collège de France, et Léonardon. 1 vol........ 20 fr.
XII et XII *bis*. — **ESPAGNE** (1750-1789) (tomes II et III), par les mêmes. 2 vol..... 40 fr.
XIII. — **DANEMARK**, par A. Geffroy, de l'Institut. 1 vol......................... 14 fr.
XIV et XV. — **SAVOIE-SARDAIGNE-MANTOUE**, par Horric de Beaucaire, ministre plénipotentiaire. 2 vol........ 40 fr.
XVI. — **PRUSSE**, par M. A. Waddington, professeur à l'Université de Lyon. 1 vol. (*Couronné par l'Institut*)........ 28 fr.
XVII. — **ROME** (1688-1723) (tome II), par G. Hanotaux, de l'Académie française, avec une introduction et des notes par J. Hanoteau. 1 vol......... (*Vient de paraître*). 25 fr.
XVIII. — **DIÈTE GERMANIQUE**, par B. Auerbach, professeur à l'Université de Nancy. 1 vol........ (*Vient de paraître*). 20 fr.

INVENTAIRE ANALYTIQUE

DES ARCHIVES DU MINISTÈRE DES AFFAIRES ÉTRANGÈRES

Publié sous les auspices de la Commission des Archives diplomatiques.

Correspondance politique de MM. de CASTILLON et de MARILLAC, ambassadeurs de France en Angleterre (1537-1542), par M. Jean Kaulek, avec la collaboration de MM. Louis Farges et Germain Lefèvre-Pontalis. 1 vol. in-8 raisin .... 15 fr.

Papiers de BARTHÉLEMY, ambassadeur de France en Suisse, de 1792 à 1797, 6 volumes in-8 raisin. I. Année 1792. 15 fr. — II. Janvier-août 1793. 15 fr. — III. Septembre 1793 à mars 1794. 18 fr. — IV. Avril 1794 à février 1795. 20 fr. — V. Septembre 1794 à septembre 1796, par M. Jean Kaulek, 20 fr. — Tome VI et dernier, Novembre 1794 à Février 1796, par M. Alexandre Tausserat-Radel............... 12 fr.

Correspondance politique d'ODET DE SELVE, ambassadeur de France en Angleterre (1546-1549), par G. Lefèvre-Pontalis. 1 vol. in-8 raisin........................ 15 fr.

Correspondance politique de GUILLAUME PELLICIER, ambassadeur de France à Venise (1540-1542), par M. Alexandre Tausserat-Radel. 1 fort vol. in-8 raisin........... 40 fr.

Correspondance des Deys d'Alger avec la Cour de France (1759-1833), recueillie par Eug. Plantet. 2 vol. in-8 raisin........ 30 fr.

Correspondance des Beys de Tunis et des Consuls de France avec la Cour (1577-1830), recueillie par Eugène Plantet. 3 vol. in-8. Tome I (1577-1700). *Épuisé*. — Tome II (1700-1770). 20 fr. — Tome III (1770 1830)........ 20 fr.

Les Introducteurs des Ambassadeurs (1589-1900). 1 vol. in-4, avec figures dans le texte et planches hors texte........ 20 fr.

Histoire de la représentation diplomatique de la France auprès des cantons suisses, de leurs alliés et de leurs confédérés, publiée sous les auspices des archives fédérales suisses par E. Rott. Tome I (1430-1559), 1 vol. gr. in-8. 12 fr. — Tome II (1559-1610), 1 vol. gr. in-8, 15 fr. — Tome III (1610-1626). *L'affaire de la Valteline* (1re partie) (1620-1626). 1 vol. gr. in-8. 20 fr. — Tome IV (1626-1635) (1re partie). *L'affaire de la Valteline* (2e partie) (1626-1633). 1 vol. gr. in-8. 15 fr. — Tome IV (2e partie). *L'affaire de la Valteline* (3e partie) (1633-1635). 1 vol. gr. in-8........ 8 fr.

HISTOIRE DIPLOMATIQUE

Voir *Bibliothèque d'histoire contemporaine*, p. 18 à 21 du présent Catalogue.

PUBLICATIONS PÉRIODIQUES

JOURNAL DES ÉCONOMISTES

Revue mensuelle de la science économique et de la statistique.

(71e année, 1912.) — Paraît tous les mois.

Rédacteur en chef : **Yves Guyot**, ancien ministre, vice-président de la Société d'économie politique.

ABONNEMENT DU 1er DE CHAQUE TRIMESTRE :

Un an : France, **36** fr. — Étranger, **38** fr.
Un mois : — **19** fr. — — **20** fr.
La livraison, **3** fr. **50**

ATHENA

Revue publiée par l'École des Hautes-Études sociales.

(2e année 1912). — Paraît tous les mois (Août et Septembre exceptés).

ABONNEMENT (du 1er **décembre**), Un an : France et Alsace-Lorraine, **15** fr. Étranger, **20** fr. — La livraison, **2** fr.

BULLETIN DE LA STATISTIQUE GÉNÉRALE DE LA FRANCE

(1re année, 1911-1912). — Paraît tous les trois mois.

ABONNEMENT (du 1er **octobre**), Un an : France et Étranger, **14** fr. La livraison, **4** fr.

REVUE ANTHROPOLOGIQUE

Suite de la REVUE DE L'ÉCOLE D'ANTHROPOLOGIE DE PARIS.

Recueil mensuel publié par les professeurs (22e année, 1912.)

ABONNEMENT (du 1er **janvier**) : France et Étranger, **10** fr. — La livraison, **1** fr.

SCIENTIA

Revue internationale de synthèse scientifique.

(6e année, 1912). 6 livraisons par an, de 150 à 200 pages chacune; publie un supplément contenant la traduction française des articles publiés en langues étrangères.

ABONNEMENT (du 1er **janvier**) : Un an : France et Étranger, **30** francs.

REVUE ÉCONOMIQUE INTERNATIONALE

(9e année, 1912). — Paraît tous les mois.

ABONNEMENT (du 1er **janvier**) : Un an, France et Belgique, **50** fr. Autres pays, **56** fr.

BULLETIN DE LA SOCIÉTÉ LIBRE POUR L'ÉTUDE PSYCHOLOGIQUE DE L'ENFANT

10 numéros par an. — ABONNEMENT (du 1er **octobre**) : **3** fr.

LES DOCUMENTS DU PROGRÈS

Revue mensuelle internationale (6e année, 1912).

Dr **R. BRODA**, Directeur.

ABONNEMENT (du 1er **de chaque mois**) : 1 an : France, **10** fr. — **Étranger**, **12** fr.

BIBLIOTHÈQUE SCIENTIFIQUE INTERNATIONALE

VOLUMES IN-8, CARTONNÉS A L'ANGLAISE; OUVRAGES A 6, 9 ET 12 FRANCS.

Les titres marqués * sont acceptés par le Ministère de l'Instruction publique pour les Bibliothèques des Lycées et des Collèges.

Derniers volumes parus (1910-1911) :

PEARSON. **La Grammaire de la Science** (*Physique*). 1 vol. in-8. Trad. de l'anglais, par Lucien Marcu... 9 fr.

CYON (E. de). **L'Oreille.** *Organe d'orientation dans le temps et dans l'espace.* 1 vol. in-8 avec 45 grav. dans le texte, 3 planches hors texte et 1 portrait de Flourens....... 6 fr.

ANDRADE (J.), professeur à la Faculté des sciences de Besançon. **Le Mouvement.** *Mesures de l'étendue et mesures du temps.* 1 vol. in-8, avec 46 fig. dans le texte.. 6 fr.

CUÉNOT (L.), professeur à la Faculté des sciences de Nancy. * **La Genèse des espèces animales.** 1 vol. in-8 avec 123 grav. dans le texte (*Cour. par l'Acad. des Sciences*). 12 fr.

ROUBINOVITCH (Dr J.), médecin en chef de l'hospice de Bicêtre. * **Aliénés et anormaux.** 1 vol. in-8 avec 63 gravures (*Cour. par l'Acad. de médecine*)................ 6 fr.

LE DANTEC (F.), chargé de cours à la Sorbonne. **La Stabilité de la vie.** *Étude énergétique de l'évolution des espèces.* 1 vol. in-8.................................. 6 fr.

PRÉCÉDEMMENT PUBLIÉS :

ANGOT (A.), directeur du Bureau météorologique. * **Les Aurores polaires.** 1 vol. in-8, avec figures.................................. 6 fr.

ARLOING, prof. à l'École de médecine de Lyon. * **Les Virus.** 1 vol. in-8........... 6 fr.

BAGEHOT. * **Lois scientifiques du développement des nations.** 1 vol. in-8. 7e éd... 6 fr.

BAIN. * **L'Esprit et le Corps.** 1 vol. in-8. 6e édition.......................... 6 fr.

— * **La Science de l'éducation.** 1 vol. in-8. 11e édition........................ 6 fr.

BALFOUR STEWART. **La Conservation de l'énergie**, avec fig. 1 vol. in-8. 6e édit.. 6 fr.

BERNSTEIN. * **Les Sens.** 1 vol. in-8, avec 91 figures. 5e édition.................. 6 fr.

BERTHELOT, de l'Institut. * **La Synthèse chimique.** 1 vol. in-8. 8e édition......... 6 fr.

— * **La Révolution chimique, Lavoisier.** 1 vol. in-8. 2e éd....................... 6 fr.

BINET. * **Les Altérations de la personnalité.** 1 vol. in-8. 2e édition.............. 6 fr.

BINET et FÉRÉ. * **Le Magnétisme animal.** 1 vol. in-8. 5e édition.................. 6 fr.

BLASERNA et HELMHOLTZ. * **Le Son et la Musique.** 1 vol. in-8. 5e édition......... 6 fr.

BOURDEAU (L.). **Histoire de l'habillement et de la parure.** 1 vol. in-8........... 6 fr.

BRUNACHE (P.). * **Le Centre de l'Afrique. Autour du Tchad.** 1 vol. in-8, avec figures.................................. 6 fr.

CANDOLLE (de). * **L'Origine des plantes cultivées.** 1 vol. in-8. 4e édition.......... 6 fr.

CARTAILHAC (E.). **La France préhistorique**, d'après les sépultures et les monuments. 1 vol. in-8, avec 162 figures. 2e édition.......................... 6 fr.

CHARLTON BASTIAN. * **Le Cerveau, organe de la pensée chez l'homme et chez les animaux.** 2 vol. in-8, avec figures. 2e édition.......................... 12 fr.

— **L'Évolution de la vie.** 1 vol. in-8, avec fig. et pl............................ 6 fr.

COLAJANNI (N.). * **Latins et Anglo-Saxons.** 1 vol. in-8.......................... 9 fr.

CONSTANTIN (le Capitaine). **Le Rôle sociologique de la guerre et le sentiment national.** Suivi de la traduction de *La Guerre, moyen de sélection collective*, par le Dr Steinmetz. 1 vol in-8.................................. 6 fr.

COOKE et BERKELEY. * **Les Champignons.** 1 vol. in-8, avec figures. 4e édition... 6 fr.

COSTANTIN (J.), prof. au Muséum. * **Les Végétaux et les Milieux cosmiques** (adaptation, évolution). 1 vol. in-8, avec 171 gravures.......................... 6 fr.

— * **La Nature tropicale.** 1 vol. in-8, avec gravures.............................. 6 fr.

— * **Le Transformisme appliqué à l'agriculture.** 1 vol. in-8, avec 105 gravures.. 6 fr.

DAUBRÉE, de l'Institut. **Les Régions invisibles du globe et des espaces célestes.** 1 vol. in-8, avec 85 fig. dans le texte. 2e edition.......................... 6 fr.

DEMENY (G.). * **Les bases scientifiques de l'éducation physique.** 1 vol. in-8, avec 200 gravures. 5e édition.................................. 6 fr.

— **Mécanisme et éducation des mouvements.** 1 vol. in-8, avec 565 gravures. 2e édit. 9 fr.

DEMOOR, MASSART et VANDERVELDE. * **L'Évolution régressive en biologie et en sociologie.** 1 vol. in-8, avec gravures.................................. 6 fr.

DRAPER. **Les Conflits de la science et de la religion.** 1 vol. in-8. 12e édition....... 6 fr.

DUMONT (L.). * **Théorie scientifique de la sensibilité.** 1 vol. in-8. 4e édition....... 6 fr.

GELLÉ (E.-M.). *L'Audition et ses organes. 1 vol. in-8, avec gravures............ 6 fr.
GRASSET (J.), prof. à la Faculté de médecine de Montpellier. — **Les Maladies de l'orientation et de l'équilibre.** 1 vol. in-8, avec gravures........................ 6 fr.
GROSSE (E.). ***Les débuts de l'art.** 1 vol. in-8, avec gravures........................ 6 fr.
GUIGNET et GARNIER. ***La Céramique ancienne et moderne.** 1 vol. in-8, avec gravures.. 6 fr.
HERBERT SPENCER. ***Les Bases de la morale évolutionniste.** 1 vol. in-8. 6e édit... 6 fr.
— ***La Science sociale.** 1 vol. in-8. 11e édition........................ 6 fr.
HUXLEY. ***L'Écrevisse,** introduction à l'étude de la Zoologie. 1 vol. in-8, avec figures. 2e édition.. 6 fr.
JACCARD, professeur à l'Académie de Neuchâtel (Suisse). ***Le Pétrole, le Bitume et l'Asphalte au point de vue géologique.** 1 vol. in-8, avec figures.................. 6 fr.
JAVAL (E.), de l'Académie de médecine. ***Physiologie de la lecture et de l'écriture.** 1 vol. in-8, avec 96 gravures. 2e édition........................ 6 fr.
LAGRANGE (F.). ***Physiologie des exercices du corps.** 1 vol. in-8. 10e édition... 6 fr.
LALOY (L.). ***Parasitisme et mutualisme dans la nature.** Préface du Prof. A. GIARD, de l'Institut. 1 vol. in-8, avec 82 gravures........................ 6 fr.
LANESSAN (DE), professeur agrégé à la Faculté de médecine. ***Introduction à l'Étude de la botanique** (*le Sapin*). 1 vol. in-8. 2e édition, avec 143 figures .... 6 fr.
— ***Principes de colonisation.** 1 vol. in-8........................ 6 fr.
LE DANTEC, chargé de cours à la Sorbonne. ***Théorie nouvelle de la vie.** 1e édit. 1 vol. in-8, avec figures........................ 6 fr.
— **L'Évolution individuelle et l'hérédité.** 1 vol. in-8........................ 6 fr.
— **Les Lois naturelles.** 1 vol. in-8, avec gravures........................ 6 fr.
LOEB, professeur à l'Université Berkeley. ***La dynamique des phénomènes de la vie.** Traduit de l'allemand par MM. DAUDIN et SCHAEFFER, agrégés de l'Université, préface de M. le prof. A. GIARD, de l'Institut. 1 vol. in-8 avec fig.......................... 9 fr.
LUBBOCK (SIR JOHN). ***Les Sens et l'instinct chez les animaux,** principalement chez les insectes. 1 vol. in-8, avec 150 figures........................ 6 fr.
MALMEJAC (F.). **L'Eau dans l'alimentation.** 1 vol. in-8, avec fig.................. 6 fr.
MAUDSLEY. ***Le Crime et la Folie.** 1 vol. in-8. 7e édition........................ 6 fr.
MEUNIER (Stan.), professeur au Muséum. ***La Géologie comparée.** 1 vol. in-8, avec gravures. 2e édition........................ 6 fr.
— ***La Géologie générale.** 1 vol. in-8, avec gravures. 2e édit........................ 6 fr.
— ***La Géologie expérimentale.** 1 vol. in-8, avec gravures. 2e édi[illegible]........ 6 fr.
MEYER (de). ***Les Organes de la parole et leur emploi pour la formation des sons du langage.** 1 vol. in-8, avec 51 gravures........................ 6 fr.
MORTILLET (G. DE). ***Formation de la Nation française.** 2e [illegible]lit. 1 vol. in-8, avec 150 gravures et 18 cartes........................ 6 fr.
MOSSO (A.), professeur à l'Univ. de Turin. ***Les Exercices physiques [illegible] le développement intellectuel.** 1 vol. in-8........................ 6 fr.
NIEWENGLOWSKI (H.). ***La Photographie et la photochimie.** [illegible] vol. in-8, avec gravures et une planche hors texte........................ 6 fr.
NORMAN LOCKYER. ***L'Évolution inorganique.** 1 vol. in-8 avec gra[illegible]........ 6 fr.
PERRIER (Edm.), de l'Institut. **La Philosophie zoologique avant Da[illegible]** . 1 vol. in-8. 3e édition........................ 6 fr.
PETTIGREW. ***La Locomotion chez les animaux,** marche, natation et [illegible]. 1 vol. in-8 avec figures. 2e édition........................ 6 fr.
QUATREFAGES (DE), de l'Institut. ***L'Espèce humaine.** 1 vol. in-8. 13e édit. .... 6 fr.
— ***Darwin et ses précurseurs français.** 1 vol. in-8. 2e édit. refondue....... ... 6 fr.
— ***Les Émules de Darwin.** 2 vol. in-8, avec préfaces de MM. Ed. PERRIER et H[illegible]. 12 fr.
RICHET (Ch.), professeur à la Faculté de médecine de Paris. **La Chaleu[r a]nimale.** 1 vol. in-8, avec figures........................ 6 fr.
ROCHÉ (G.). ***La Culture des Mers** (piscifacture, pisciculture, ostréicultu[re]). 1 vol. in-8, avec 81 gravures........................ 6 fr.
SCHMIDT (O.). ***Les Mammifères dans leurs rapports avec leurs ancêtres [gé]ologiques.** 1 vol. in-8, avec 51 figures........................ [illegible] fr.
SCHUTZENBERGER, de l'Institut. ***Les Fermentations.** 1 vol. in-8. 6e édition.... [illegible] fr.
SECCHI (le Père). ***Les Étoiles.** 2 vol. in-8, avec fig. et pl. 3e édition............ [illegible]
STALLO. ***La Matière et la Physique moderne.** 1 vol. in-8. 3e édition........ [illegible]
STARCKE. ***La Famille primitive.** 1 vol. in-8........................ 6
THURSTON (R.). ***Histoire de la machine à vapeur,** 2 vol. in-8, avec 140 figur[es] et 16 planches hors texte. 3e édition........................ 12 fr.
TOPINARD. **L'Homme dans la Nature.** 1 vol. in-8, avec figures........................ 6 fr.
VAN BENEDEN. ***Les Commensaux et les Parasites dans le règne animal.** 1 vol. in-8, avec figures. 4e édition........................ 6 fr.
VRIES (Hugo de). **Espèces et Variétés,** trad. de l'allemand par L. BLARINGHEM, chargé d'un cours à la Sorbonne, avec préface. 1 vol. in-8........................ 12 fr.
WHITNEY. ***La Vie du Langage.** 1 vol. in-8. 1e édition........................ 6 fr.
WURTZ, de l'Institut. ***La Théorie atomique.** 1 vol. in-8, 10e édition........................ 6 fr.

COLLECTION SCIENTIFIQUE

Directeur : **ÉMILE BOREL**
Sous-directeur de l'École normale supérieure,
Professeur à la Sorbonne.

VOLUMES IN-16 A 3 FR. 50

Volumes publiés en 1910 et en 1911

TANNERY (J.), de l'Institut. **Science et philosophie**, avec une notice par E. Borel. 1 vol. in-16 .... 3 fr. 50

RABAUD (E.), maître de conférences à la Sorbonne. **Le transformisme et l'expérience.** 1 vol. in-16, avec gravures .... 3 fr. 50

OSTWALD (W), professeur à l'Université de Leipzig. * **L'Évolution de l'Électrochimie.** Traduit de l'allemand par E. Philippi, licencié ès sciences. 1 vol. in-16 .... 3 fr. 50

* **De la Méthode dans les sciences** : (2e série).
Avant-propos, par Émile Borel. — *Astronomie, jusqu'au milieu du XVIIIe siècle*, par B. Baillaud, de l'Institut, directeur de l'Observatoire de Paris. — *Chimie physique*, par Jean Perrin, professeur à la Sorbonne. — *Géologie*, par Léon Bertrand, professeur-adjoint à la Sorbonne. — *Paléobotanique*, par R. Zeiller, de l'Institut, professeur à l'École des Mines. — *Botanique*, par Louis Blaringhem, chargé de cours à la Sorbonne. — *Archéologie*, par Salomon Reinach, de l'Institut. — *Histoire littéraire*, par Gustave Lanson, professeur à la Sorbonne. — *Statistique*, par Lucien March, directeur de la statistique générale de la France. — *Linguistique*, par A. Meillet, professeur au Collège de France. 2e édition. 1 vol. in-16 .... 3 fr. 50

BUAT (E.), chef d'escadron au 25e régiment d'artillerie de campagne. **L'Artillerie de campagne.** *Son histoire, son évolution, son état actuel.* 1 vol. in-16 avec 75 grav. 3 fr. 50

MEUNIER (Stanislas), professeur de géologie au Muséum d'histoire naturelle. * **L'Évolution des Théories géologiques.** 1 vol. in-16, avec gravures .... 3 fr. 50

NIEDERLE (Lubor), professeur à l'Université de Prague. * **La Race slave**, *Statistique, démographie, anthropologie*. Traduit du tchèque et précédé d'une préface, par L. Leger, de l'Institut. 1 vol. in-16 .... 3 fr. 50

PAINLEVÉ (Paul), de l'Institut, et BOREL (Emile). * **L'Aviation.** 5e édition ; revue et augmentée. 1 vol. in-16, avec gravures .... 3 fr. 50

DUCLAUX (Jacques), préparateur à l'Institut Pasteur. * **La Chimie de la Matière vivante.** 2e édition. 1 vol. in-16 .... 3 fr. 50

MAURAIN (Ch.), professeur à la Faculté des sciences de Caen. * **Les États physiques de la Matière.** 2e éd. 1 vol. in-16, avec gravures .... 3 fr. 50

Précédemment parus.

LE DANTEC (F.), chargé du cours de biologie générale à la Sorbonne. **Éléments de Philosophie biologique.** 1 vol. in-16. 3e édition .... 3 fr. 50

BONNIER (Dr P.), laryngologiste de la clinique médicale de l'Hôtel-Dieu. **La Voix.** *Sa culture physiologique. Théorie nouvelle de la phonation.* 3e édition. 1 vol. in-16, avec gravures .... 3 fr. 50

* **De la Méthode dans les Sciences** : (*1re série*).
1. *Avant-propos*, par M. P.-F. Thomas, docteur ès lettres, professeur de philosophie au lycée Hoche. — 2. *De la Science*, par M. Émile Picard, de l'Institut. — 3. *Mathématiques pures*, par M. J. Tannery, de l'Institut. — 4. *Mathématiques appliquées*, par M. Painlevé, de l'Institut. — 5. *Physique générale*, par M. Bouasse, professeur à la Faculté des Sciences de Toulouse. — 6. *Chimie*, par M. Job, professeur au Conservatoire des Arts et Métiers. — 7. *Morphologie générale*, par M. A. Giard, de l'Institut. — 8. *Physiologie*, par M. Le Dantec, chargé de cours à la Sorbonne. — 9. *Sciences médicales*, par M. Pierre Delbet, professeur à la Faculté de médecine de Paris. — 10. *Psychologie*, par M. Th. Ribot, de l'Institut. — 11. *Sciences sociales*, par M. Durkheim, professeur à la Sorbonne. — 12. *Morale*, par M. Lévy-Bruhl, professeur à la Sorbonne. — 13. *Histoire*, par M. G. Monod, de l'Institut. 2e édition, 1 vol. in-16 .... 3 fr. 50

THOMAS (P.-F.), professeur au lycée Hoche. * **L'Éducation dans la Famille.** *Les péchés des parents.* 3e édition. 1 vol. in-16 (*Couronné par l'Institut.*) .... 3 fr. 50

LE DANTEC (F.). **La Crise du Transformisme.** 2e édition. 1 vol. in-16 .... 3 fr. 50

OSTWALD (W.), professeur à l'Université de Leipzig. **L'Énergie**, traduit de l'allemand par E. Philippi, 3e édition. 1 vol. in-16 .... 3 fr. 50

Bibliothèque Utile

AGRICULTURE — TECHNOLOGIE INDUSTRIELLE ET COMMERCIALE
HYGIÈNE ET MÉDECINE USUELLE — PHYSIQUE ET CHIMIE
SCIENCES NATURELLES — ÉCONOMIE POLITIQUE ET SOCIALE
PHILOSOPHIE ET DROIT — HISTOIRE — GÉOGRAPHIE ET COSMOGRAPHIE

Élégants volumes in-32, de 192 pages ; chaque volume broché, **60 cent.**

Derniers volumes parus :

HENNEGUY (F.). **Histoire de l'Italie,** *depuis 1815 jusqu'au cinquantenaire de l'Unité italienne* (1911).
REGNARD (A.). **Histoire de l'Angleterre,** *depuis 1815 jusqu'à l'avènement de Georges V* (1910).
COLLAS ET DRIAULT. **Histoire de l'Empire ottoman** *jusqu'à la Révolution de 1909.*
YVES GUYOT. **Les Préjugés économiques.**
EISENMENGER (G.). **Les Tremblements de terre,** avec gravures.
FAQUE (L.). **L'Indo-Chine française.** *Cochinchine, Cambodge, Annam, Tonkin.* 2e édition, mise à jour jusqu'en 1910.

AGRICULTURE

Acloque. Insectes nuis.
Bergot. Viticulture.
— Pratique des vins.
— Les Vins de France.
Larbalétrier. L'agriculture française.
— Plantes d'appartem.
Petit. Economie rurale.
Vaillant. Petite chimie de l'agriculteur.

TECHNOLOGIE

Bellet. Grands ports maritimes.
Brothier. Hist. de la terre.
Dufour. Dict. des falsif.
Gastineau. Génie et science.
Genevoix. Matières premières.
— Procédés industriels.
Gossin. La machine à vapeur.
Maigne. Mines de France.
Mayer. Les chem. de fer.

HYGIÈNE — MÉDECINE

Cruveilhier. Hygiène.
Laumonier. Hygiène de la cuisine.
Merklen. La tuberculose.
Monin. Les maladies épidémiques.
Sérieux et Mathieu. L'alcool et l'alcoolisme.
Turck. Médecine populaire.

PHYSIQUE — CHIMIE

Bouant. Hist. de l'eau.
— Princ. faits de la chimie.
Huxley. Premières notions sur les sciences.
Albert Lévy. Hist. de l'air.
Zurcher. L'atmosphère.

SCIENCES NATURELLES

H. Beauregard. Zoologie.
Coupin. Vie dans les mers.
Eisenmenger. Tremblements de terre.
Geikie. Géologie.
Gérardin. Botanique.
Jouan. La chasse et la pêche des anim. marins.
Zaborowski. L'homme préhistorique.
— Migrations des anim.
— Les grands singes.
— Les mondes disparus.
Zurcher et Margollé. Télescope et microscope.

ÉCONOMIE POLITIQUE ET SOCIALE

Coste. Richesse et bonh.
— Alcoolisme ou Epargne.
Guyot (Yves). Préjugés économiques.
Jevons. Economie polit.
Larrivé. L'assistance publique.
Leneveux. Le travail manuel.
Mongredien. Libre-échange en Angleterre.
Paul-Louis. Lois ouvr.

ENSEIGNEMENT BEAUX-ARTS

Collier. Les beaux-arts.
Jourdy. Le patriotisme à l'école.
G. Meunier. Hist. de l'art.
— Hist. de la littérature française.
Pichat. L'art et les artist.
H. Spencer. De l'éducat.

PHILOSOPHIE — DROIT

Enfantin. La vie éternelle.
Ferrière. Darwinisme.
Jourdan. Justice crimin.
Morin. La loi civile.
Eug. Noël. Voltaire et Rousseau.
F. Paulhan. La physiologie de l'esprit.
Renard. L'homme est-il libre ?
Robinet. Philos. posit.
Zaborowski. L'origine du langage.

HISTOIRE

Antiquité.

Combes. La Grèce.
Creighton. Histoire rom.
Mahaffy. L'ant. grecque.
Ott. L'Asie et l'Egypte.

France.

Bastide. La Réforme.
Bère. L'armée française.
Buchez. Mérovingiens.
— Carlovingiens.
Carnot. La Révolution française. 2 vol.
Debidour. Rapports de l'Eglise et de l'Etat (1789-1871).
Doneaud. La marine française.
Faque. L'Indo-Chine française.
Larrivière. Origines de la guerre de 1870.
Fréd. Lock. Jeanne d'Arc.
— La Restauration.
Quesnel. Conquête de l'Algérie.
Zevort. Louis-Philippe.

Pays étrangers.

Bondois. L'Europe cont.
Collas et Driault. L'Empire ottoman.
Eug. Despois. Les révolutions d'Angleterre.
Doneaud. La Prusse.
Faque. Indo-Chine.
Henneguy. L'Italie.
E. Raymond. L'Espagne.
Regnard. L'Angleterre.
Ch. Rolland. L'Autriche.

GÉOGRAPHIE COSMOGRAPHIE

Amigues. A travers le ciel.
Blerzy. Colon. anglaises.
Catalan. Astronomie.
Gaffarel. Frontières françaises.
Girard de Rialle. Peuples de l'Asie et de l'Europe.
Grove. Continents, Océans.
Jouan. Iles du Pacifique.
Zurcher et Margollé. Les phénomènes célestes.

PUBLICATIONS

HISTORIQUES, PHILOSOPHIQUES ET SCIENTIFIQUES

qui ne se trouvent pas dans les collections précédentes.

Volumes parus en 1910 et 1911 :

AMICUS. **Pensées libres.** *Questions internationales, religieuses, bio-sociologiques, historiques, philosophiques. Les Femmes.* 1911. 1 vol. in-8........................ 5 fr.

ARON (M.). **Le Journal d'une Sévrienne.** 1912. 1 vol. in-16................ 3 fr. 50

ARRÉAT. **Réflexions et Maximes.** 1911. 1 vol. in-16.............. 2 fr. 50 (V. p. 6 et 31).

BESANÇON (A.), docteur ès lettres. **Les Adversaires de l'hellénisme à Rome pendant la période républicaine.** 1910. 1 vol. gr. in-8 (*Couronné par l'Institut.*).............. 10 fr.

BRENET (M.). * **Musique et musiciens de la vieille France.** *Les musiciens de Philippe le Hardi. Ockeghem. Mauduit. Origines de la musique descriptive.* 1911. 1 vol. in-16. 3 fr. 50

BRUNHES (J.), professeur aux Universités de Fribourg et de Lausanne. * **La Géographie humaine.** *Essai de classification positive. Principes et exemples.* 1910. 1 vol. grand in-8, avec 202 grav. et cartes dans le texte et 4 cartes hors texte (*Couronné par l'Académie française et Médaille d'or de la Société de Géographie.* 2e édit. 1912.)........... 20 fr.

CHABRIER (Dr). **Les Émotions et états organiques.** 1911. 1 vol. in-16........... 2 fr. 50

COHEN (H.), professeur à l'Université de Marburg. **Le Judaïsme et le progrès religieux de l'humanité.** Trad. de l'allemand. 1911. Broch. in-8........................ 0 fr. 50

COIGNET (C.). **De Kant à Bergson.** *Réconciliation de la Religion et de la science dans un spiritualisme nouveau.* 1911. 1 vol. in-16..................... 2 fr. 50 (V. p. 3).

COUBERTIN (P. de). **L'Éducation des adolescents au XXe siècle.** II. ÉDUCATION INTELLECTUELLE : *L'analyse universelle.* 1911. 1 vol. in-16.................. 2 fr. 50 (V. p. 31).

CREMER (Th.). **Le Problème religieux dans la philosophie de l'action** (*MM. Blondel et le P. Laberthonnière*). Préface de V. DELBOS, de l'Institut, 1912. 1 vol. gr. in-8. 3 fr.

DARBON (A.), docteur ès lettres. **Le Concept du hasard dans la philosophie de Cournot.** 1910. Brochure in-8..................................... 2 fr. (V. p. 6).

DELVAILLE (J.), doct. ès lettres. * **La Chalotais éducateur.** 1911. 1 vol. in-8. 5 fr. (V. p. 7 et 11).

DEPLOIGE (S.), prof. à l'Université catholique de Louvain. **Le Conflit de la morale et de la sociologie.** 1911. 1 vol. gr. in-8...................................... 7 fr. 50

DUPUY (P.). **Le Positivisme d'Auguste Comte.** 1911. 1 vol. in-8......... 5 fr. (V. p. 32).

GASTÉ (M. DE). **Réalités imaginatives.... Réalités positives.** *Essai d'un code moral basé sur la science.* Préface de F. LE DANTEC. 1910. 1 vol. in-8.................... 7 fr. 50

GRASSERIE (R. DE LA). **Études de psychosociologie.** I. *De l'Instinct cryptologique et de l'instinct phanérique.* 1911. In-8, 2 fr. — II. *De l'hybridité mentale et sociale.* 1911. In-8, 2 fr. — III. *Parasitisme, Paradynamisme et paramorphisme sociologique.* 1911. In-8.. 2 fr. (V. p. 7).

HOCHREUTINER (B.-P.-G.), docteur ès sciences. **La Philosophie d'un naturaliste.** *Essai de synthèse du monisme mécaniste et de l'idéalisme solipsiste.* 1910. 1 vol. in-8. 7 fr. 50

JAELL (Mme Marie). **Un nouvel État de conscience.** *La coloration des sensations tactiles.* 1910. 1 vol. in-8 avec 33 planches.................................. 4 fr. (V. p. 4).

JOURET (G.), prof. à l'école normale de Mons. **Les Humanités primaires.** 1911. 1 vol. in-16.. 5 fr.

LABROUE (H.), prof. agrégé d'histoire au lycée de Bordeaux. **L'Esprit public en Dordogne pendant la Révolution.** Préface de G. MONOD, de l'Institut, 1912. 1 vol. in-8. 4 fr. (V. p. 32)

LANESSAN (DE), ancien ministre de la Marine. **Nos Forces navales.** *Organisation, répartition.* 1911. 1 vol. in-16................. 3 fr. 50 (V. p. 10, 16, 17, 19, 27, 30 et 32).

MAXWELL (J.). **Psychologie sociale contemporaine.** 1911. 1 vol. in-8.. 6 fr. (V. p. 10).

Mélanges littéraires, publiés à l'occasion du Centenaire de la Faculté des lettres de Clermont-Ferrand (1810-1910). 1 vol. gr. in-8, avec planches......................... 10 fr.

PÉRÈS (J.). **L'Individualité et la destinée.** 1911. Brochure in-16......... 1 fr. (V. p. 11).

PETIT (Édouard), inspecteur général de l'Instruction publique. **De l'École à la cité.** *Étude sur l'éducation populaire.* 1910. 1 vol. in-16 .... 3 fr. 50

POCHHAMMER (A.). **L'Anneau de Nibelung de Richard Wagner.** *Analyse dramatique et musicale,* traduit de l'allemand par J. CHANTAVOINE. 1911. 1 vol. in-16.......... 2 fr. 50

POËY (A.). **L'Anarchie mondiale.** *La psychologie morbide.* 1912. 1 vol. in-16. 3 fr. 50 (V. p. 34).

REMACLE. **La Philosophie de S. S. Laurie** 1910. 1 vol. in-8.................. 7 fr. 50

ROZET (G.). * **Défense et illustration de la race française.** 1911. 1 vol. in-16... 3 fr. 50

SERMYN (Dr W. C.). **Contribution à l'étude de certaines facultés cérébrales méconnues.** *Philosophie scientifique.* 1911. 1 vol. in-8 .... 7 fr. 50

SERVIÈRES (G.). **Emmanuel Chabrier (1841-1894).** 1912. 1 vol. in-16............ 2 fr. 50

URTIN (H.), avocat, docteur ès lettres. **Le Fondement de la responsabilité pénale.** *Essai de philosophie appliquée.* 1911. 1 vol. in-8........................ 2 fr. 50 (V. p. 6).

VAN BIERVLIET (J. J.), prof. à l'Univ. de Gand. **Premiers Éléments de pédagogie expérimentale.** *Les Bases.* Préface de G. COMPAYRÉ, de l'Institut. 1911. 1 vol. in-8. 7 fr.

VAN BRABANT (W). **Psychologie du vice infantile.** 1910. 1 vol. gr. in-8...... 3 fr. 50

VAUTHIER (M.), prof. à l'Université de Bruxelles. **Essais de philosophie sociale.** 1912. 1 vol. gr. in-8... 7 fr. 50

WEILL (J.). **Zadoc Kahn (1839-1905).** 1912. 1 vol. in-16, avec 2 portraits........ 3 fr. 50

WULFF (M. de). **Histoire de la philosophie en Belgique.** 1910. 1 vol. gr. in-8. Prof. à l'Université de Louvain.......................... 7 fr. 50 (V. p. 14 et 33).

Précédemment parus :

ALAUX. **Philosophie morale et politique.** 1 vol. in-8. 1893.. .... 7 fr. 50
— **Théorie de l'âme humaine.** 1 vol. in-8. 1895............... .... 10 fr.
— **Dieu et le Monde.** *Essai de philosophie première.* 1901. 1 vol. in-12. 2 fr. 50 (Voir p. 2).
AMIABLE (Louis). **Une Loge maçonnique d'avant 1789.** 1 vol. in-8.................. 6 fr.
ANDRÉ (L.), docteur ès lettres. **Michel Le Tellier et l'organisation de l'armée monarchique.** 1 vol. in-8 (*couronné par l'Institut*). 1906............................. 14 fr.
— **Deux Mémoires inédits de Claude Le Pelletier.** 1 vol. in-8. 1906.............. 3 fr. 50
ARDASCHEFF (P.), professeur d'histoire à l'Université de Kiew. * **Les Intendants de province sous Louis XVI.** Traduit du russe par L. Jousserandot, sous-bibliothécaire à l'Université de Lille. 1 vol. grand in-8. (*Cour. par l'Acad. Impér. de St-Pétersbourg*). 10 fr.
ARMINJON (P.), prof. à l'École Khédiviale de Droit du Caire. **L'Enseignement, la doctrine et la vie dans les universités musulmanes d'Égypte.** 1 vol. in-8. 1907......... 6 fr. 50
ARRÉAT. **Une Éducation intellectuelle.** 1 vol. in-18............................. 2 fr. 50
— **Journal d'un philosophe.** 1 vol. in-18.. 3 fr. 50
* **Autour du monde,** par les BOURSIERS DE VOYAGE DE L'UNIVERSITÉ DE PARIS. (*Fondation Albert Kahn.*) 1 vol. gr. in-8. 1904.. 10 fr.
ASLAN (G.). **La Morale selon Guyau** 1 vol. in-16. 1906............................. 2 fr.
— **Le Jugement chez Aristote.** Br. in-18. 1908........................... 1 fr. (Voir p. 2).
BACHA (E.). **Le Génie de Tacite.** 1 vol. in-18....................................... 4 fr.
BELLANGER (A.), docteur ès lettres. **Les Concepts de cause et l'activité intentionnelle de l'esprit.** 1 vol. in-8. 1905.. 5 fr.
BÉMONT (Ch.), et MONOD (G.). — **Histoire de l'Europe au Moyen âge (395-1270).** Nouvelle édit. 1 vol. in-18, avec grav. et cartes en couleurs..... 5 fr. (Voir p. 21 et 24).
BENOIST-HANAPPIER (L.), professeur-adjoint à l'Univ. de Nancy. **Le drame naturaliste en Allemagne.** 1 v. in-8. 1905. (*Couronné par l'Académie française.*)........... 7 fr. 50
BLUM (E.), professeur au lycée de Lyon. **La Déclaration des droits de l'homme et du citoyen.** Préface de G. COMPAYRÉ, inspecteur général. 4e édit. 1909. 1 vol. in-8. (*Récompensé par l'Institut.*).. 3 fr. 75
BOURDEAU (Louis). **Théorie des sciences.** 2 vol. in-8.............................. 20 fr.
— **La Conquête du monde animal.** 1 vol. in-8.. 5 fr.
— **La Conquête du monde végétal.** 1 vol. in-8. 1893................................ 5 fr.
— **L'Histoire et les historiens.** 1 vol. in-8.. 7 fr. 50
— * **Histoire de l'alimentation.** 1894. 1 vol. in-8.................. 5 fr. (Voir p. 7 et 26).
BOURDIN. **Le Vivarais,** essai de géographie régionale, 1 vol. in-8. (Ann. de l'Univ. de Lyon). 6 fr.
BOURGEOIS (E.). **Lettres intimes de J.-M. Alberoni adressées au comte J. Rocca.** 1 vol. in-8. (Ann. de l'Univ. de Lyon.)... 10 fr.
BOUTROUX (Em.), de l'Institut. * **De l'Idée de la loi naturelle.** In-8. 2 fr. 50 (Voir p. 3 et 7).
BRANDON-SALVADOR (Mme). **A travers les moissons.** *Ancien Testament. Talmud. Apocryphes. Poètes et moralistes juifs du moyen âge.* 1 vol. in-16. 1903............... 4 fr.
BRASSEUR. **Psychologie de la force.** 1 vol. in-8. 1907............................ 3 fr. 50
BROOKS ADAMS. **Loi de la civilisation et de la décadence.** 1 vol. in-8......... 7 fr. 50
BROUSSEAU (K.). **Éducation des nègres aux États-Unis.** 1 vol. in-8............ 7 fr. 50
BUDÉ (E. DE). **Les Bonaparte en Suisse.** 1 vol. in-12. 1905....................... 3 fr. 50
CANTON (G.). **Napoléon antimilitariste.** 1902. 1 vol. in-16........................ 3 fr. 50
CARDON (G.), docteur ès lettres. * **La Fondation de l'Université de Douai.** 1 vol. in-8. 10 fr.
CAUDRILLIER (G.), docteur ès lettres, inspecteur d'Académie. **La Trahison de Pichegru et les intrigues royalistes dans l'Est avant fructidor.** 1 vol. gr. in-8. 1908. ...... 7 fr. 50
CHARRIAUT (H.). **Après la Séparation.** *L'avenir des églises.* 1 vol. in-12. 1905. 3 fr. 50
CLAMAGERAN. **La Lutte contre le mal.** 1 vol. in-18. 1897........................ 3 fr. 50
— **Philosophie religieuse.** *Art et voyages.* 1 vol. in-12. 1904..................... 3 fr. 50
— **Correspondance (1849-1902).** 1 vol. gr. in-8. 1905................................ 10 fr.
COLLIGNON (A.). **Diderot.** *Sa vie, ses œuvres.* 2e édit. 1907. 1 vol. in-12...... 3 fr. 50
COMBARIEU (J.), chargé de cours au Collège de France. * **Les Rapports de la musique et de la poésie.** 1 vol. in-8. 1893.. 7 fr. 50
IVe Congrès international de Psychologie, Paris 1900. 1 vol. in-8............. 20 fr.
COTTIN (Cte P.), ancien député. **Positivisme et anarchie. Agnostiques français.** *Auguste Comte, Littré, Taine.* 1 vol. in-16. 1908.. 2 fr.
COUBERTIN (P. DE). **L'Éducation des adolescents au XXe siècle.** I. ÉDUCATION PHYSIQUE *La gymnastique utilitaire.* 3e édit. 1905. 1 vol. in-16.......................... 2 fr. 50
DANTU (G.), docteur ès lettres. **Opinions et critiques d'Aristophane sur le mouvement politique et intellectuel à Athènes.** 1 vol. gr. in-8. 1907................................ 3 fr.
— **L'éducation d'après Platon.** 1 vol. gr. in-8. 1907................................ 6 fr.
DAREL (Th.). **Le Peuple-roi.** *Essai de sociologie universaliste.* 1 vol. in-18. 1904. 3 fr. 50
DAURIAC. **Croyance et réalité.** 1 vol. in-18. 1889.................. 3 fr. 50 (V. p. 3 et 7).
DAVILLÉ (L.), docteur ès lettres. **Les Prétentions de Charles III, duc de Lorraine, à la couronne de France.** 1 vol. grand in-8. 1909.................. 6 fr. 50 (Voir p. 13).
DERAISMES (Mlle Maria). **Œuvres complètes.** 4 vol. in-8. Chacun................. 3 fr. 50
DEROCQUIGNY (J.). **Charles Lamb.** *Sa vie et ses œuvres.* In-8. (Trav. de l'Univ. de Lille). 12 fr.
DESCHAMPS. **Principes de morale sociale.** 1 vol. in-8. 1903........................ 3 fr. 50
DOLLOT (R.), docteur en droit. **Les Origines de la neutralité de la Belgique (1609-1830).** 1 vol. in-8. 1902.. 10 fr.
DUBUC (P.), doct. ès lettres, * **Essai sur la méthode de la métaphysique.** 1 vol. in-8.. 5 fr.

DUGAS (L.), docteur ès lettres. * **L'Amitié antique.** 1 vol. in-8. 7 fr. 50 (V. p. 2, 3, 6 et 8).
DUNAN. * **Sur les Formes a priori de la sensibilité.** 1 vol. in-8. 5 fr. (Voir p. 2 et 3).
DUPUY (Paul). **Les Fondements de la morale.** 1 vol. in-8. 1900 .... 5 fr.
— **Méthodes et concepts.** 1 vol. in-8. 1903 .... 5 fr.
* **Entre Camarades,** par les anciens élèves de l'Université de Paris. *Histoire, littérature, philologie, philosophie.* 1901. 1 vol. in-8 .... 10 fr.
FABRE (P.). **Le Polyptique du chanoine Benoît.** In-8. (Trav. de l'Univ. de Lille.) .. 3 fr. 50
FERRÈRE (F.). **La situation religieuse de l'Afrique romaine** depuis la fin du IVe siècle jusqu'à l'invasion des Vandales. 1 vol. in-8. 1898 .... 7 fr. 50
Fondation universitaire de Belleville (La). Ch. Gide. *Travail intellectuel et travail manuel :* J. Bardoux. *Premiers efforts et première année.* 1 vol. in-16 .... 1 fr. 50
FOUCHER DE CAREIL (Cte). **Descartes,** *la Princesse Élisabeth et la Reine Christine,* d'après des lettres inédites. Nouvelle édit. 1 vol. in-8. 1909 .... 4 fr.
GELEY (G.). **Les Preuves du transformisme.** 1 vol. in-8. 1901 .... 6 fr. (Voir p. 3).
GILLET (M.). **Fondement intellectuel de la morale.** 1 vol. in-8 .... 3 fr. 75
GIRAUD-TEULON. Les Origines de la papauté. 1 vol. in-12. 1905 .... 2 fr.
GOURD, prof. Univ. de Genève. **Le Phénomène.** 1 vol. in-8 .... 7 fr. 50 (Voir p. 6).
GRIVEAU (M.). **Les Éléments du beau.** 1 vol. in-18 .... 4 fr. 50
— **La Sphère de beauté,** 1901. 1 vol. in-8 .... 10 fr.
GUEX (F.), professeur à l'Université de Lausanne. **Histoire de l'Instruction et de l'Éducation.** 1 vol. in-8 avec gravures. 1906 .... 6 fr.
GUYAU. Vers d'un philosophe. 1 vol. in-18. 7e édit. 1911 .. 3 fr. 50 (Voir p. 3, 9 et 13).
HALLEUX (J.). **L'Évolutionnisme en morale** (*H. Spencer*). 1 vol. in-12 .... 3 fr. 50
HALOT (C.). **L'Extrême-Orient.** 1 vol. in-16. 1905 .... 4 fr.
HARTENBERG (Dr P.). **Sensations païennes.** 1 vol. in-16. 1907 .... 3 fr. (Voir p. 9).
HOCQUART (E.). **L'Art de juger le caractère des hommes par leur écriture,** préface de J. Crépieux-Jamin. Br. in-8. 1898 .... 1 fr.
HÖFFDING (H.), prof. à l'Université de Copenhague. * **Morale.** *Essai sur les principes théoriques et leur application aux circonstances particulières de la vie,* trad. par L. Poitevin, prof. au Collège de Nantua. 2e édit. 1 vol. in-8. 1907 .... 10 fr. (Voir p. 6 et 9).
ICARD. Paradoxes ou vérités. 1 vol. in-12. 1895 .... 3 fr. 50
JAMES (William). **L'Expérience religieuse,** traduit par F. Abauzit, agrégé de philosophie. 1 vol. in-8. 2e édit. 1908. (*Cour. par l'Acad. française*) .... 10 fr.
— * **Causeries pédagogiques,** trad. par L. Pidoux, préface de M. Payot, recteur de l'Académie d'Aix. 2e édition augmentée. 1 vol. in-16. 1909 .... 2 fr. 50 (Voir p. 4).
JANET (Pierre), professeur au Collège de France. **L'État mental des hystériques.** *Les stigmates mentaux des hystériques, les accidents mentaux des hystériques, études sur divers symptômes hystériques. Le traitement psychologique de l'hystérie.* 2e édition 1911. 1 vol. grand in-8, avec gravures .... 18 fr. (Voir p. 9 et 24).
— et **RAYMOND** (F.), professeur de la clinique des maladies nerveuses à la Salpêtrière. **Névroses et idées fixes.** I. *Études expérimentales sur les troubles de la volonté, de l'attention, de la mémoire, sur les émotions, les idées obsédantes et leur traitement.* 2e édition 1904. 1 vol. grand in-8, avec 97 fig .... 12 fr.
II. *Névroses, maladies produites par les émotions, les idées obsédantes et leur traitement.* 2e édition 1908. 1 vol. gr. in-8, avec 68 grav .... 14 fr.
(*Ouvrage couronné par l'Académie des sciences et par l'Académie de médecine.*)
— **Les obsessions et la psychasthénie.** I. *Études cliniques et expérimentales sur les idées obsédantes, les impulsions, les manies mentales, la folie du doute, les tics, les agitations, les phobies, les délires du contact, les angoisses, les sentiments d'incomplétude, la neurasthénie, les modifications des sentiments du réel, leur pathogénie et leur traitement.* 2e édition 1908. 1 vol. grand in-8, avec 32 gravures .... 18 fr.
II. *États neurasthéniques, aboulies, incomplétude, agitations et angoisses diffuses, algies, phobies, délires du contact, tics, manies mentales, folies du doute, idées obsédantes, impulsions.* 2e édit. 1911. 1 vol. grand in-8 avec 32 gravures .... 14 fr.
JANSSENS (E.). **Le Néo-criticisme de Ch. Renouvier.** 1 vol. in-16. 1904 .... 3 fr. 50
— **La Philosophie et l'apologétique de Pascal.** 1 vol. in-16 .... 4 fr.
JOURDY (Général). **L'Instruction de l'armée française, de 1815 à 1902.** 1 vol. in-16. 1903. 3 fr. 50
JOYAU. Essai sur la liberté morale. 1 vol. in-18 .... 3 fr. 50 (Voir p. 15).
KARPPE (S.), docteur ès lettres. **Les Origines et la nature du Zohar,** précédé d'une *Étude sur l'histoire de la Kabbale.* 1901. 1 vol. in-8 .... 7 fr. 50 (Voir p. 10).
KAUFMANN. La cause finale et son importance. 1 vol. in-12 .... 2 fr. 50
KEIM (A.). **Notes de la main d'Helvétius,** 1 vol. in-8. 1907 .... 3 fr. (Voir p. 10).
KINGSFORD (A.) et **MAITLAND** (E.). **La Voie parfaite ou le Christ ésotérique,** précédé d'une préface d'Édouard Schuré. 1 vol. in-8. 1892 .... 6 fr.
KOSTYLEFF (N.). **Évolution dans l'histoire de la philosophie.** 1 vol. in-16 .... 2 fr. 50
— **Les Substituts de l'âme dans la psychologie moderne.** 1 vol. in-8 .. 4 fr. (Voir p. 2).
LABROUE (H.), prof. agrégé d'histoire au lycée de Bordeaux. **Le Conventionnel Pinet,** d'après ses mémoires inédits. Broch. in-8. 1907 .... 3 fr.
— **Le Club Jacobin de Toulon (1790-1796).** Broch. gr. in-8. 1907 .... 2 fr.
LACAZE-DUTHIERS (G. de). **Le Culte de l'idéal ou l'aristocratie.** In-8. 1909 .. 7 fr. 50
LALANDE (A.), professeur-adjoint à la Sorbonne. * **Précis raisonné de morale pratique** par questions et réponses. 1 vol. in-16. 2e édit. 1909 .... 1 fr. (Voir p. 10).
LANESSAN (de), ancien ministre de la Marine. **Le Programme maritime de 1900-1906.** 1 vol. in-12. 2e édit. 1903 .... 3 fr. 50
— * **L'éducation de la femme moderne.** 1 vol. in-16. 1907 .... 3 fr. 50
— **Le Bilan de notre marine.** 1 vol. in-16. 1909 .... 3 fr. 50

LASSERRE (A.). **La Participation collective des femmes à la Révolution française.** 1 vol. in-8. 1905.......... 5 fr.

LASSERRE (E.). **Les Délinquants passionnels et le criminaliste Impallomeni**, 1908. 1 vol. in-16.......... 2 fr.

LAVELEYE (Em. de). **De l'Avenir des peuples catholiques.** Br. in-8.. 0 fr. 25 (V. p. 10).

LECLÈRE (A.), professeur à l'Université de Berne. * **La Morale rationnelle** dans ses relations avec la philosophie générale. 1 vol. in-8. 1908.......... 7 fr. 50 (Voir p. 10).

LEFEVRE G. * **Les Variations de Guillaume de Champeaux et la Question des Universaux.** Etude suivie de documents originaux. 1898. 1 vol. in-8. (Trav. de l'Univ. de Lille). 3 fr.

LEMAIRE (P.). **Le Cartésianisme chez les Bénédictins.** 1 vol. in-8.......... 6 fr. 50

LÉON (A.), docteur ès lettres. **Les Éléments cartésiens de la doctrine spinoziste sur les rapports de la pensée et de son objet.** 1 vol. grand in-8. 1909.......... 6 fr.

LEVY (L.-G.), docteur ès lettres. **La Famille dans l'antiquité israélite.** 1 vol. in-8. 1905. (*Couronné par l'Académie française.*).......... 5 fr. (V. p. 15).

LÉVY-SCHNEIDER (L.), professeur à l'Université de Lyon. **Le Conventionnel Jean-Bon Saint-André (1749-1813).** 1901. 2 vol. in-8.......... 15 fr.

LUQUET (G.-H.), agrégé de philosophie. **Éléments de logique formelle.** Br. in-8. 1 fr. 50

MABILLEAU (L.). **Histoire de la philosophie atomistique.** 1 vol. in-8. 1895.......... 12 fr.

MAC-COLL (Malcolm). **Le Sultan et les grandes puissances.** Essai historique, traduit de l'anglais par J. Ronguet, préface d'Urbain Gohier. 1899. 1 vol. gr. in-8.......... 5 fr.

MAGNIN (E.). **L'Art et l'hypnose.** 1 vol. gr. in-8 avec grav. et pl. cart. 1906.......... 20 fr.

MAINDRON (Ernest). * **L'Académie des Sciences.** 1 vol. in-8 cavalier, avec 53 grav., portraits, plans, 8 pl. hors texte et 2 autographes.......... 6 fr.

MARIÉTAN (J.). **La Classification des sciences, d'Aristote à saint Thomas.** 1 vol. in-8. 1901.......... 3 fr.

MARTIN (W.). **La Situation du catholicisme à Genève (1815-1907).** In-16. 1909. 3 fr. 50

MATAGRIN. **L'Esthétique de Lotze.** 1 vol. in-12. 1900.......... 2 fr.

MATTEUZI. **Les Facteurs de l'évolution des peuples.** 1900. 1 vol. in-16.......... 6 fr.

MAUGÉ (F.), docteur ès lettres. **Le Rationalisme comme hypothèse méthodologique.** 1 vol. grand in-8. 1909.......... 10 fr.

MERCIER (le Cardinal). **Cours de philosophie :**

I. — *Logique*, 5e édit. 1 vol. in-8.......... 5 fr.
II. — *Notions d'ontologie ou de métaphysique générale*, 5e édit. 1 vol. in-8.......... 10 fr.
III. — *Psychologie.* 2 vol. in-8, 8e édit.......... 10 fr.
IV. — *Critériologie générale.* 1 vol. in-8, 6e édit.......... 6 fr.
V. — *La philosophie médiévale*, par M. de Wulf. 2e édit. 1 vol. in-8.......... 10 fr.
VI. — *Cosmologie*, par M. Nys. 1 vol. in-8. 2e édit.......... 10 fr.

— **Les Origines de la psychologie contemporaine.** 2e édit. 1908. 1 vol. in-18.......... 3 fr. 50

MILHAUD (G.), professeur à la Sorbonne. * **Le Positivisme et le progrès de l'esprit.** 1 vol. in-16. 1902.......... 2 fr. 50 (Voir p. 4 et 13).

MODESTOV (B.). * **Introduction à l'Histoire romaine.** *L'ethnologie préhistorique, les influences civilisatrices à l'époque préromaine et les commencements de Rome*, traduit du russe par Michel Delines. Avant-propos de M. Salomon Reinach, avec 39 planches hors texte et 27 figures dans le texte. 1907.......... 15 fr.

MONNIER (Marcel). * **Le Drame chinois** (juillet-août 1900). 1 vol. in-16. 1900 .... 2 fr. 50

MORIN (Jean), archéologue. **Archéologie de la Gaule et des pays circonvoisins** *depuis les origines jusqu'à Charlemagne*, suivie d'une description raisonnée de la collection Morin. 1 vol. in-8 avec 74 fig. dans le texte et 26 pl. hors texte.......... 6 fr.

NODET (V.). **Les Agnoscies, la cécité psychique.** 1 vol. in-8. 1899.......... 4 fr.

NORMAND (Ch.), docteur ès lettres, prof. au lycée Condorcet. * **La Bourgeoisie française au XVIIe siècle.** *La vie publique. Les idées et les actions politiques.* (1604-1661.) Études sociales. 1 vol. gr. in-8, avec 8 pl. hors texte. 1907.......... 12 fr.

PALHORIÈS (F.), docteur ès lettres. **La Théorie idéologique de Galuppi dans ses rapports avec la philosophie de Kant.** 1 vol. in-8. 1909.......... 4 fr. (Voir p. 15).

PARISET (G.), professeur à l'Université de Nancy. **La Revue germanique de Dollfus et Nefftzer.** Br. in-8. 1906.......... 2 fr.

PAULHAN (Fr.). **Le Nouveau Mysticisme.** 1 vol. in-18... 2 fr. 50 (Voir p. 2, 4, 11 et 20).

PELLETAN (Eugène). * **La Naissance d'une ville** (Royan). 1 vol. in-18.......... 2 fr.

— * **Jarousseau, le pasteur du désert.** nouv. édit. 1 vol. in-18. 1907.......... 2 fr.

— * **Un Roi philosophe.** *Frédéric le Grand.* 1 vol. in-18.......... 3 fr. 50

— **Droits de l'homme.** 1 vol. in-16.......... 3 fr. 50

PENJON (A.). **Pensée et Réalité**, de A. Spir, trad. de l'allem. In-8. (Trav. de l'Univ. de Lille).......... 10 fr.

— **L'Énigme sociale.** 1902. 1 vol. in-8. (Travaux de l'Université de Lille).......... 2 fr. 50

PEREZ (Bernard). **Mes deux Chats.** 1 vol. in-12. 2e édition.......... 1 fr. 50

— **Jacotot et sa Méthode d'émancipation intellectuelle** 1 vol. in-18.......... 3 fr.

— **Dictionnaire abrégé de philosophie.** 1893. 1 vol. in-18.......... 1 fr. 50 (V. p. 1, 14).

PHILBERT (Louis). **Le Rire.** 1 vol. in-8. (*Cour. par l'Académie française.*).......... 7 fr. 50

PHILIPPE (J.). **Lucrèce dans la théologie chrétienne.** 1 vol. in-8. 2 fr. 50 (V. p. 2, 4 et 5).

PIAT (C.). **L'Intellect actif.** 1 vol. in-8.......... 4 fr.

— **L'Idée ou critique du Kantisme.** 2e édition. 1901. 1 vol. in-8.......... 6 fr.

— **De la Croyance en Dieu.** 1 vol in-18. 2e édit. 1909.......... 3 fr. 50 (Voir p. 11, 14 et 15).

PICARD (Ch.). **Sémites et Aryens.** 1 vol. in-18. 1893. . . . . 1 fr. 50
PICTET (Raoul). **Étude critique du matérialisme et du spiritualisme par la physique expérimentale.** 1 vol. gr. in-8. . . . . 10 fr.
PILASTRE (E.). **Vie et caractère de Mme de Maintenon,** 1 vol. in-8, ill. 1907. . . . . 5 fr.
— **La Religion au temps du duc de Saint-Simon,** d'après ses écrits rapprochés de documents anciens ou récents, avec une introduction et des notes. 1 vol. in-8. 1909. . . . . 6 fr.
PINLOCHE (A.), professeur honoraire de l'Université de Lille. *** Pestalozzi et l'éducation populaire moderne.** 1 vol. in-16. 1902. (*Cour. par l'Institut.*). . . . . 2 fr. 50
— *** Principales Œuvres de Herbart.** 1 vol. in-8. (Trav. de l'Univ. de Lille). . . . . 7 fr. 50
PITOLLET (C.), agrégé d'espagnol. **La Querelle caldéronienne de Johan Nikolas Böhl von Faber et José Joaquin de Mora.** 1 vol. in-8. 1909. . . . . 15 fr.
— **Contributions à l'étude de l'hispanisme de G.-E. Lessing.** 1 vol. in-8. 1909. . . . . 15 fr.
POËY. **Littré et Auguste Comte.** 1 vol. in-18. . . . . 3 fr. 50
— **Le Positivisme,** 1 vol. in-18. 1876. . . . . 4 fr. 50
PRADINES (M.), docteur ès lettres. **Critique des conditions de l'action** (*Récompensé par l'Institut*).
Tome I. *L'Erreur morale établie par l'histoire et l'évolution des systèmes.* 1 vol. in-8. 1909. . . . . 10 fr.
Tome II. *Principes de toute philosophie de l'action.* 1 vol. in-8. 1909. . . . . 5 fr.
PRAT (Louis), docteur ès lettres. **Le Mystère de Platon.** 1 vol. in-8. . . . . 4 fr.
— **L'Art et la beauté.** 1 vol. in-8. 1903. . . . . 5 fr. (Voir page 11).
REGNAUD (P.). **Origine des idées et science du langage.** 1 vol. in-12. 1 fr. 50 (V. p. 5).
RENOUVIER, de l'Inst. **Uchronie.** 2e éd. 1901. 1 vol. in-8. . . . . 7 fr. 50 (Voir page 11).
Revue Germanique (*Allemagne, Angleterre, Etats-Unis, Pays-Scandinaves*) 5 années — 1905 à 1909, chaque année, 1 fort volume grand in-8. . . . . 14 fr.
REYMOND (A.). **Logique et mathématiques.** *Essai historique et critique sur le nombre infini.* 1 vol. in-8. 1909. . . . . 5 fr.
ROBERTY (J.-E.). **Auguste Bouvier,** pasteur et théologien protestant. 1826-1893. 1 fort vol. in-12. 1901. . . . . 3 fr. 50
ROISEL. **Chronologie des temps préhistoriques.** In-12. 1900. . . . . 1 fr. (Voir page 5).
ROSSIER (E.). **Profils de Reines.** *Isabelle de Castille, Catherine de Médicis, Elisabeth d'Angleterre, Anne d'Autriche, Marie-Thérèse, Catherine II, Louise de Prusse, Victoria.* Préface de G. Monod, de l'Institut. 1 vol. in-16. 1909. . . . . 3 fr. 50
SABATIER (C.). **Le Duplicisme humain.** 1 vol. in-18. 1906. . . . . 2 fr. 50
SECRÉTAN (H.). **La Société et la morale.** 1 vol. in-12. 1897. . . . . 3 fr. 50
SEIPPEL (P.), professeur à l'École polytechnique de Zurich. **Les deux Frances et leurs origines historiques.** 1 vol. in-8. 1906. . . . . 7 fr. 50
SOREL (Albert), de l'Acad. française. **Traité de Paris de 1815.** 1 vol. in-8. . . . . . . 4 fr. 50
TARDE (G.), de l'Institut. **Fragment d'histoire future.** 1 vol. in-8. 5 fr. (Voir p. 5, 12 et 16).
VAN BIERVLIET (J.-J.). **Psychologie humaine.** 1 vol. in-8. . . . . 8 fr.
— **La Mémoire.** Br. in-8. 1893. . . . . 2 fr.
— **Études de psychologie.** (*Homme droit. — Homme gauche.*) 1 vol. in-8. 1901. . . . 4 fr.
— **Causeries psychologiques.** 2 vol. in-8. Chacun . . . . 3 fr.
— **Esquisse d'une éducation de la mémoire.** 1904. 1 vol. in-16. . . . . 2 fr.
— **La Psychologie quantitative.** 1 vol. in-8. 1907. . . . . 4 fr.
VAN OVERBERGH. **La Réforme de l'enseignement.** 2 vol. in-4. 1906. . . . . 10 fr.
VERMALE (F.) et ROCHET (A.). **Registre des délibérations du Comité révolutionnaire d'Aix-les-Bains** (*Documents pour l'Histoire de la Révolution en Savoie*). 1 vol. in-8. 4 fr.
VITALIS. **Correspondance politique de Dominique de Gabre.** 1 vol. in-8. . . . . . . 12 fr. 50
WYLM (Dr). **La Morale sexuelle.** 1 vol. in-8. 1907. . . . . 5 fr.
ZAPLETAL. **Le Récit de la création dans la Genèse.** 1 vol. in-8. . . . . 3 fr. 50

***Envoi franco,* contre demande, des autres Catalogues**

DE LA LIBRAIRIE FÉLIX ALCAN

Catalogue des livres de fonds, SCIENCES ET MÉDECINE (anciennement Germer Baillière et Cie).

Catalogue des livres de fonds, ÉCONOMIE POLITIQUE, SCIENCE FINANCIÈRE (anciennement Guillaumin et Cie).

Livres classiques, ENSEIGNEMENT SECONDAIRE.

Livres classiques, ENSEIGNEMENT PRIMAIRE SUPÉRIEUR ET POPULAIRE.

Catalogue général et complet par ordre alphabétique de noms d'auteurs.

TABLE DES AUTEURS ÉTUDIÉS

TABLE ALPHABÉTIQUE DES AUTEURS

32-12. — Coulommiers. Imp. PAUL BRODARD. — 1-12.

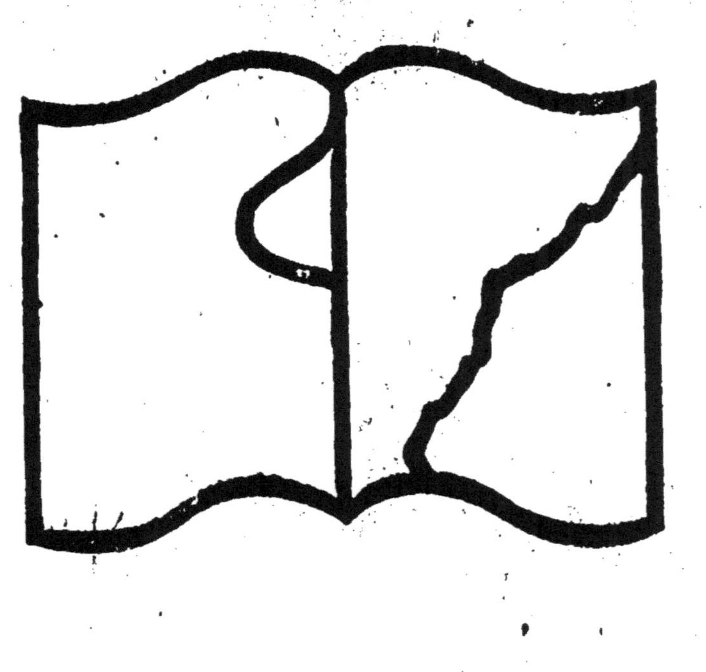

Texte détérioré — reliure défectueuse
NF Z 43-120-11

Documents manquants (pages, cahiers...)
NF Z 43-120-13

www.ingramcontent.com/pod-product-compliance
Ingram Content Group UK Ltd.
Pitfield, Milton Keynes, MK11 3LW, UK
UKHW012009240726
13965UKWH00001B/257